湘南学院十二五重点学科"汉语言文字学"成果；
湖南省精品课程《现代汉语》（湘教通2009252）成
湖南省哲学社会科学基金项目"明清白话小说范围副词研究"（13YBB202）成果；
湘南学院学术著作出版资助

汉语专题研究

张时阳　邓红华　邓慧爱 等◎著

黑龙江教育出版社

图书在版编目（ＣＩＰ）数据

汉语专题研究 / 张时阳等著． －－ 哈尔滨：黑龙江教育出版社，2017.12
 ISBN 978-7-5316-9362-8

Ⅰ．①汉… Ⅱ．①张… Ⅲ．①汉语－研究 Ⅳ．①H1

中国版本图书馆CIP数据核字(2017)第318185号

汉语专题研究
Hanyu Zhuanti Yanjiu
张时阳　邓红华　邓慧爱　等◎著

责任编辑	宋怡霏
封面设计	鲲　鹏
责任校对	张　江
出版发行	黑龙江教育出版社
	（哈尔滨市道里群力新区第六大道 1305 号）
印　　刷	哈尔滨世纪金东印务有限公司
开　　本	880 毫米×1230 毫米　1/32
印　　张	11.25
字　　数	270 千
版　　次	2017 年 12 月第 1 版
印　　次	2022 年 8 月第 3 次印刷
书　　号	ISBN 978-7-5316-9362-8　　定　价　48.00 元

黑龙江教育出版社网址：www.hljep.com.cn
如需订购图书，请与我社发行中心联系。联系电话：0451-82533097　82534665
如有印装质量问题，影响阅读，请与印刷厂联系调换。联系电话：13936462757
如发现盗版图书，请向我社举报。举报电话：0451-82533087

目 录

第一章 字谜修辞 (1)
- 第一节 字谜修辞概述 (1)
- 第二节 字谜修辞的主要手段 (8)
- 第三节 字谜修辞的汉字文化特色 (28)

第二章 限定范围副词 (33)
- 第一节 范围副词概述 (33)
- 第二节 表独一限定范围副词 (42)
- 第三节 表限量限定范围副词 (61)
- 第四节 限定范围副词中的对立现象 (75)

第三章 词语的拆用 (89)
- 第一节 词语拆用概说 (89)
- 第二节 双音节词语的拆用 (91)
- 第三节 词的否定格式拆用 (100)

第四章 逻辑与释义 (112)
- 第一节 词典释义概述 (112)
- 第二节 逻辑与释义模式 (123)
- 第三节 逻辑与释义规则 (145)

第五章 人名与文化 (162)
- 第一节 人名研究概述 (163)

  第二节 命名原则和命名方法 ……………………………（167）
  第三节 人名的文化内涵 …………………………………（194）
  第四节 人名的发展变化及其规范 ………………………（205）

第六章 "的"字短语 ………………………………………（220）
  第一节 "的"字短语概述 …………………………………（220）
  第二节 "的"字短语的类型 ………………………………（230）
  第三节 "的"字短语的语义特点 …………………………（237）
  第四节 隐性中心语的提示方式 …………………………（247）

第七章 郴州俗语 ……………………………………………（261）
  第一节 俗语及郴州俗语概说 ……………………………（261）
  第二节 郴州俗语的来源调查 ……………………………（266）
  第三节 郴州俗语的文化特征 ……………………………（277）

第八章 校园流行语 …………………………………………（292）
  第一节 校园流行语概说 …………………………………（292）
  第二节 校园流行语的类别及表现形式 …………………（302）
  第三节 校园流行语的生成途径 …………………………（314）
  第四节 校园流行语的产生原因 …………………………（317）
  第五节 校园流行语的特点及发展趋势 ………………（323）

第九章 电视媒体语言规范问题 …………………………（329）
  第一节 电视媒体语言规范问题研究概述 ………………（329）
  第二节 电视媒体语言的不规范现象 ……………………（332）
  第三节 电视媒体语言不规范现象形成的原因 ………（339）
  第四节 克服电视媒体语言不规范现象的对策 ………（344）
  第五节 电视媒体语言的规范与发展 ……………………（348）

后记 ………………………………………………………………（351）

第一章　字谜修辞[①]

字谜是特色鲜明的领域语言。毫无疑问,字谜中有独特的修辞现象,包含着独特的修辞规律,体现了独特的汉字文化特色。因此,研究字谜修辞,揭示字谜修辞的特殊规律,对于指导人们创作、猜解字谜,对于丰富汉语修辞学的内容,科学总结汉语修辞的规律、构建符合汉语修辞实际的汉语修辞学体系,都具有重要的意义。

第一节　字谜修辞概述

字谜修辞是什么、字谜修辞研究什么,是字谜修辞两个最基本的问题,也是字谜修辞两个比较重要的问题。在这一节里,我们将简要阐述这两个问题。

一、什么是字谜修辞

笔者曾研究过字谜中的汉字修辞[②],但没有明确阐述什么是

[①] 本章作者简介:曹石珠,男,教授,省级精品课程"现代汉语"负责人,主要研究方向为修辞学。

[②] 曹石珠:《走进字谜的艺术宫殿——汉字修辞视野下的字谜研究》,第2版,北京,中国社会科学出版社,2013年。

字谜修辞。

所谓字谜修辞,就是字谜中的修辞。字谜修辞既包括汉字修辞,也包括语音修辞等非汉字修辞。作为一种领域语言,字谜体现了独特的汉字文化特色,具有独特的艺术魅力。同时,字谜也像其他某些领域语言一样,具有丰富的修辞现象,特定的修辞规律,很值得研究。

(1)一字有千口,我有你也有。(舌)

——王德海《小学生猜字谜》

(2)清除污水。(亏)

——王德海《小学生猜字谜》

(3)有水成大漠,有火可烹调,有口爱斗嘴,有女最美好。(少)

——王德海《趣味字谜歌谣》

例(1)用了拆字。按照拆字的解谜规律,把"千、口"组合起来,便是谜底"舌"。例(2)用了减笔。按照减笔的解谜规律,在"污"字中减去"水",得到谜底"亏"。例(3)用了增笔。按照增笔的解谜规律,在"水、火、口、女"字上分别增加"少",便可形成汉字"沙、炒、吵、妙",而"沙、炒、吵、妙"正与"成大漠、可烹调、爱斗嘴、最美好"语义相符。可见,"少"就是谜底。

上述三例中的拆字、减笔和增笔,就是字谜修辞。但是,字谜修辞不只是这三种修辞现象,它有更丰富的内容。

二、字谜修辞的研究对象

简单地讲,字谜修辞的研究对象就是字谜中的修辞现象。但是,字谜本身是一个很特殊的概念。如果细分起来,字谜所指的具体对象不仅仅是一般意义上的字谜,还包括字谜歌谣。此外,字谜、字谜歌谣与谜语、灯谜、诗谜有联系更有区别,需要认真鉴

第一章　字谜修辞

别,区别对待。因此,对字谜修辞的研究对象必须进行具体的描述。

(一)一般字谜中的修辞现象是字谜修辞的研究对象

这里讲的一般字谜,指的是谜面用汉字修辞等方法描写谜底,谜底是汉字本身,但不是歌谣的谜语。这些谜语中的修辞现象是字谜修辞的研究对象。

(4)尽可能省点再省点。(尺)

——王德海《小学生猜字谜》

(5)一只盘子真是大,太阳月亮放得下。(盟)

——王德海《小学生猜字谜》

例(4)用了减笔。按照减笔的解谜规律,在"尽"字中减去笔画"点""点",便是谜底"尺"。例(5)用了借助会意法的拆字。解谜时,先按照同义替代的会意方法,"太阳"会意为"日","盘子"会意为"皿"。然后按照拆字的解谜规律,把"日、月、皿"三个部件组合起来,就是谜底汉字"盟"。

就这两例来看,例(4)中的减笔是修辞现象,例(5)中的会意法不是修辞现象,但它与拆字结合,所形成的借助会意法的拆字却是修辞现象。而例(5)中的"大""下"押韵,也是修辞现象。从字谜修辞的研究对象来说,这类字谜中的所有修辞现象都是字谜修辞的研究对象。

(二)字谜歌谣中的修辞现象是字谜修辞的研究对象

字谜歌谣,就是体现字谜的本质特征的歌谣。可以说,从本质上看,字谜歌谣就是字谜,而从语言形式上看,字谜歌谣又可以归入歌谣。

(6)月亮有几个,你往身上摸,体弱者必少,体壮者必多。(肌)

——王德海《有趣的字谜歌谣500首》

(7)一个字,真稀奇,池无水,地无泥。(也)

——王德海《趣味字谜歌谣》

(8)有石做纪念,有女身为奴,有口人爱饮,有病便麻木。(卑)

——王德海《趣味字谜歌谣》

例(6)用了拆字。将"月、几"组合起来,便是谜底"肌"。例(7)用了减笔。"池无水",即在"池"字中减去"水",是"也";"地无泥"中的"泥"可会意为"土",在"地"字中减去"土",也是"也"。可见,"也"便是例(7)的谜底。例(8)用了增笔。增笔构成了"有×就××"的语义关系,如"有女身为奴",即在"卑"字中增加"女"便构成了"婢",与"身为奴"语义相符。从其他三个分句看,在"卑"字中分别增加"石""口""病",分别构成"碑""啤""痹",都与它们所在的一、三、四分句的语义相符。可见,"卑"是例(8)每一个分句的谜底,也是例(8)的谜底。

例(6)中的拆字、例(7)中的减笔和例(8)中的增笔,都是字谜歌谣中的修辞现象,当然是字谜修辞的研究对象。

此外,字谜歌谣中的汉字修辞常与比喻等语言要素修辞综合运用,它们也是字谜修辞的研究对象。

(9)左边站个人,右边像只鹅,万万要记住,谜底实在多。(亿)

——王德海《趣味字谜歌谣》

(10)独钓钩,线未系,两蝌蚪,左右戏。(小)

——王德海《趣味字谜歌谣》

例(9)用了借助比喻的拆字。其中的"鹅"是喻体,比喻谜底汉字的部件"乙"。按照拆字的解谜规律,把"亻""乙"组合起来,是谜底"亿"。例(10)也用了借助比喻的拆字。其中的"独钓钩"

— 4 —

第一章　字谜修辞

是喻体,比喻谜底汉字的部件"亅","两蝌蚪"也是喻体,比喻谜底汉字的部件"两点",把这几个部件组合起来,便是谜底"小"。

在上述两例中,其中"比喻"这种语言要素辞格已与拆字融合为一种独特的修辞现象。可以说,汉字修辞与语言要素综合运用的修辞现象,也是字谜修辞的研究对象。

结合更多的语言事实来观察,字谜歌谣中那些未与汉字修辞综合运用的语言要素修辞,也是字谜修辞的研究对象。

(三)谜语、灯谜、诗谜,不能一概而论,要区别对待:它们中的字谜、字谜歌谣中的修辞现象是字谜修辞的研究对象

如众所知,谜界还有谜语、灯谜、诗谜等说法。这些说法由来已久,已为大家所熟知。对于谜语、灯谜、诗谜,我们应引起注意,认真辨别,区别对待。

首先,谜语中的字谜、字谜歌谣,其中的修辞现象是字谜修辞的研究对象。

应该说,谜语、字谜都是古老的术语,且二者常常相互混淆。实际上,谜语包含字谜、字谜歌谣,字谜、字谜歌谣只是谜语的不同种类。比如中央电视台主办的电视节目《中国谜语大会》所列举的谜语,有的就是字谜或字谜歌谣。

(11)没心思。(田)

——《中国谜语大会》(2014)

(12)哥俩都在照片中,意义有别声音同,一个反应不灵敏,一个眼睛亮晶晶。(相)

——《中国谜语大会》(2014)

(13)天生雅骨白玲珑,能画能书点缀工。毕竟卷舒难自主,只缘生在热场中。(折扇)

——《中国谜语大会》(2014)

这些都是要求参赛选手说出谜底的赛题。例(11)是字谜,用

了减笔。在"思"字中减损"心",得谜底"田"。例(12)用了借助描写的拆字。其中的三四分句分别对"木""目"这两个部件的不同特征进行描写,第二分句则是对"木""目"这两个部件不同特征、相同特征的描写。按照拆字的解谜规律,把"木、目"组合起来,就是谜底"相"。观察可见,此例本质上是字谜,但从语言形式上看,又是歌谣;换句话说,例(12)就是字谜歌谣。例(13)描写了"折扇"这种物体的特征,谜底是"折扇"。不难看出,此例是谜语。

由此三例可见,谜语中有非字谜、非字谜歌谣的谜语,也有字谜或字谜歌谣;而字谜、字谜歌谣中的修辞现象就是字谜修辞的研究对象。

其次,灯谜中的字谜、字谜歌谣,其中的修辞现象是字谜修辞的研究对象。

灯谜,"原指贴谜面于花灯供猜的谜语"①。"也指贴谜面于花灯或悬挂供猜射的谜语"②。可以说,灯谜是从谜语出现的环境来说的,并不着眼于谜语的特征。据我们观察,灯谜中有字谜、有字谜歌谣,也有非字谜、非字谜歌谣,即灯谜中也有其他的谜语。

(14)头尖身细白如银,论称没有半毫分,眼睛长在屁股上,只认衣服不认人。(针)

——《中国谜语大会》(2014)

(15)聋子的耳朵不起作用。(龙)

——柳忠良《中华灯谜学》

据说,例(14)是我国最早的灯谜。2014年《中国谜语大会》也谈到这则灯谜。但它却是描写谜底"针"所指称事物的特征的谜语,而不是运用汉字修辞描写谜底汉字本身的字谜。例(14)既

---

① 辞海编辑委员会:《辞海》,420页,上海,上海辞书出版社,2009年。
② 柳忠良:《中华灯谜学》,17页,北京:苑出版社,2014年。

第一章 字谜修辞

然不是字谜,那么其中的修辞现象也就不是字谜修辞的研究对象。例(15)虽然是灯谜的例证,却未必不是字谜。观察可见,例(15)用了减笔,在"聋"字中减去"耳",得到谜底汉字"龙"。不难看出,例(15)就是字谜。因此例(15)中的修辞现象,就是字谜修辞的研究对象。

第三,诗谜中的字谜歌谣,其中的修辞现象是字谜修辞的研究对象。

诗谜也是古老的术语,它着眼于谜语的语言形式。因此,诗谜中不可能有一般的字谜,但有字谜歌谣。字谜歌谣中的修辞现象是字谜修辞的研究对象。

(16)解落三秋叶,能开二月花;过河百尺浪,入竹万竿斜。(风)(打一自然现象)

——国荣洲《诗谜故事》

(17)项羽当年气概雄,谁知起首便无工;八千弟子今无在,自刎乌江不过东。(一)

——国荣洲《诗谜故事》

这两例都被称为诗谜,但仔细观察可见,这两例是不同的谜语。例(16)的谜目是"打一自然现象",实际上此例是从四个方面描写"风"这一自然现象的特征,"风"就是谜底。例(17)用了减笔,在繁体字"项"上减去"工、八、自",谜底便是"一"。比较可知,例(16)是描写事物特征的一般谜语;而从本质上看,例(17)则是运用汉字修辞描写谜底汉字的字谜,从语言形式上看,例(17)又是歌谣,结合二者的特点可见,例(17)是字谜歌谣。因此,例(17)中的修辞现象就是字谜修辞的研究对象。

观察可见,谜语中有字谜、字谜歌谣,灯谜中也有字谜、字谜歌谣,诗谜中也有字谜歌谣。因此,对谜语、灯谜、诗谜不能一概而论,必须仔细辨别,区别对待:谜语、灯谜、诗谜中的字谜、字

歌谣,其中的修辞现象是字谜修辞的研究对象;谜语、灯谜、诗谜中的非字谜、非字谜歌谣,其中的修辞现象则不是字谜修辞的研究对象。

综上所述,要确定字谜修辞的研究对象,首先要看它是不是字谜或字谜歌谣:如果不是,其中的修辞现象便不是字谜修辞的研究对象;如果是,那么其中的所有修辞现象,不论是汉字辞格这种非语言要素修辞现象,比喻、押韵等语言要素修辞现象,还是汉字辞格与会意法等特殊方法的综合运用,都是字谜修辞的研究对象。

第二节 字谜修辞的主要手段

字谜中的修辞,主要包括汉字辞格[①]这种非语言要素修辞、语言要素修辞、汉字辞格的综合运用以及汉字辞格与其他方法的综合运用。可以说,字谜中的修辞包括多种修辞手段,也非常有特点。

一、非语言要素修辞

字谜中的非语言要素修辞就是汉字辞格,主要是拆字、并字、增笔和减笔。

拆字是一种非常活跃、魅力独特的修辞手段。

(一)拆字

1.什么是拆字

拆字是作者将谜底汉字拆成几个部件,猜谜者将作者拆开的

[①] 曹石珠:《汉字修辞学》,20页,西安,西安出版社,2004年。

— 8 —

第一章 字谜修辞

部件组合起来的修辞现象。[①]

(1)大力合作。(夯)

(2)两个合一起,猜竹不允许,要问为什么,我来告诉你。(答)

——王德海《趣味字谜歌谣》[②]

例(1)中,作者把谜底汉字拆成了"大、力"两个部件;猜谜者把"大、力"组合起来,便是谜底"夯"。例(2)中,作者把谜底汉字拆成了"个、个、合"三个汉字,猜谜者把这三个汉字组合起来,便是谜底"答"。可以说,这两例都用了拆字。

2. 拆字的特征

结合更多的例证来观察,可见拆字有如下特征。

其一,从利用汉字形体的方法看,拆字的特征是"作者离、猜谜者合",作者与猜谜者利用汉字形体的方法完全相反。

其二,从语言表达方面看,运用拆字的谜面将作者拆分。

出来的部件呈现其中,目的是描写谜底,例(1)是如此,例(2)尽管是歌谣,有四个分句,但都是描写谜底。

3. 拆字的功能

拆字的功能主要有三个方面。

构成字谜的功能。运用拆字创作字谜时,把谜底汉字拆成几个部件,把拆开的部件与其他汉字组合成句,就形成了谜面。这就是拆字构成字谜的功能。

(3)山外有山。(出)

(4)有女来焉,且站一边,妹妹尊敬,父母喜欢。(姐)

[①] 本文的部分观点出自曹石珠:《走进字谜的艺术宫殿——汉字修辞视野下的字谜研究》,第2版,北京,中国社会科学出版社,2013年。下同。

[②] 本文未注明出处的字谜歌谣均出自王德海:《趣味字谜歌谣》,北京,学苑出版社,2002年。

在例(3)中,作者把谜底汉字"出"拆成"山、山"两个部件,并与"外有"组成描写"出"字的谜面。在例(4)中作者把谜底汉字"姐"拆成"女、且"两个部件,并将它们与其他词语一起组成第一、第二两个从字形上描写谜底汉字的分句。至此,两个分句已构成字谜,后两个分句则是从语义上描写谜底,应该说,后两个分句对字谜来说,不是必需的,而对字谜歌谣却必不可少。可以说,例(3)、例(4)中的拆字都具有构成字谜的功能。

观察更多的字谜可见,拆字具有很强的构成字谜的功能。

猜解字谜的功能。运用拆字猜解字谜时,猜谜者把作者拆开的部件组合起来,就能得到谜底。这就是拆字猜解字谜的功能。

(5)左边十八,右边十一,合在一起,又细又直。(杆)

猜解到例(5)时,按照拆字的解谜规律,把"十、八、十、一"四个部件组合起来,便是谜底"杆"。可见,例(5)中的拆字具有猜解字谜的功能。

观察可见,凡是运用拆字的字谜,其中的拆字都具有猜解字谜的功能。

修辞功能。拆字的修辞功能是含蓄。

(6)木目永同心,(想)
　　古人作反文,(做)
　　人尔总相随,(你)
　　凄惨无泪水。(妻)

——(网上搜集)

此例看似与字谜无关,实则通过拆字准确地表达了"想做你妻"的想法,充分体现了拆字表意含蓄的特点。需要指出的是,例(6)最后一分句用了减笔,但这并不影响拆字表意含蓄的修辞特点。

字谜中的拆字与非字谜中的拆字的修辞功能基本相同:

(7)千里草,何青青,十日卜,不得生。

——罗贯中《三国演义》

此例不是字谜,是歌谣。但用了拆字。将"千里草"组合起来是"董"字,将"十日卜"组合起来是"卓"字。这首歌谣所表达的语意是"董卓不得生"。不难看出,通过运用拆字,例(7)体现了含蓄的修辞特点。可以说,字谜中的拆字与非字谜中的拆字,二者的修辞功能具有相同之处。

(二)并字

并字是一种很不活跃,但特色鲜明的修辞手段。

1. 什么是并字

并字就是作者把几个汉字组合成一个汉字,猜谜者把作者组合而成的汉字拆成几个汉字的修辞现象。

(8)吕安与嵇康善……安后来,值康不在。题门上作"凤"字而去。喜不觉,犹以为忻。

——刘义庆《世说新语》

(9)醋。(二十一日酉)

——金舒年、陈小、孙丽梅《谜语夜话》

例(8)的"凤"是并字谜,作者创作时,将"凡、鸟"二字组合在一起,构成描写谜底汉字的谜面"凤";猜谜者解谜时,要把"凤"拆成"凡、鸟","凡鸟"便是谜底。例(9)也是并字谜,作者创作时将"二十一日酉"五个谜底汉字组合在一起,构成描写谜底汉字的谜面;猜谜者解谜时要将"醋"拆成"二十一日酉",这五个汉字就是谜底。

2. 并字的特征

并字虽不丰富,但其特征却非常鲜明。

其一,从利用汉字形体的方法看,并字的特征是"作者合、猜谜者离",作者利用汉字形体的方法与猜谜者相反。

— 11 —

其二,从语言表达方面看,运用并字的谜面通常只有一个汉字,用一个汉字描写几个谜底汉字。

3.并字的功能

并字也有三方面的功能。

构成字谜的功能。作者把几个谜底汉字组合成一个汉字,这个汉字就是谜面。例(8)、例(9)都体现了并字构成字谜的功能。

猜解字谜的功能。猜谜者把作者组合几个谜底汉字而成的谜面折成几个汉字,这几个汉字就是谜底。如例(8)把"凤"拆成"凡、鸟","凡鸟"就是谜底。这正体现了并字猜解字谜的功能。

并字的修辞功能是含蓄。

(10)期。(八月二十三)

——金舒年、陈小、孙丽梅《谜语夜话》

据说这是顾况约见白居易时写的字谜,白居易准确解谜,便于"八月二十三"如约而至。作者不直接说"八月二十三",却用个"期"字来表达,正是为含蓄地表意。此外,作者选用这样的表达方式,也有测试白居易之意。

修辞功能。并字的修辞功能也是含蓄。例(8)、例(9)都具有含蓄的修辞功能。

据我们观察,并字谜非常少,字谜歌谣中根本没有并字这种修辞现象。

(三)减笔

减笔是活跃程度仅次于拆字,但富于特色的修辞手段。

1.什么是减笔

减笔就是在某个汉字中减损一个或几个部件的修辞现象。

(11)黄鹤楼,鲁班修,灵芝草,被人偷,骑龙跨虎由自去,八仙漂海各自休。(一)

——金舒年、陈小、孙丽梅《谜语夜话》

第一章 字谜修辞

(12)女:半串东西送客人,略略表达妹的情,猜对才有本事要,不是拿哥来开心。(中)

男:冲出两点是谜底,看我够力不够力,现在我已猜中了,我俩几时定佳期。(中)

——农敏坚、谭志表《平果嘹歌·恋歌集》

创作例(11)时,作者以"黄"为被减损的汉字,在其中减去"草"、减去"由",再减去"八",并与其他词语一起共同构成描写谜底汉字"一"的谜面,猜谜者解谜时,在"黄"字中减去"草、由、八",便是谜底"一"。例(12)是平果嘹歌,也是以对歌形式呈现的表达爱情的字谜歌谣。其中的"半串"即将"串"字减去一半,谜底是"中"。其中的"冲出两点"就是在"冲"字中减去"两点",谜底也是"中"。

2. 减笔的特征

减笔具有三个方面的鲜明特征。

其一,减笔三要素,被减损的汉字,表减损义的汉字,要减损的部件。如例(11),其中的"黄"是被损的汉字,"偷、去、休"是表减损义的汉字,"草(艹)、由、八"是要减损的部件。

其二,从利用汉字形体的方法看,减笔的特征就是刻意在某个汉字中减损一个或几个部件。如例(12)中女士出的字谜歌谣,男士对的字谜歌谣都是在某个汉字中减损一个部件,而例(11)则是在某个汉字中减损三个部件。

其三,从语言表达方面看,运用减笔的谜面表达了在某个字中减损某个或某几个部件的语义关系,目的是描写谜底汉字。例(11)、例(12)都是如此。

3. 减笔的功能

减笔也有三方面的功能。

构成字谜的功能。运用减笔创作字谜时,作者将减笔三要素

呈现出来,便构成了运用减笔的字谜。这就是减笔构成字谜的功能。

(13)适当出口。(迁)

(14)我有一头牛,怕丑不露头,要想见到它,等到日当头。(午)

创作例(13)时,选择"适"作为被减损的汉字,将"出"作为表减损义的汉字,以"口"为要减损的部件,构成例(13)这则字谜。创作例(14)时,作者选择"牛"作为被减损的汉字,以"不露"表减损义的汉字,以方位词"头"暗示要减损的部件,并与其他词语一起构成第一、二两个描写谜底汉字的分句。

凡是运用减笔的字谜,其中的减笔都具有构成字谜的功能。

猜解字谜的功能。猜谜者解谜时,从被减损的汉字中减去某个部件,剩下的部件便是谜底。这就是减笔猜解字谜的功能。

(15)骑马可去。(大)

——王德海《教你猜字谜》

(16)去掉那一竖,天上飘着走,形体多变化,造雨是老手。(云)

——王德海《有趣的字谜歌谣500首》

猜解例(15)时,先找出减笔三要素:被减损的汉字是"骑",表减损义的汉字是"去",要减损的部件是"马、可";然后在"骑"字中减损"马、可",得到谜底"大"。解例(16)时,先找出减笔三要素:被减损的汉字是"去",表减损义的汉字是"掉",要减损的部件是"一竖";然后在"去"字中减去"一竖",便是谜底"云"。

凡是运用减笔的字谜,其中的减笔都具有猜解字谜的功能。

修辞功能。减笔的修辞功能也是含蓄。

(17)鼋龙东去海,(合)

時日隐西斜,(寺)

第一章 字谜修辞

敬文今不在,(狗)

碎石入流沙。(卒)

——国荣洲《诗谜故事》

表面上看,例(17)仿佛是在描写自然景物。其实,此例每一个分句都用了减笔。在"龛"字中减去"龙",是谜底"合"。在"時"字中减去"日",是谜底"寺"。在"敬"字中减去"文",是"苟","苟"谐音为谜底"狗"。在"碎"字中减去"石"是谜底"卒"。可见,此例内里面却表达了"合寺狗卒"的语意。表意含蓄,耐人寻味。

(四)增笔

增笔不如拆字、减笔那么活跃,但却是颇具特色的修辞手段。

1. 什么是增笔

增笔就是以某个汉字为基础,增加某个部件,从而形成"有×就××"的语义关系的修辞现象。

(18)有脚快步如飞,有刀木匠常用,有手可搂东西,有火响声隆隆。(包)

(19)长脚一瘸一拐,加水一起一伏,添土倾斜不平,遇石粉身碎骨。(皮)

创作例(18)时,作者以"有"作为表增加义的汉字,以"包"字为基础,以"脚、刀、手、火"作为增加的部件,每一分句都形成"有×就××"的语义关系,猜解此谜时按照"有×就××"的语义关系,找出作为增加基础的汉字"包","包"就是谜底。创作例(19)时,作者以"长、加、添、遇"作为表增加义的汉字,以"脚、水、土、石"作为增加的部件,在每一个分句都形成了"有×就××"的语义关系;解谜时,根据"有×就××"的语义关系,找出作为增加基础的"皮"字,"皮"就是谜底。

2. 增笔的特征

增笔也有三个方面特征。

其一,增笔三要素:作为增加基础的汉字,表增加义的汉字,要增加的部件。如例(18)中的"有"是表增加义的汉字,"脚、刀、手、火"是要增加的部件,"包"则是作为增加基础的汉字。例(19)"长、加、添、遇"是表增加义的汉字,"脚、水、土、石"是要增加的部件,"皮"则是作为增加基础的汉字。需要说明的是,作为增加基础的汉字是不出现的。

其二,从利用汉字形体的方法看,就是以某个汉字为基础增加某个部件。例(18)、例(19)无不如此。

其三,从语言表达方面看,构成了"有×就××"的语义关系,目的是描写谜底汉字。例(18)、例(19)的每一个分句都构成了"有×就××"的语义关系。

3. 增笔的功能

构成字谜的功能。运用增笔创作字谜时,作者以某字为基础,构成"有×就××"语义关系的谜面。

(20)有木芳香四溢,有人定是好意,有女她是小孩,有虫它是虫敌。(圭)

创作此谜时,作者以谜底汉字"圭"为基础,根据"有×就××"的语义关系,四个分句分别在"圭"字上增加"木、人、女、虫",分别形成"桂、佳、娃、蛙",这四个汉字依次与"芳香四溢、定是好意、她是小孩、它是虫敌"的语义相符,从而构成上述四个分句,这四个分句共同构成例(20)的谜面。这就是增笔构成字谜的功能。

凡是运用增笔的字谜,其中的增笔都具有构成字谜的功能。

猜解字谜的功能。猜解运用增笔的字谜时,根据"有×就××"的语义关系找出作为增加基础的那个汉字,这个汉字便是谜底。

第一章　字谜修辞

(21)有水肯定会生,有之觉得恰当,有文反成对头,有刀胡子遭殃。(舌)

解此谜时,先找出增笔两个要素:解第一分句"有"表示增加义的汉字,"水"是要增加的部件,然后根据"有×就××"的语义关系可见,在"舌"字上增加"水"就"肯定会生"。这样,"舌"便是作为增加基础的汉字,"舌"就是谜底。其他三个分句都可以依照此法,找出谜底"舌"。这就是增笔猜解字谜的功能。

凡是运用增笔的字谜,其中的增笔都具有猜解字谜的功能。

修辞功能。增笔的修辞功能是自然通俗,也有含蓄的特征。

(22)添土路不平,逢哥成曲调,开口就有风,见谷就想要。(欠)

此例运用增笔从多个侧面描写谜底汉字"欠",表意自然通俗,也有一点含蓄的修辞韵味。

二、语言要素修辞

字谜中的语言要素修辞主要是比喻、押韵等。相对于字谜中的汉字辞格来说,它们处于辅助地位,但也有自己的特点。

(一)辞格

字谜中的语言要素辞格并不像一般文学作品那样丰富。字谜中的语言要素辞格,最富魅力的就是比喻。

1.明喻

(23)一叶方舟,像座小楼,漂在水上,东游西游。(舫)

(24)一条青虫,它似飞艇,掠水而过,身体轻轻。(蜻)

例(23)用了拆字,把"方舟"组合起来,得谜底"舫"。此例也用了明喻。喻体"小楼",用以比喻"舫","像"是喻词。后两个分句从特征上描写"舫",但主要是为了构成字谜歌谣。其中的比喻,主要是为了语言表达上的形象生动,用与不用,都不会改变字

— 17 —

谜的性质。换句话说,例(23)中的比喻既无成谜功能,也无解谜功能。例(24)用了拆字,把"青、虫"组合起来,便是谜底"蜻"。也用了明喻,喻体"飞艇"用以比喻"蜻蜓"。此例中的比喻,其作用在于言语表达上的形象生动,同样与构成字谜、猜解字谜无关。

据我们观察,字谜中的明喻都与构成字谜、猜解字谜没有关系。

2. 借喻

(25)王家女,头戴花,身子黄,性子辣。(姜)

此例用了借助比喻的拆字,观察可见,作者创作时将"姜"拆成"王、女、丷"三个部件,其中的"丷"却不能成字,为了让它呈现在谜面中,故用喻体"花"来打比方。且喻体"花"直接替代了本体,是借喻。进一步观察可知,喻体"花"所比喻的是作者拆分出来的一个部件,正是因为这个借喻才让不宜呈现在谜面中的部件艺术地呈现了出来。可见,例(25)中的借喻既有形象生动的修辞作用,也有构成字谜、解字谜的功能。

字谜中的借喻具有构成字谜、猜解字谜的功能,这恰恰是字谜中的借喻与非字谜中的借喻的不同之处。

字谜中的借喻非常丰富,但它常与别的汉字辞格综合运用。

3. 语音修辞

字谜中的语音修辞主要是押韵,且押韵不是个别现象,绝大多数字谜都讲究押韵。

(26)怪道犬咬人,头上两张嘴,你能猜得着,送你只大火腿。(哭)

——朱雨尊《民间谜语全集》

(27)怪道犬咬人,头上两张口,你若猜得着,送你一壶酒。(哭)

——朱雨尊《民间谜语全集》

第一章 字谜修辞

(28)一点一横长,一撇飞过墙,十字对十字,日头对月光。(庙)

——朱雨尊《民间谜语全集》

例(26)"嘴"与"腿"押韵。例(27)"口"与"酒"押韵。观察例(26)、例(27)可知,它们是谜底汉字相同的谜面,例(26)最后一分句用"腿"、例(27)最后一分句用"酒",完全是为押韵。例(28)"墙"与"光"押韵,不用同义词"月亮",而用"月光",也是为了押韵。

4.字谜中语言要素修辞的功能

综合更多语言事实,我们认为,字谜中的语言要素修辞的功能,主要是增强字谜的语言表达效果。例如例(23)、例(24)中的明喻,其作用在于形象生动,例(25)、例(26)、例(27)中押韵的作用则是韵脚和谐,增强音乐美。可以说,字谜中语言要素修辞的作用都是为了增强语言效果。

从成谜、解谜的角度看,除了借喻可以与拆字、减笔一起构成字谜、猜解字谜外,其他语言要素修辞手段均无构成字谜、猜解字谜的功能。这正是字谜中的语言要素修辞不同于汉字辞格的地方。

三、汉字辞格的综合运用

汉字辞格的综合运用主要包括两种类型:即借助和连用。

(一)借助减笔的拆字

借助减笔的拆字,就是运用减笔将作者所拆开的某个或某几个部件隐藏起来的拆字。

在这类修辞现象中,减笔具有独特的作用,但本质特征是拆字。

（29）一夕灵光照太虚，化身人去复何如？（死）

愁来不用心头火，修得凡心半点无。（秃）

——金舒年、陈小、孙丽梅《谜语夜话》

（30）宝玉出走，袭人无依。（宠）

——黄穆灿《中华字谜鉴赏大典》

例(29)一、二分句和三、四分句分别都用了借助减笔的拆字。在第二分句中用了减笔，"化"减去"人"，得到"七"，按拆字的解谜规律，把一分句中的"一、夕"与"七"组合起来，便是"死"。三、四分句都用了减笔，在"愁"字中减去"火、心"，得部件"禾"，在"凡"字中减去笔画"点"，得部件"几"，按照拆字的解谜规律，把"禾、几"组合起来，便是谜底"秃"。例(30)两个分句都用了减笔，"宝玉出走"就是在"宝"字中减去"玉"，得部件"宀"；"袭人无衣"，即在"袭"字中减去"衣"，得部件"龙"，按照拆字的解谜规律，把"宀、龙"组合起来，便是谜底"宠"。

观察例(29)、例(30)可知，例(29)中拆字的部件"七"没有直接出现在谜面中，而是寄寓在"化"字中，例(30)中拆字的部件"禾""几"也没有直接出现在谜面中，而是分别寄寓在"愁""凡"字之中。进一步观察可见，将拆字拆分出来的某一个或某几个部件寄寓在别的汉字中，正是减笔的独特功能。从表达方面讲，将拆字的某一个或某几个部件隐藏在别的汉字中，从而使拆字在表达上更为含蓄，更为曲折。这就是借助减笔的拆字中的减笔所特有的作用。

从特征方面看，这两例既有减笔的特征，又有拆字的特征，但就二者的作用和地位看，拆字的特征才是其本质特征。可以说，借助减笔的拆字中的拆字、减笔是有主次之分的，即以拆字为主，减笔次之。正因为如此，我们才称这种修辞现象为借助减笔的拆字，而不是借助拆字的减笔。

第一章 字谜修辞

从功能方面看,借助减笔的拆字也有三方面的功能:构成字谜的功能、猜解字谜的功能和修辞的功能。

(二)拆字与减笔连用

拆字与减笔连用,是在字谜中至少一次运用拆字、一次运用减笔的修辞现象。

拆字与减笔连用中的拆字与减笔,是并列关系。

(31)黄金玉帛镶美景,(绵)
真丝秀丽巧织成,(绣)
滴水可以汇大流,(河)
仙境玲珑寂无人。(山)

——洪东流《字谜》

(32)壮士有雄心,(志)
挖洞把水引,(同)
举首乘龙走,(道)
接洽水已分。(合)

——洪东流《字谜》

例(31)前三个分句都分别用了拆字,是连续三次运用拆字、第四分句用了减笔,综合起来看,是拆字与减笔连用。例(32)第一、三分句分别用了拆字,第二、四分句分别用了减笔,整首字谜歌谣是拆字与减笔连用。

在这类修辞现象中,拆字与减笔各自独立,无主次之分。这类修辞现象的本质特征则包含两个方面:拆字的特征和减笔的特征。

从功能方面讲,拆字与减笔连用同样具有构成字谜、猜解字谜和修辞三方面的功能。

(三)拆字与拆字连用

拆字与拆字连用,就是在字谜中至少两次运用拆字的修辞现象。

(33)一人一口一个丁,(何)
竹林有寺却无僧,(等)
女子游春并肩坐,(好)
二十一日酉时生。(醋)

——国荣洲《诗谜故事》

(34)雨下田里,(雷)
人在门里,(闪)
你能猜着,
把你送到城里。

——朱雨尊《民间谜语全集》

例(33)每一个分句都用了拆字,按照拆字的解谜规律,把第一分句中的"人、口、丁"三个部件组起来,是谜底"何";把第二分句中的"竹、寺"两个部件组合起来,是谜底"等";把第三分句中的"女、子"组合起来,是谜底"好";把第四分句中的"二、十、一、日、酉"组合起来,是谜底"醋"。可见,此例四次运用了拆字,是拆字与拆字连用。例(34)是一、二两个分句都用了拆字,是两次运用拆字,也是拆字与拆字连用。

拆字与拆字连用,其本质特征与单用的拆字一样,也是"作者离、猜谜者合"。

拆字与拆字连用的功能也与单用的拆字一样,几乎没有什么变化。

(四)减笔与减笔连用

减笔与减笔连用,就是在字谜中至少两次运用减笔的修辞现象。

(35)按不住只因无手,(安)
拴不牢又因无手,(全)

第一章 字谜修辞

胜不骄月月完成,(生)

铲车载资金入库。(产)

——洪东流《字谜》

(36)寺庙清净无尘土,(寸)

林荫树下草已除,(阴)

何处不知无人迹,(可)

堤坝溃决水已枯。(贵)

——国荣洲《诗谜故事》

例(35)、例(36)的每个分句都用了减笔,每一个分句都具备减笔三要素。可见,这两例都是四次运用减笔,都是减笔与减笔连用。

减笔与减笔连用,其本质特征与单用的减笔一样,都是有意减少笔画。其功能也与单用的减笔一样,几乎没有什么变化。

四、汉字辞格与其他方法综合运用

这里讲的其他方法,既包括比喻这种语言要素辞格,也包括会意法、方位法、描写法这类非修辞方法。汉字辞格与其他方法综合运用,主要是拆字与比喻、拆字与会意法、方位法、描写法等方法的综合运用。

(一)借助比喻的拆字

借助比喻的拆字,就是作者用别的事物来比喻拆字的某个或某几个部件的拆字。

此类拆字中比喻的作用是将拆字的部件艺术地表达出来。

(37)一块豆腐,分成四块,放进锅里,盖上锅盖。(画)

(38)一只小帆船,船上载着米,向东又向西,不知去哪里。(迷)

例(37)将喻体"豆腐""锅""锅盖"分别比喻"田、一、凵"这

三个部件。作者创作时,将谜底拆成上述三个部件,然后用上述三个喻体来打比方,从而构成此谜。猜谜者解谜时,先要将上述三个喻体转化为"田、一、凵",然后按照拆字的解谜规律将上述三个部件组合成谜底"画"。例(38)用喻体"帆船"比喻部件"辶"。作者创作例(38)时,对从谜底汉字中拆分出来的"辶"和"米"两个部件进行了不同的处理,将"辶"比喻成"船",将"米"直接进入谜面。猜谜者解谜时,先要将喻体"船"还原成"辶",然后按照拆字的解谜规律,把"辶"与"米"组合起来,便是谜底"迷"。

观察可见,借助比喻的拆字,既有比喻的特征,也有拆字的特征,但本质特征是拆字的特征,即"作者离、猜谜者合"。

借助比喻的拆字中的比喻和拆字都具有构成字谜的功能,猜解字谜的功能,以及修辞功能。深入观察可见,借助比喻的拆字比单纯的拆字在表达上更加形象生动。

(二)借助比喻、减笔的拆字

借助比喻、减笔的拆字,是通过比喻、减笔巧妙表达拆字所拆开的部件的拆字。

(39)门儿开,有客来,先脱帽,后进来。(阁)

(40)大鸟飞来把山抱,小山遮住鸟儿脚,此山原在水中立,浪打风吹不动摇。(岛)

(41)言对青山青又青,(请)
　　二人土上说原因,(坐)
　　三人牵牛缺只角,(奉)
　　草木之中有一人。(茶)

——金舒年、陈小、孙丽梅《谜语夜话》

这三例都用了借助比喻、减笔的拆字。创作例(39)时,作者先用拆字,将谜底汉字"阁"拆成"门、各"两个部件,然后将"各"寄寓在"客"字中,用喻体"帽"比喻部件"宀",通过减笔,以"有客

第一章 字谜修辞

来,先脱帽"来描写"各"。解谜时,先要将"帽"还原成"宀",然后在"客"字中减损"宀",然后按照拆字的解谜规律把"门、各"组合起来,得到谜底"阁"。创作例(40)时,作者先运用拆字,把谜底汉字"岛"拆成"鸟、山",并将"山"寄寓在"鸟"字中;然后用喻体"脚"比喻笔画"一";最后用减笔,以"小山遮住鸟儿脚"来表述在"鸟"字中减去笔画"一"。解谜时,猜谜者将"鸟儿脚"转换成笔画"一",运用减笔在"鸟"字中减"一",然后按照拆字的解谜规律,把减损"鸟"之"脚"的"鸟"与"山"组合起来,便是谜底"岛"。

在借助比喻、减笔的拆字中,比喻和减笔的特征同中有异:相同之处是都要为巧妙表达拆字所拆分出来的部件服务;不同特点则在于,比喻以要减损的部件为本体进行设喻;减笔则是要减去这个部件。

结合更多的语言事实进行观察,可以发现,借助比喻、减笔的拆字,既有比喻的特征,也有减笔的特征,还有拆字的特征,但本质特征是"作者离、猜谜者合"。

借助比喻、减笔的拆字既有构成字谜的功能、猜解字谜的功能,也有修辞功能。

例(41)很特别,其中的一、二、四分句都用了拆字;第三分句则用了借助比喻、减笔的拆字。第三分句中的"角"是喻体,用以比喻"牛"字中的笔画"丿","缺只角"就是在"牛"字中减去笔画"丿"。把"三、人"与缺只角的"牛"组合起来,是"奉"。此例可以看成借助比喻、减笔的变化形式。或者说,例(41)是拆字与借助比喻、减笔的拆字连用。

(三)借助会意法的拆字

借助会意法的拆字,是通过会意法将作者从谜底汉字中拆分出的某个部件隐藏在别的汉字中的拆字。

会意法不是修辞现象,但借助会意法的拆字却是修辞现象。

（42）儿童不宜。（奇）

——王德海《教你猜字谜》

（43）千字在上头，八字在下头，太阳落了地，芬芳留人间。（香）

这两例都用了借助会意法的拆字。创作例（42）时，作者将谜底汉字"奇"拆成"大、可"两个部件，构成"大人可以"，并从反面会意为谜面"儿童不宜"。解谜时，猜谜者根据反义关系将"儿童不宜"会意成"大人可以"，然后按照拆字的解谜规律，把"大、可"组合起来，得到谜底"奇"。创作例（43）时，作者将谜底"香"拆成"千、八、日"，并将"日"会意成"太阳"。解谜时，猜谜者先根据同义关系将"太阳"会意成"日"，然后按照拆字的解谜规律，把"千、八、日"组合起来，便是谜底"香"。

借助会意法的拆字既有会意的特征，也有拆字的特征，但本质特征是"作者离，猜谜者合"。

会意的方法有两种：即同义替代和反义替代，例（43）是同义替代，例（42）是反义替代。据我们观察，会意的主要方法是同义替代。

借助会意法的拆字中的会意法和拆字都有构成字谜的功能和猜解字谜的功能，其中的会意法本身没有修辞功能，但借助会意法的拆字却有修辞的功能。

（四）借助方位法的拆字

借助方位法的拆字，是通过方位法将作者拆分出来的某个部件隐藏在别的汉字中的拆字。

方位法不是修辞现象，但借助方位法的拆字却是修辞现象。

（44）从上至下，你说是啥？快猜快猜，站着别答。（坐）

（45）莺莺红娘去上香，香头插在案几上，远看好像张秀才，近看却是一和尚。（秃）

第一章 字谜修辞

国荣洲《诗谜故事》

此两例都用了借助方位法的拆字。创作例(44)时,将谜底"坐"拆成"人、人、土",并将"土"寄寓在"至"字中,并且运用方位词"下",构成"至下"来表示"土"。解此谜时,先用方位法找出作者隐藏起来的部件,"下"即下面的部件,"至下"就是"至"这个字下面的部件,即"土",然后按照拆字的解谜规律,把"从、土"组合起来,便是谜底"坐"。创作例(45)时,作者将谜底"秃"拆成"禾、几"两个部件,并借助方位词,用"香头"来表达"禾"。解此谜时,先用方位法,"头"即某字上头的部件,"香头"就是"香"字上头的部件"禾"。然后按照拆字的解谜规律,将"禾、几"组合起来,得谜底"秃"。

借助方位法拆字,既有方位法的特征,又有拆字的特征,但本质特征却是"作者离,猜谜者合"。

借助方位法拆字中的方位法、拆字都有构成字谜的功能、猜解字谜的功能,其中方位法本身没有修辞功能,但借助方位法的拆字却有修辞功能。

(五)借助描写的拆字

借助描写的拆字,是通过描写的方法将作者拆分出来的某个或某几个部件隐藏起来的拆字。

(46)前边是禾苗,后边在燃烧,冬天刚一到,它就不见了。(秋)

(47)一个浑身毛,一个全身光,一个山上跑,一个水中藏。(鲜)

这两例都用了借助描写的拆字。创作例(46)时,作者将谜底"秋"拆成"禾、火"两个部件,其中"禾"直接出现在谜面中,而"火"则是通过"燃烧"来描写的。解此谜时,先通过描写法找出部件"火",然后将"禾、火"组合成谜底"秋"。不难看出,例(46)

只有一个部件用了描写法。例(47)中"浑身毛、山上跑"是描写"羊"的特征,"全身光、水中藏"则描写"鱼"的特征,可见,此例从谜底汉字"鲜"中拆分出来的"鱼、羊"都通过描写法隐藏起来了。

从上面的分析可见,借助描写的拆字既有描写法的特征,又有拆字的特征,但本质特征却是"作者离,猜谜者合"。

借助描写法拆字中的描写,拆字都具有构成字谜、猜解字谜的功能,其中的描写法本身没有修辞功能,但借助描写的拆字却具有修辞功能。

第三节 字谜修辞的汉字文化特色

尽管字谜被《小学语文新课标》列为小学低年级的学习内容,比如刘敬余主编的《字谜500则》就是小学低年级"课外读物"[①];但字谜中的学问却一点也不小,就像医院里的儿科一样,虽然其治疗对象是婴幼儿,但其中的学问却大得很。可以说,字谜修辞通过对汉字形体的巧妙运用,集中地体现了汉字文化的显著特色。

一、字谜修辞反映了利用汉字的形体进行思维的显著特点

尽管从整体上看,作者创作字谜、猜谜者猜解字谜的思维活动不能离开语言,但字谜中的汉字辞格利用字形进行思维的特点却非常突出。

(1)上而又小,别小看它,若论辈分,准比你大。(叔)

——刘敬余《字谜500则》

---

① 刘敬余主编:《字谜500则》,北京,北京教育出版社,2012年。

第一章 字谜修辞

此例用了拆字。作者创作此谜的思维活动是,先按照拆字利用字形的规律,"作者离",将谜底"叔"拆成"上、又、小"三个部件,与"而"一起构成第一分句;而后三个分句则是从语意上描写谜底,与利用字形无关。同时,第一分句才是字谜的关键,在这一分句中作者的思维活动,就是运用拆字将"叔"字拆成几个部件,可见其思维活动所关注的是汉字的形体。从猜谜者的角度看,要猜出谜底,就要按照拆字利用字形的规律"猜谜者合",将"上、又、小"组合成一个谜底汉字"叔",可见其猜谜者的思维活动所关注的同样是汉字的形体。

此外,运用并字、减笔、增笔的字谜,同样具有利用字形进行思维的显著特点。

湖南花鼓戏《张先生讨学钱》有一段猜字谜的描写,学童的母亲说:"两个'山'叠起来,是个什么字?"张先生想:一座山就蛮高了,两座山就更高了。于是,他说是个"高"字。

结果是张先生被羞辱了一番,连一文学钱也没有讨回来。张先生猜错的原因,就是因为他只会利用语言进行思维,不会利用汉字的形体进行思维。实际上,学童的母亲出的这个字谜用了拆字。按照拆字的解谜规律,把"山、山"这两个汉字的形体组合起来,便是谜底"出"。可以说,要正确猜出谜底,就必须利用汉字的形体进行思维。

过去人们常说,外国人的思维特点是抽象思维,中国人的思维特点是形象思维。字谜修辞利用字形进行思维,正是中国人形象思维的一个方面,也是中国人独特思维的具体体现。

二、字谜修辞体现了利用汉字的形体进行修辞的突出特点

从修辞的利用材料看,字谜中的汉字辞格,都是利用汉字的

形体进行修辞的。

(2)杂树被砍掉,仇人不见了,丸子少一点,你猜是多少。(九)

——王德海《有趣的字谜歌谣500首》

此例用了减笔。第一分句用了借助会意法的减笔,"树"会意为"木",在"杂"字减去"木",得到"九";第二分句用了减笔,在第二分句"仇"字中减去"人",得到"九";第三分句也用了减笔,在第三分句"丸"字中减去笔画"点",得到"九"。综合起来看,这三个分句都通过减损汉字的形体构成了不同的语句,描写同一个谜底汉字;也就是说,"九"是此例的谜底。观察此例可见,不管是借助会意的减笔,还是单纯的减笔,它们都是以汉字形体为修辞利用的材料。

从修辞利用的材料看,不仅减笔所利用的材料是汉字的形体;而且拆字、并字、增笔,都是以汉字的形体为利用材料的。

以汉字的形体为材料,在汉语修辞中也是独特的。在汉语修辞中,大多是以词汇、语音为材料的,也有的是以语法为材料。从这个意义上讲,字谜中以汉字形体为材料的修辞是很有特色的。需要说明的是,非字谜中也有拆字、并字、增笔和减笔,那么,它们是不是利用字形来修辞呢?应该说,非字谜中的拆字、并字、增笔和减笔与字谜中的拆字、并字、增笔和减笔,二者尽管有不同之处:作为一种领域语言,字谜中的拆字、并字、增笔和减笔运用得非常广泛,大多数字谜都要运用其中的一种或几种辞格,而非字谜中同类辞格相对较少;字谜中的拆字、并字、增笔和减笔具有构成字谜、猜解字谜的功能,非字谜中的同类辞格则没有这样的功能;但二者在利用汉字的形体进行修辞这个问题上却完全相同。

可以毫不夸张地说,字谜修辞以汉字的形体为利用材料,可谓独具特色,体现了以汉字为书面语载体的汉语修辞的突出

第一章 字谜修辞

特点。

三、字谜修辞体现了汉语修辞的重要特点

汉语修辞的特点是什么？笔者曾认为,汉语修辞的突出特点是语言要素、非语言要素都是修辞利用的材料,语言要素修辞、非语言要素修辞都可以构成辞格,有的修辞现象可以通过听觉、视觉两种渠道进行传播,有的修辞现象只能通过视觉渠道进行传播。① 那么,汉语修辞的重要特点是什么呢？字谜中的修辞给了我们很好的回答。

(3) 一个十字架,下边加个八。上面落两鸟,生活需要它。(米)

王德海《趣味字谜歌谣》

此例是比喻、拆字综合运用,构成了借助比喻的拆字。"鸟"是喻体,"两鸟"用来比喻谜底"米"字上半部的两个部件"丶丶",且喻体直接出现在本体的位置上,是借喻。按照拆字的解谜规律,把"十、八"与"丶丶"组合起来,便是谜底"米"。此外,此例的"八"与"它"押韵,是语音修辞。从修辞现象的特点看,拆字是非语言要素修辞,比喻、押韵都是语言要素修辞。综合起来看,例(3)恰恰体现了语言要素修辞与非语言要素修辞综合运用的特点。

观察更多的字谜,特别是那些富于艺术性的字谜歌谣,绝大多数都具有语言要素修辞与非语言要素修辞综合运用的特点。

从汉语修辞这个大家族的情况来看,从古至今的文学作品都具有非语言要素修辞与语言要素修辞综合运用的特点,甚至在日常交际中汉字修辞这种非语言要素修辞也是客观存在的。综合

---

① 曹石珠:《修辞与"语言文字的一切可能性"》,见胡范铸、林华东主编:《中国修辞2014》,191—195页,上海,学林出版社,2015年。

汉语修辞各方面的情况来看，可以说，语言要素修辞与非语言要素修辞综合运用，正是汉语修辞学的重要特点。字谜修辞正体现了以汉字为书面语载体的汉语在修辞上的重要特点。

综上可见，以汉字的形体为思维工具，利用汉字的形体进行修辞，语言要素修辞与非语言要素修辞综合运用这三个方面，共同构成了字谜修辞的汉字文化特色。这种独特的汉字文化特色在于，不仅是任何外国语言所没有的，甚至连翻译成别种语言也是不可能的。

第二章　限定范围副词[①]

第一节　范围副词概述

一、副词研究

副词的研究一直为语法界关注。自马建忠《马氏文通》(1898)"凡实字以貌动静之容者,曰状字"[②]以来,关于副词的定义、词性以及分类就一直是大家争论的焦点。代表著作有黎锦熙《新著国语文法》(1924),杨树达《高等国文法》(1930),吕叔湘《中国文法要略》(1941—1944),王力《中国现代语法》(1943),张志公《汉语知识》(1952),赵元任《汉语口语语法》(1968),朱德熙《语法讲义》(1982),杨伯峻《古汉语语法及其发展》(1992)等。随着研究的不断深入,对副词有了多角度的全面探究。研究者从句法、语义、语用三方面研究副词,更有结合现代汉语、古代汉语、方言等研究副词的,著名的有邢福义(1990)"两个三角"理论、沈家煊(1994)从国外引入语法化、标记论等。

[①] 本章作者简介:邓慧爱,博士,湘南学院讲师,主要研究方向为汉语词汇学、汉语语法学。本章是湖南省哲学社会科学基金项目13YBB202部分研究成果。

[②] 吕叔湘、王海棻编:《〈马氏文通〉读本》,51页,上海,上海教育出版社,2001年。

从内容上说,有对汉语副词发展某一时期进行整体研究的,如杨伯峻的《古汉语语法及其发展》(1992),蒋绍愚、曹广顺的《近代汉语语法史研究综述》(2005),杨荣祥的《近代汉语副词研究》(2005)等;也有对某一特定历史时期的专书、专著进行研究的,如何乐士的《〈左传〉范围副词》(1994),唐贤清的《〈朱子语类〉副词研究》(2004),崔立斌的《〈孟子〉词类研究》(2004)等;还有对某一个副词或一组副词进行研究的,如周小兵的《限定副词"只"和"就"》(1991),卿显堂的《副词"尽情"的形式化标志》(2003),詹卫东的《范围副词"都"的语义指向分析》(2004),唐贤清的《副词"尽底"的语法化》(2005)等。下面我们就学者们对副词定义和分类的不同研究成果进行分类。

(一)关于副词定义的研究成果

从中国第一本语法专著《马氏文通》提出近似现代"副词"的"状字"开始,关于副词的定义一直是众说纷纭。分析起来可分两类。

1. 关于副词归属的讨论

按虚实词态度可分为三类:

(1)副词是实词。马建忠《马氏文通》(1898),陈望道《文法简论》(1978),胡裕树主编《现代汉语》(1979),黄伯荣、廖序东主编《现代汉语》(1978)和张静主编《新编现代汉语》(1986)等。

(2)副词是半虚词。王力《中国现代语法》(1943),郭绍虞《汉语语法修辞新探》(1979)等。

(3)副词是虚词。黎锦熙先生《新著国语文法》(1924),张志公《汉语语法常识》(1953),吕叔湘《中国文法要略》(1957),朱德熙《语法讲义》(1982)等。

第二章 限定范围副词

2.关于副词语法功能的讨论

(1)按副词修饰的成分分两类:

①副词只可以修饰动词,形容词,少部分可以修饰部分副词,不修饰体词。代表人物有:吕叔湘(1952),丁声树(1953),黄伯荣和廖序东(1978),胡裕树(1979),朱德熙(1982),李泉(1996)等。

②副词可以修饰动词,形容词等,还可以修饰体词。代表人物有:赵元任(1968),张静(1961),邢福义(1962),张谊生(1996),唐贤清(2004)等。

(2)按副词在句中充当的成分分两类:

①副词只能在句中做状语。这一观点很长一段时间为大家所接受,著名的代表有:马真(1997),朱德熙(1982),李泉(1996),郭锐(2002)等。

②副词主要功能是做状语,还能充当其他的句子成分。代表人物有:吕叔湘(1952),张谊生(1996)等。

对副词的定义因为大家的着眼点不一样一直争论不休,纵观前贤的种种研究结果,我们采取唐贤清的以语法功能和语义两项标准互为参照,将副词定义为"对谓词起修饰限制或补充说明作用的虚词"[①]。

(二)关于副词分类的研究成果

对副词定义意见不统一,也就不可避免地造成了分类的不一样。即便有的对副词的定义基本一致,由于出发的角度不一样分类也不尽相同。按其分类的依据,我们将其分为三种:

1.按副词所表示的意义不同来划分

马建忠(1898)将其分六类:以指事成之处者;以指事成之时者;以言事之如何成者;以度事成之有如许者;以决事之然与不然

[①] 唐贤清:《〈朱子语类〉副词研究》,4页,长沙,湖南人民出版社,2004年。

者;以传疑难不定之状者。

黎锦熙(1924)将其分六类:时间、地位、状态、数量、否定、疑问。

杨树达(1930)将其分十类:表态副词、表数副词、表时间副词、表地副词、否定副词、询问副词、传疑副词、应对副词、命令副词、表敬副词。

吕叔湘(1941—1944)将其分八类:范围、否定、时间、情态、程度、语气、肯定和否定、情态。

王力(1943)将其八类:程度、范围、时间、方式、可能性和必要性、否定、语气、关系。

张志公(1979)将其分六类:表示时间、频率,表示程度,表示范围,表示重复、连续、并列等,表示语气,表示否定、肯定、可能。

2. 按副词的语法功能不同来划分

(1)按副词的语法功能分。

吕叔湘(1979)将其分八类:范围副词、语气副词、否定副词、时间副词、情态副词、程度副词、处所副词、疑问副词。

朱德熙(1982)将其分五类:重叠式、范围、程度、时间、否定。

杨荣祥(1999)将其分十一类:总括副词、统计副词、限定副词、类同副词、程度副词、时间副词、重复副词、累加副词、情状方式副词、语气副词、否定副词。

(2)按意义功能结合语法功能分。

李泉(1996)将其分七类:程度副词,范围副词,时间副词,否定副词,方式副词,语气副词,关联副词。

张谊生(2000)将其分三类:描摹性副词、评注性副词和限制性副词。

赖先刚(2000)将其分两类:词族副词和非词族副词。

第二章 限定范围副词

3. 按副词的语用功能划分

杨亦鸣(2003)将其分两类:静态副词(单项前指副词、单向后指副词和单向定指副词)和动态副词(多项双指副词、多项前指副词和多项后指副词)。[①]

对副词的再分类因其侧重点不一样,得出的结论也各式各样。同一个副词,不同的人分为不同的类别。我们认为确定副词的次类类别,要将意义和功能结合起来,相互印证,分析其特殊的语用环境,再确定某一副词因属于哪一类别。

据语义、语法和语用相结合的原则,本文将汉语副词分为七类:范围副词、时间副词、程度副词、语气副词、关联副词、方式副词、否定副词等。

尽管学术界对副词已经进行了大量的研究,但还是存在一些不足:有的对副词的研究仅做一种平面的描写,而对语言现象解释的不多;有的对某一专书、某一时期副词精细研究,但缺乏系统的对副词历史来源和演变规律的系统考究;有的注重研究现行普通话中副词的研究,但缺乏将其与方言、古代汉语中的副词相结合的研究;有的对副词的次类笼统研究多,但细致研究具体次类演变发展的不多,对某些次类的特殊语言现象关注不够。

就我们所掌握的资料,到目前为止很少有人对范围副词中的限定副词单独进行专题研究。我们将通过对限定性范围副词的产生和发展进行系统的描述,以求探知其发展演变的原因,重点分析限定副词演变中既表限定又表总括的限定副词,以期对限定范围副词有一个更为深入的研究。

[①] 杨亦鸣:《论副词的语用分类》,*Journal of Chinese Language and Computing*,2003,(1).

二、范围副词研究

(一)范围副词的定义

从上面对各家副词分类的描述中,我们可以看到有几类副词在分类中一般都存在,范围副词就是其中之一。《现代汉语词典》对"范围"的解释分名词和动词:①名词,周围界限;②动词,限制;概括。不管是名词还是动词都有一个表"限定"的意味,这种"限定"没有统一的尺度,个人的主观性比较强;而且这种"限定"的意味,可以是一种范围的限定,也可以是一种程度的限定,亦可是对时间的限定,还可以是一种语气的限定。这直接造成了虽然很多人在将副词分类时都有范围副词这一类,但其具体所包括的副词不都一样。

我们分析总结各家学说,将范围副词定义为:范围副词是对谓语的范围数量或对主语、宾语与谓语相互关联的范围或数量加以总括或限定等的副词。

如前文所述,对范围副词的划分主观性强,而且汉语中又存在同一个词可以具备几类副词功能的情况,这给范围副词的研究带来了不少的麻烦。要对汉语范围副词进行研究,首先要确立范围副词的具体标准。

我们总结各家之说,结合副词本身语义、语法功能等,将汉语范围副词确立的标准整理如下:

(1)从意义上说,范围副词是总括或限定范围的大小、数量的多少,或者谓语本身指称范围数量等。它既不表示语气的强弱,也不表示程度的高低。

(2)从语义指向说,范围副词语义的指向可指向其前的主语也可指向其后的述语。

(3)从其搭配来说,范围副词可接形容词、动词、数量词、

第二章 限定范围副词

介词。

(4)从所处的句中位置来说,范围副词可在主语前,也可在主语后谓语前。

(二)范围副词的分类

由于范围副词划分的主观性,加上其内部本身存在差异。多年来,在学界对其进行划分次类的学者不多,有对其次类进行划分者也是仁者见仁,智者见智。具有代表性的有:

1. 分两类

以朱德熙(1982)等为代表,将范围副词分为标举它前边的词语的范围和标举它后面的词语的范围的两类。

2. 分三类

以李运熹(1993)、钱兢(1999)等为代表,将范围副词分为总括类、限制类、外加类。

以肖奚强(2003)为代表,将范围副词分为超范围副词、等同范围副词和子范围副词。

以唐贤清(2004)为代表,将范围副词分为表总括、表限定、表类同。

3. 分多类

以张谊生(2001)为代表的研究者,根据不同的标准对现代汉语副词进行多角度的考察,依据表意功能,分为统括性范围副词、唯一性范围副词和限制性范围副词;依据句法功能分为附体范围副词和附谓范围副词;依据语义分为前指范围副词与后指范围副词、单指范围副词与多指范围副词、实指范围副词与虚指范围副词。

我们依据范围副词的语义、语用和语法功能差异,将范围副词分为表总括、表限定、表类同三类。

三、限定范围副词分类

限定范围副词是对所修饰的事物范围、数量或动作行为本身起限定作用的副词。其语义指向可以是句中的谓语本身,还可是主语,宾语等。就修饰的成分来说,可以修饰动词或动词性短语,形容词或形容词性短语,还可修饰名词或名词短语及数量名短语。

限定范围副词相对于总括范围副词来说,无论是数量还是使用的频率都比较少。从多年来发表的专书和论文数量,明显看出学界对它的关注程度远不如对总括范围副词的关注程度。就我们所掌握的资料来看,有关专书研究的只在近几年有研究生的论文(现代汉语)《"祇"、"止"、"只"的历史相关问题的研究》,对单个词语进行研究的论文有:陈伟琳、贾齐华(1993)《"只"的句法功能和语义指向考察》,周刚(1999)《表示限定"光""仅""只"》,徐以中(2003)《副词"只"的语义指向及语用歧义探讨》,孙淑营(2009)《〈荀子〉中的限定范围副词及语义指向》等。更多的对限定范围副词的讨论都是在讨论范围副词或副词时轻描淡写地一笔带过。

限定范围副词的数量不多,但其内部并不是毫无差异的。为了对限定范围副词有一个更深入的认识,就必须了解其形成过程,其发展和整个汉语语法体系发展之间的相互作用,其内部各成员之间的共同点和差异。本文将限定范围副词分为表独一和表限量两类。如果将限定范围副词表述为 X,限定的成分为"概念 B",某一范围整体为"概念 A",句子就可表述为"概念 A + X + 概念 B"。"概念 A""概念 B"的关系可表述为下图:

图一　　　　　　　　　　图二

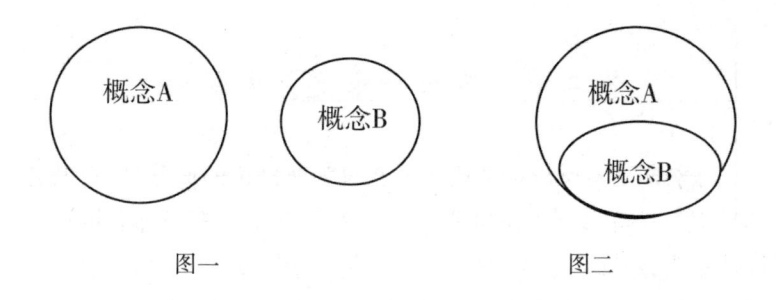

如果"概念 A"与"概念 B"的关系如图一所示,X 就是表独一关系的副词;如果两者的关系只能用于如图二所示的模式,X 就是表限量性的副词。本文讨论的限定范围副词如下表:

次类	词项
表独一	独、唯、惟、维、止、多、繁、啻、徒、虽、唯独(独唯)、别、专、索、衹、只、独独、正、另、政(只)、偏、就、专门、另外、就是、净、偏偏
表限量	仅、半、特、取、各、直、鲜、但、廑、才、大归、单、大都、光、单单、多半、仅仅、刚、仅只

四、汉语史的分期

关于汉语史的分期,学术界向来分歧颇多。综合各家之言,也结合自身的研究实际,我们将汉语史分为四个时期:

先秦到西汉为上古时期;

东汉到魏晋南北朝为中古时期;

隋唐到清为近古时期;

五四以后为现代汉语时期。

第二节　表独一限定范围副词

这类限定范围副词从语义上看只为所修饰的成分具有,其他部分都不具备,具有强烈的排他性。从语法上看多修饰名词或名词性短语,修饰数量名词短语(多数情况下数量为"一"是省略),还修饰动词。从语义指向看,这类词可前指也可后指,可指主语(包括兼语)、宾语(包括介词结构短语的宾语)、谓语。我们考察了众多历史文献总结这类副词有 27 个,如下:独、唯、惟、维、止、多、繁、啻、徒、虽、唯独(独唯)、别、专、索、祇、只、独独、正、另、政(只)、偏、就、专门、另外、就是、净、偏偏。我们将依据此表独一限定范围副词用法产生的时期分别加以论述。

一、产生于上古时期的

产生于上古时期的有 14 个:独、唯、惟、维、止、繁、啻、徒、虽、唯独(独唯)、别、多、专、索。"多""专""索"在后面有专节的详细论述,这里只论述前面几个词。具体作为表独一的限定范围副词在上古的诸多代表性文献(《周易》《诗经》《左传》《论语》《楚辞》《荀子》《国语》《孟子》《史记》)中出现的情况见下表("啻""虽""别"不在表中描述):

	周易	诗经	论语	孟子	左传	荀子	战国策	楚辞	史记
独	1	3	1	1	6	48	43	25	128
唯惟维	4	1	14	42	110	31	26	5	57
止	0	0	0	0	1	0	0	0	0
繁	0	0	0	0	2	0	0	0	0
徒	0	0	0	7	0	2	11	0	30

第二章 限定范围副词

1. 独

独,在中国最早的一部字书《说文解字·犬部》(《说文解字》以下简称《说文》)中解释为,"犬相得而斗也。从犬蜀声。羊为群,犬为独也。一曰北嚻山有独兽,如虎,白身,豕鬣,尾如马"。许慎是从对小篆字形的分形得出本义为"单独"。段玉裁进一步解释为:"犬好斗,好斗则独而不群。"在古代文献中我们很容易找到书证。例如:

(1)《象》曰:"有孚挛如",不独富也。(《周易·上经·小畜》)

(2)观天下之物无可以称其德者,如此,则得不以少为贵乎?是故君子慎其独也。(《礼记·礼器》)

由于词义的泛化,"独"的实词义项脱落演变为表限定的范围副词,表单独,描述陈述对象是孤单独一的。这种用法的出现最晚不晚于西周,有例为证:

(3)《象》曰:"频复之厉",义无咎也。六四,中行独复。(《周易·上经·复》)

(4)大夫不均,我从事独贤。(《诗经·小雅·北山》)

(5)一手独拍,虽疾无声。(《韩非子·功名》)

(6)王亲独行,屏营彷徨于山林之中,三日乃见其涓人畴。(《国语·吴语》)

"独"的这种用法在其后各个时期均有用例,一直沿用到现在。例如:

(7)闯王每次遇到危险关头,总是身先士卒,独当大敌,今晚我对他很不放心。(姚雪垠《李自成》)

"独"作为独一限定范围副词用在动词谓语前、主谓谓语之前,可译为"仅""只"。这个意义也是由"单独"这一实词义虚化而来的。"单独"表示范围小,"独"在句中的位置多在动词、名词

谓语等前面,其逐渐的虚化为表限定的范围副词。例如:

(8)是故所欲有甚于生者,所恶有甚于死者,非独贤者有是心也,人皆有之,贤者能勿丧耳。(《孟子·告子》)

(9)通一经之士不能独知其辞,皆集会五经家,相与共讲习读之,乃能通知其意,多尔雅之文。(《史记·乐书》)

这种用法每个时期都有用例,至今在现代汉语中仍有使用。例如:

(10)独有英雄驱虎豹,更无豪杰怕熊罴。(毛泽东《七律·冬云》)

"独"作为副词的这两种意义都具有强烈的排他性,可笼统地归于表独一的限定范围副词。

2.唯,惟,维

这三个字不仅在上古时期的很多文献中是混用的,到现在还有很多人"唯""惟"混用,所以本文将它们列在一起讨论。杨伯峻先生将这一现象产生的原因归为:"'唯''惟''维'这三个字本来各有意义,后来因为它们的读音和形状都极相近,尤其作为虚词,这三个字便相互混用。"①

唯,《说文·口部》解释为"诺也。从口隹声"。惟,《说文·心部》解释为"凡思也。从心隹声"。维,《说文·糸部》解释为"车盖维也。从糸隹声"。这三个字是被假借为副词的,所以其副词意义与本义之间没有必然的联系。这三个字表独一限定范围副词最晚在先秦时就已经存在了。例如:

(1)盈天地之间者唯万物。(《周易·序卦》)

(2)无非无仪,唯酒食是议,无父母诒罹。(《诗经·小雅·斯干》)

---

① 杨伯峻:《春秋左传注》,182页,北京,中华书局,1981年。

第二章 限定范围副词

(3)芳与泽其杂糅兮,唯昭质其犹未亏。(《楚辞·离骚》)

(4)以台正于四方,惟恐德弗类,兹故弗言。(《尚书·商书》)

(5)有始有卒者,其惟圣人乎?(《论语·子张》)

(6)终鲜兄弟,维予与女。(《诗经·郑风·杨之水》)

(7)维迩言是听,维迩言是争!(《诗经·小雅·小旻》)

这三个词与其他的表独一限定副词不一样,它们在句中还可以置于句首,构成如例(7)的"唯/惟/维……+是"的结构。

由于没有找到著名语言学家管燮初(1962)《甲骨金文中"唯"字用法分析》一文,因此本文只将"唯"作为表独一范围副词的用法推至《诗经》。

3. 止

止,《说文·止部》解释为"下基也。象艸木出有址,故以止爲足"。本义为"手足"的"足"。其语法化的过程,于省吾先生在《〈诗经〉中"止"字的辨释》中描述并解释为:"'止'足趾之初文,并引申发展为留止义动词。其留止义的空间概念——止于此,'止'所以获得'此'义,进而发展为指示代词。同样因其留止义的空间概念——止于此,限制其空间范围,止于某地,进而扩大其限制对象就发展为限制性范围副词。""止"作为独一范围副词的用法最晚不晚于先秦的战国时期。例如:

(1)仁义,先王之蘧庐也,止可以一宿而不可久处。(《庄子·天运》)

但据乔玉雪(2004)考证"止"的这一用法在先秦只有这一个用例,到汉代以后"止"的修饰限制功能更加突出。①"止"表限定

---

① 乔玉雪:《"祇""止""只"的历史替换及相关问题研究》,河南大学硕士学位论文,2004年。

范围副词形成以后一直沿用至今。例如：

(2)但那些书上,至多就止记着"愚民政策"和"愚君政策"全都不成功。(鲁迅《华盖集续编·谈皇帝》)

4.繄

繄,《说文·糸部》解释为"繄,戟衣也。从糸殹声。一曰赤黑色繒"。可见"繄"的本义为"戟衣",其为副词的意义依段玉裁说"繄,假借为语词"。这一用法最晚在春秋末年就已经出现了。例如：

(1)尔有母遗,繄我独无。(《左传·隐公元年》)

(2)王室之不坏,繄伯舅是赖。(《左传·襄公十四年》)

例(1)的"繄"与其他的表独一的范围副词一样,语义指向的"我",强调的是只有"我"是这种情况。例(2)的"繄"与"唯"的用法相似。"繄"的这种语法一直沿用于文言文中,到现代汉语中已经不再使用,在《现代汉语词典》等工具书中都没有这一义项。

5.啻(适)

啻,《说文·口部》中并没有对它的本义加以解释,而是对它的使用情况加以描述,"啻,语时不啻也。从口帝声。一曰啻,諟也"。"啻"作为独一限定范围副词的用法最晚出现于战国时期,虽然在上面列举的文献中我们没有发现"啻"的这一用法,但在其他的文献中还是可以找到例证的。例如：

(1)尔不克敬,尔不啻不有尔土,予亦致天之罚于尔躬!(《尚书·周书》)

(2)臣以死奋笔,奚啻其闻之也!(《国语·鲁语》)

"啻"的这种用法在各个时期都有用例且一直沿用至今。例如：

(3)苍苍的树林不啻一个池塘,该照见我的灵魂十分憔悴吧。(何其芳《画梦录·岩》)

第二章 限定范围副词

(4)伍老的革命经历,不啻是七十年中国革命历史的一个缩影。(《人民日报》)

不过"啻"一般不是单独出现,常与"不""匪""奚"等连用表独一限定。

关于"啻"和"适"在上古时可以通用,只是"适"的使用范围更大,这些在乔玉雪《"祇""止""只"的历史替换及相关问题研究》中有详细的论说,本文赞成他的看法,这里不再论述。

6. 徒

徒,《说文》写为"辻",将其归入"辵"部,解释为"步行也,从'辵'土声"。现在的字形依段玉裁所说是"隶变"的结果。可见"徒"的本义为"步行"。例如:

(1)初九,贲其趾,舍车而徒。(《周易·贲》)

"徒"作为表独一的副词,依朱骏声《说文通训定声》的解释是"假借"。但我们认为"徒"本义为"步行",这就意味着没有任何的交通工具,由此引申为"空"。例如:

(2)齐师徒归。(《左传·襄公二十五年》)

由"空"进一步引申为"徒然的""白白地"。例如:

(3)主过予,则臣偷幸;臣徒取,则功不尊。(《韩非子·饰邪》)

由"徒然的""白白地"进一步语法化为"仅仅,只",这一用法在战国时期就已经出现。例如:

(4)今之君子,岂徒顺之,又从为之辞。(《孟子·公孙丑下》)

(5)虽在贫穷徒处之势,亦取象于是矣。夫是之谓吉人。(《荀子·仲尼》)

(6)察九有之所以亡者,徒从饰乐也。(《墨子·非乐上》)

(7)其国亡矣,徒葬于齐尔。(《春秋公羊传》)

这几个例证无论是用在动词谓语前,表示所述事实仅限于事态的一个方面,如例(4);还是用在动词前,表示所述是某一实体单独所为,如例(5)(7),抑或是用在动词谓语前,表示所述是唯一的原因或唯一的选择,如例(6),其所阐述的情况与其他的部分都不一样。"徒"的这一用法一直沿用至今。例如:

(8)适应环境生出来的,都是经过苦心研究,想实际地解决时局,并不是徒托空谈,所以他们的学说很可供我们今日之参考。(李宗吾《厚黑学》)

7. 虽

虽,《说文·虫部》解释为"虽,似蜥蜴而大。从虫唯声"。可见其本义是一种虫子。其本义与副词的用法没有必然的联系,段玉裁在《说文解字注》的"虽"字下有"今用虽为语词,有纵恣之意,盖本当作唯。假虽为之耳,虽行而唯废矣"。我们认为"虽"与"唯"声音相同,"虽"也有可能是通假为"唯"作为副词。"虽"的表独一限定副词的用法在先秦已经出现:

(1)女虽湛乐从,弗念厥绍,罔敷求先王,克共明刑。(《诗经·大雅·荡之什》)

对于这一用例,马瑞辰解释为:"《说文》:'虽,从虫,唯声。'故虽与唯二字古通用。"后代有人仿古也出现这种用法,以下是我们找的例证:

(2)虽无出甲,席卷常山之险,必折天下之脊,天下有后服者先亡。(《史记·张仪列传》)

(3)同为国家之人,同受国家之事,苟其谋之而必公,行之而必忠,虽日弘吐握之风,夜前宾客之席。《虞书》之所称协恭,箕子之所论大同也。(明·侯方域《朋党论上》)

既然"虽"在古代与"唯"通用,那么与"唯"一样,它表限定也具有强烈的排他性,是表独一的限定范围副词。因为是通假,表

第二章 限定范围副词

限定的意义没有固定下来,到现代汉语无论是普通话还是方言"虽"都已经没有了作为独一限定范围副词的用法。

8.别

别,《说文》中写为"八刂",解释为"分解也,从八从刀"。本义为分解,分开。例如:

甲与丙相捽……里人公士丁救,别丙、甲。(《云梦秦墓竹简·封诊式》)

"分解、分开",必然是把某一部分完全地从整体中分离开来,就分解的结果看每一个分解后的部分相对于未分解的整体而言都已经是独立的个体了。这种实物的概念随着人们的认识加深演变为一种抽象的概念,"别"演变为既可对具体的事物限定范围又可对抽象的行为加以限定。句中"别"常处于动词前,意义虚化,变成了表独一限定的范围副词。这种用法在先秦已经出现:

(4)或一篇重出,而别立二名;或两论并吞,而都为一目;(《黄帝内经·素问》)

"别"字的这种用法在西汉《史记》中已经很常见了。例如:

(5)项梁前使项羽别攻城阳,屠之。(《史记·项羽本纪》)

(6)昆莫老,常恐大禄杀岑娶,予岑娶万余骑别居,而昆莫有万余骑自备。(《史记·大宛列传》)

(7)以右丞相别定上谷,因攻代,受赵相国印。(《史记·樊郦滕灌列传》)

现在的一些固定词语中仍保留有这种用法。例如:

(8)然而自己是被征服的国民,没有力量保护,没有勇气反抗了,只好别出心裁,鼓吹女人自杀。(鲁迅《我之节列观》)

9.独唯(唯独)

唯独也可写成独唯,是由两个近义"唯""独"并列连用而成。两个词是同素异序副词。就语气而言它比"唯""独"单用时都要

强。用作表独一的范围副词在西汉就已经存在。例如：

（1）齐城之不下者，独唯聊、莒、即墨，其余皆属燕。(《史记·燕召公世家》)

（2）独唯齐为中国会盟，而桓公能宣其德，故诸侯宾会。(《史记·齐太公世家》)

值得指出的是，和例(1)一样的一句话在《战国策·燕策一》"独唯"作"唯独"。也可看出这一时期"独""唯"在组合时的顺序是不定的。就其数量来说，产生"独唯"的使用频率远不及"唯独"。西汉以后"独唯"使用频率一直不高，到现代汉语我们进入北京大学现代汉语语料库搜索已经没有了"独唯"。我们所掌握的资料中"独唯"的最晚用例是明代王守仁在《王阳明集》中的"今之初学之士皆自以为能知，而孔门之徒以千数，其最下者宜其犹愈于今之人也，何独唯颜子而后可以语此乎"。而"唯独"至今还在大规模地使用。例如：

（1）我们的国家什么都不缺，唯独缺少和平。(《人民日报》1993)

（2）1984 年，深圳建设四大文化设施，唯独没有书店。(《人民日报》1993)

而"独唯"的消失和"唯独"一直使用，这一结果的出现符合同素异序词词序确定的语音原则，人们的认同也是其中的重要原因。

纵观上古时期产生表独一限定范围副词，我们发现单音节词居多，作为副词的用法有不少是假借义，更有甚者是通假义。究其原因可归结于上古时期汉字以单音节为主，且汉字数量少，为了交际的需要在文字的使用过程中就难免出现假借的情况。

第二章 限定范围副词

二、产生于中古时期的

中古时期产生的表独一限定范围副词有七个:衹、只、独独、正、另、政(只)、偏。

1. 衹(祇)

衹,《说文·示部》解释为"敬也。从示氏声"。无法看出其本义与虚词意义的联系。朱骏声在《说文通训定声》中指出"衹,假借为啻",《广雅·释言》中也有"衹,适也",前面已经提到上古"啻"与"适"的关系所以这两种解释其实是一样的。由此可以大胆推断"衹"表独一限定范围副词是假借义。依据乔玉雪(2004)考证:"衹"的这一用法出现在六朝时期,唐代时大规模使用,但到唐代时已经出现了"衹""只"互文的情况,到宋代"衹""只"混用。"衹"的这一用法都可以用"只"来代替,人们对"只"的认同也大大高于"衹"。依据语言的经济性原则,到现代人们在日常的交流中更多的是用"只"。

2. 只

只,《说文·只部》解释为"只,語巳詞也。从口,象气下引之形"。可见其本义为语气词,有文献为证:

(1)母也天只! 不谅人只! (《诗经·墉风·柏舟》)

(2)青春受谢,白日昭只。(《楚辞·大招》)

关于其表独一限定范围副词用法的由来,太田辰夫(1957)认为"是古代汉语的'止'和'衹'写成了'只'"[①]。张谊生(2000)认为"只"作为副词是由其他的意义演变而来。这两种说法都有一定的道理,我们更倾向于后者。"只"的这种用法在中古时期就已

---

① 太田辰夫著,蒋绍愚、徐昌华译:《中国语历史文法》,261 页,北京,北京大学出版社,1987 年。

经出现,以后的各个时期都有用例:

(3)我只见汝送人作郡,何以不见人送汝作郡?(南朝·刘孝标 注引《晋阳秋》)

(4)忆作儿童随伯氏,南来今只一身存。(唐·韩愈《过始兴江口感怀》)

(5)京口瓜州一水间,钟山只隔数重山(宋·王安石《泊船瓜州》)

这种用法一直沿用至今。例如:

(6)干部们顺着他的手看去,只见陈旅长带着五六个干部从坡上走来。(《保卫延安》)

(7)路上只我一个人,背着手踱着。(《朱自清选集》)

必须指出一点,"只"后面接数量名词性短语,"一"是不能省略,这与其他的限定副词不一样。"只"在现代汉语众多表独一限定范围副词中使用的频率是比较高的,人们对它的认同度高,由它作为词素构成的其他限定副词也比较多。

3. 独独

独独,是副词"独"的重叠形式,比起原副词"独"而言,语义上要更重一些,强调的意味也更强一些。"独独"在东汉支娄迦谶翻译的佛经和南朝昙无谶译《大般涅槃经》中已经存在:

(1)人在世间爱欲之中。独独去死生。(东汉·支娄迦谶译《佛说无量清净平等觉经》)

(2)一切诸法性终不能独独灭。(南朝·昙无谶译《大般涅槃经》)

"独独"起初都只在翻译佛经时出现,到后来随着汉语自身的双音化,"独独"的这一用法开始出现在佛经以外的戏曲、诗歌等文献中。例如:

(3)(探子叩头谢科下)(樊哙云)不知项王败走那里去,俺每

第二章 限定范围副词

领些军马赶上,杀他一阵,也好分他的功,不要独独等这黧面之夫占尽了。(《汉高皇濯足气英布》)

(4)如何永夜曾无寐,悔向湖边独独寻。(清·钱谦益编《列朝诗集》)

到现在,在一些口语性比较强的文献中都还保留有这一用法。例如:

(5)为何独独不怕我国的法律、法规得不到认真贯彻实施呢?(《1994年报刊精选》)

(6)浙江杭州"娃哈哈"集团公司总经理宗庆后谢绝国内许多企业要求联合的邀请,独独选中了相对贫困的三峡库区,与四川涪陵市联手开发"娃哈哈"工业城。(《人民日报》1995年2月)

4. 正

正,《说文·正部》解释为"是也。从止,一以止。凡正之属皆从正"。可见"正"本义为"正中,不偏斜"。但依据邵胜定(1988)考证"正"的本义应为"征",并说明表示"正中,不偏斜"是与"正鹄"有关,"正鹄"表示的是"射而中鹄","正中,不偏斜"是"正"的引申义。[①] 从"正鹄"看:说明箭正中目标,意味着"不偏斜",箭法精准高超。而"鹄"作为特定的目标实际就限定了一定的范围,而"不偏斜"限制的范围相对较小,又因为在句中"正"常用来修饰动词,因此引申为表独一限定范围副词,用法相当于"只"。这种用法依清人刘淇所说最早出现在《汉书》中[②],如《汉书·王莽传》中有:"严尤奏言:'貉人犯法,不从驺起,正有它心,宜令州郡且尉安之。'"

关于"正"可与"只"通用在郭在贻先生的《〈游仙窟〉释词》

---

① 邵胜定:《"正"字的本义及其他》,载《辞书研究》,1988(6)。
② 刘淇著,章锡琛校注:《助字辨略》,229页,北京,中华书局,1978年。

中:"十娘谓五嫂曰:'向来正首病发那?'五嫂起谢曰:'新妇错大罪过。'"按:"正首"犹言真的,"向来正首病发耶?"意谓:"刚才真的是病发了吗?"("向来"即刚才适才之意)敦煌变文中有"只首"一词,《敦煌变文字义通释》释为:"犹如说'实在''诚然',作状语用。"今谓正首即只首,正、只以音近而通用。(以声言,正、只均属照母开口三等;以韵言,只、正为支耕对转。)

但这种用法在各个时期的用例并不多,现在普通话中"正"已经没有了这种用法,据《汉语方言大词典》载,在吴语的浙江金华岩下地区还保留了这一用法。例如:

(1)正五点钟,还早。

(2)正还是三个人,打弗老克(扑克)来的。

5.另

另,《五音集韵》解释为"分居也"和"割开也",《正字通》解释为"别异也"。"分居也"是离开某一范围单独居住,"割开也"是从某一范围中分出来,"别异也"是与某一范围内实物的区别。无论哪一个是其本义,这三个义项中都包括"+范围""+独一"。由此演变而来的虚词,也保留了实词的这些义项成为表独一限定范围副词。这种用法在南朝时就已经出现。例如:

(1)太子曰:"若如来通,则忠惠可以一名,孝慈不须另称。"(南朝梁·萧子显《南齐书》)

(2)注志阴为另拓,字体不同,疑非山晖志之阴,因前人附为一体,姑暂附于此。(《汉魏南北朝墓志选》)

"另"作为表独一限定副词,其后所接动词就我们所找的材料来看,都是单音节动词且这种用法一直沿用到现在。例如:

(3)不能按时起飞,早已纷纷质问服务员,服务员耐心地向旅客解释,说另有任务。(《作家文摘·彭德怀骨灰查寻记》)

第二章 限定范围副词

6. 政(只)

政,《说文·攴部》解释为"正也。从攴从正,正亦聲"。许慎的这一解释明显是受了孔子的影响,《论语·颜渊》中有:"季康子问政于孔子。孔子对曰:'政者,正也。子帅以正,孰敢不正?'""政"的本义应是政治。本义与作为副词义之间没有必然的联系。但依据许慎对"政"的声训,"政"应通假为"正"以后作为表独一限定范围副词。这一用法在南朝时期就已经出现。例如:

(1)殷觊病困,看人政见半面。(《世说新语·规箴》)

因为表独一限定范围副词的"只"这一时期产生,随后大规模使用。"政"这一用法用例少,我们找到以下用例:

(2)政有一朝乐,不抵百年忧。(元·白朴《水调歌头》)

(3)书法甚工,然少波峭,政以观古人书少耳。(清·张泰来《江西诗社宗派图录》)

(4)描写芳春景物,极娟妍鲜翠之致,微特如画而已。政恐刺绣妙手,未必能到。(况周颐《蕙风词话》)

到了现在,在诸如《现代汉语词典》《现代汉语虚词词典》《汉语方言大词典》等工具书中已经没有"政"作为限量限定范围副词的义项了,可见这一用法到现在已几乎不用了。

7. 偏

偏,《说文·人部》解释为"颇也。从人扁声"。段玉裁进一步解释"颇,头偏也。引申为凡偏之称"。"偏"的本义为"不居中"。例如:

(1)无偏无陂,遵王之义。(《尚书·洪范》)

"不居中"就意味着有所偏向,由此引申为"不公正,偏袒"。例如:

(2)挟重资,归偏家,尧舜之所难也。(《商君书·算地》)

"不公正,偏袒"意味着看到的只是现象或物体的一部分,而

55

且语义重点强调的是"偏袒"的那一个部分。由此引申为名词"部分",《左传·成公十五年》中有"桓氏虽亡,必偏"。最后表"部分"的名词"偏"进一步虚化为表独一限定范围副词。"偏"的这一用法南朝时就已经出现了,以后各个时期都有用例。例如:

(3)中庭杂树多,偏为梅咨嗟。(南朝宋·鲍照《梅花落》)

(4)当年最称意,数子不如君,战胜时偏许,名高人共闻。(唐·岑参《送王伯伦应制授正字归》)

(5)菱花照面须频记,曾道偏宜浅画眉。(宋·辛弃疾《鹧鸪天·一夜清霜变鬓丝》)

"偏"的这种用法一直沿用至今,在张斌主编的《现代汉语虚词词典》和侯学超的《现代汉语虚词词典》中都有记载。我们也能很容易地找到例证:

(6)整部词典收词六万条,偏成语一条没收。

另外,"偏"还可通假为"徧",作为表总括的范围副词,意义相当于"遍"。例如:

(7)彼自丞尉以上偏置私人。(《汉书·贾谊传》)

中古时期产生的副词仍是以单音节为主,只是因为佛经的引入产生了副词的重叠形式。

三、产生于近古时期的

产生于近古时期的表独一限定范围副词有五个,分别是:就、专门、另外、就是、净。其中"净"在后面章节有详细的论述这里省略不论。

1. 就

就,《说文·京部》解释为"高也,从京从尤,尤异于凡也"。桂馥注:"此言人就高以居也。"由此可知其本义是"到高处去"。段玉裁进一步解释"《广韵》曰:'就,成也,迎也,即也。'皆其引申

第二章　限定范围副词

义"。由此可知,"就"可以作为动词意为"靠近"。关于动词的"就"如何演变为限定副词的"就",邢志群(2004)在他的《从"就"的语法化看汉语语义演变中的"主观化"》一文中有详细的解释。他认为:表独一限定范围动词的"就"是从早期的"靠近"义通过主观化引申虚化来的。公式为:"距离靠近"<"时间靠近"或者"逻辑概念靠近"。从话语功能的形成角度分析,在"概念 A + 就 + 概念 B"语境中,如果说话人或者听话人认为概念 B 没有他想象得那么好/重要,"就"表"仅仅/只"义。① "就"的这种用法在清代就已经出现。例如:

(1)我就学这个好,别的全不学。(清·郭小亭《济公全传·练法术戏耍刘泰真 李国元失去天师符》)

这里的"就学这个"表示的是"只学这个",排除了其他的。这一用法到现在还在广泛应用,在许多著名的文学作品中都有用例。例如:

(2)谁都说这么多年来就他们家有风水,人财两发。(丁玲《太阳照在桑干河上》)

(3)马老先生在海上四十天的工夫,就挣扎着爬起来一回。(老舍《二马》)

2. 专门

专门,就我们所查找的资料来看,其最早在南宋范晔的《后汉书》中出现。《后汉书·儒林外传》中有:"斯文未陵,亦各有承。涂方流别,专门并兴。"这里的"专门"应为名词,指的是"某一门学问"。"某一门学问"可分析为" + 学问 + 某一",其中的限定语素为" + 某一",中心语素为" + 学问"。句中"专门"+ VP,"专

---

① 转引自沈家煊、吴福祥、马加贝主编:《语法化与语法研究(二)》,324—339页,北京,商务印书馆,2005 年。

门"为主语。随着词义的泛化,限定语素没有变化,中心语素由个别到一般,由专指"学问"到泛称"一切事物"。随后的"专门"在句中的句法位置发生了变化,句中已经有主语,"专门"是用来修饰其后所接的VP。句法位置的改变诱发了词的语法化,"专门"从最初的名词发展为表独一范围副词。这种用法在唐代就已经出现。例如:

(1)所居新坂黄冈,世有乡校,由是顾氏多儒学焉。祖道望,齐散骑侍郎。父仲成,梁护军司马、豫章王府谘议参军。家传儒学,并专门教授。(《南史》)

(2)伽蓝五十余所,僧徒二千余人,大小二乘,专门习学。(唐·玄奘《大唐西域记》)

"专门"的这种用法在明清的小说中大量使用,在《官场现形记》中有15例,《二十年目睹之怪现状》中有16例,《儿女英雄传》中有1例。这种用法一直沿用至今,在《现代汉语词典》《现代汉语虚词词典》等字典中都有对"专门"这一用法的记录。

3. 就是

"就是"作为一个虚词和"就+是"作为一个偏正式短语存在的表现形式是一样的,而且在汉语发展的各个时期都是同时存在的。关于"就是"的形成机制在成海涛(2006)《"就+是"的句法性质及"就是"形成机制分析》中有详细的论述:"就是"是因为在"就+是+谓词性成分"的结构中,由于句子已经有了谓语,所以"就+是"中的"是"的谓词功能弱化,变为附属于"就",演变为一个虚词"就是"。① 既然"就是"是因为"是"谓词功能的弱化,那么"就是"更多的意义偏向于副词"就"。"就是"表独一限定范围副

---

① 成海涛:《"就+是"的句法性质及"就是"的形成机制分析》,载《佛山科学技术学院学报》,2006(6)。

第二章 限定范围副词

词的用法在明代就已经出现。例如：

(1)嗄，就是送改机来的。(明·柯丹邱《荆钗记》)

在以后的各个时期都有用例，且一直沿用到现在。例如：

(2)说实在话，姚大婶一天到晚，心里就是惦着闺女。(《三千里江山》)

(3)西门夫人是个好女人，就是有一样，常搅乱我的工作。(老舍《二马》)

(4)他就是喜欢钓鱼，没有什么别的嗜好。

在《现代汉语词典》、张斌主编的《现代汉语虚词词典》等工具书中都有"就是"这一用法的记录。

4.另外

另外，就我们所找到的资料来看，其最开始并不是作为副词的。在元代的《通制条格·大元通制序》中有："褚克衡告，除与兄褚克衍将家私分另外，际留与母阿刘并老娘娘阿田养老事产，有兄褚克衍拘占不肯分剖。"这当中"将家私分另"是一个层次，"外"是与前面的"除"构成"除……以外"。后由于"另外"常在一同出现，人们便主观地认为"另外"是一个词，是由限定范围副词"另"多加了一个语素"外"，这就更加明确了概念 B 是独立于概念 A 而存在的，"外"成了一个标记。"另外"表独一限定范围副词的用法在明代就已经出现，清代时使用频率提高。例如：

(1)诸臣内戴廉有不救李瑾之罪，宜另外议处。(明·孙允中《云中纪变》)

(2)老哥如不见信，我另外写一张包管给你。(《儒林外史》第五十二回"比武艺公子伤身毁厅堂英雄讨债")

(3)因见尤氏犯病，贾珍又过于悲哀，不大进饮食，自己每日从那府中熬了各样细粥，精致小菜，命人送来劝食。贾珍也另外吩咐每日送上等菜到抱厦内，单与凤姐。(《红楼梦》第十四回)

(4)一到店必是另外煮些饭,熬些粥。(《儿女英雄传》第四回)

到现代,在《现代汉语词典》中有对其作副词用法的记录"表示在所说的范围之外:我们另外又补充了几点意见";在张斌主编的《现代汉语虚词词典》和侯学超主编的《现代汉语虚词词典》中都记录了"另外"的这一义项。"另外"比"另"的强调意味更浓,后面所接动词也不限于单音节动词。

纵观近代汉语时期所产生的表独一的限定副词,双音节居多,这与汉语整体的双音节化的发展趋势分不开。

四、产生于现代时期的

现代新产生的表独一的限定范围副词不多,只有一个:偏偏。

1. 偏偏

"偏偏"是副词"偏"的重叠形式,比"偏"的语气更强。在我们所查找的资料中,直到现代的语料中才发现有用例。"偏偏"限定范围,表示同类行为或同类事物中只有一种例外。例如:

(1)别的人都早来了,偏偏他迟到了。(《现代汉语词典》)

(2)大家都走了,偏偏他不走。(《现代汉语虚词例释》)

(3)偏偏你知道这些道理,我就不知道。(《现代汉语八百词》)

(4)别人你都不说,为什么偏偏说我一个人?(张斌《现代汉语虚词词典》)

(5)公园的花都开了,偏偏牡丹迟迟不肯开。(张斌《现代汉语虚词词典》)

如上所述,我们可以将各个时期出现的限定范围副词出现情况统计如下:

第二章 限定范围副词

产生时代	词项	计数
产生于上古的	独、唯、惟、维、止、鮆、啻、徒、虽、唯独(独唯)、别、专、索、多	14
产生于中古的	祇、只、独独、正、另、政(只)、偏	7
产生于近古的	就、专门、另外、就是、净	5
产生于现代	偏偏	1

结合上面对表独一限定范围副词的来源分析,我们可以总结这一类副词来源和语义的特点:

第一,在所有分析的 27 个词语中,大部分产生于上古时期,这部分差不多占了总数量的 1/2。上古时期产生的大部分来源于假借,其他时期产生的多源于实词意义的语法化。

第二,中古时期因为佛经的引入出现了副词的叠音形式,近古时期产生的多个双音节词,符合汉语的双音节化的趋向。

第三,这一类词有一个共同的特点,表示的是同类行为和同类事物的例外。除去由假借而来的词,其他的都是从原来的实词意义演变而来,来源可以是名词、形容词、动词等,是通过词的降类而形成的虚词意义。且这些词在其实词意义阶段就已经有表强调表排他的意义,演变为表独一范围副词后仍保留这一特点,这符合语法化的保持原则。

第三节 表限量限定范围副词

这一类词语从语义上看所限定的对象或与主体相同或是主体的一部分,从语用上看更多的是表示强调。经调查统计,这一类副词有 19 个:仅、半、特、取、各、直、鲜、但、廑、才、大归、单、大都、光、单单、多半、仅仅、刚、仅只。我们依据他们出现的时间先

后分别论述。

一、产生于上古时期的

表限量限定的范围副词产生于上古的有八个：仅、半、特、取、各、直、鲜、但。"各"在后面有专门的论述，这里省略不论。

1.仅

仅，《说文·人部》解释为"材能也，从人堇声"。段玉裁注："材，今俗用之纔字也。材能，言仅能也。"其本义为"仅能"，《国语·楚语上》："（楚王之台）数年乃成，愿得诸侯与始升焉，诸侯皆距，无有至者。而后使太宰启疆请于鲁侯，惧之以蜀之役，而仅得以来。"由此引申为"少"，《春秋公羊传·恒公三年》中有"此其曰有年何？仅有年也。彼其曰大有年何？大丰年也"。这个"少"既可是同一个范围内相对少的部分，也可以是不同范围相对少的部分。随着人们认识的深入，"少"由具体的概念演化为抽象的逻辑概念。由于其常出现在动词前，便逐渐地虚化为限定副词。"仅"表限量限定副词的用法在先秦就已经存在。例如：

（1）故亡者富民，霸者富士，仅存之国富大夫，亡国富筐箧，实府库。（《荀子·王制》）

（2）而后使太宰启疆请于鲁侯，惧之以蜀之役，而仅得以来。（《国语·楚语》）

（3）履重，仅能举足。（《晏子春秋·内篇谏下》）

"仅"的这一用法在随后的各个时期都有用例且一直沿用至今。例如：

（4）千里黄河故道果树飘香，去年仅苹果、葡萄、梨的产量就有四千多万斤……（《人民日报》）

2.半

半，《说文·半部》解释为"半，物中分也。从八从牛。牛为物

第二章 限定范围副词

大,可以分也"。从"半"的字形得出本义"一半,二分之一",例如:

(1) 知者观其彖辞,则思过半矣。(《周易·系辞下》)

"半"本义的义项可以概括为"+二分之一+物",这里的"+物"可以是具体的也可是抽象的,是在一定的范围内;"+二分之一"是对范围的限制,这种限制进一步扩大为既可是一半也可是一部分。又因为"半"在句中常居动词前,逐渐地虚化为表限量限定副词。"半"或表示主语代表的人或物的一半,或一部分实施谓语表示的行为,或表示动作进行到一半或者一定程度。这种用法在西汉时期就已经出现。

(2) 韩、魏战而胜秦,则兵半折,四境不守;战而不胜,则国已危亡随其后。(《史记·苏秦列传》)

(3) 引兵半渡,击龙且,详不胜,还走。(《史记·淮阴侯列传》)

这种用法在各个时期都有用例,一直沿用至今。例如:

(4) 浙江普陀山大乘庵里的如来佛,拥被半卧,神态悠闲,非常传神。(《中国儿童百科全书》)

(5) 他站在甲板上,一手拉着栏杆,一手半握着话筒,向下边喊话。

3. 特

特,本义为"牛"。《说文·牛部》中有"特,朴特,牛父也"。段玉裁注"阳数奇,引申之为凡单独之称"。"特"引申为"单独",《尔雅·释水》:"大夫方舟,士特舟。"郭璞注:"单船。"《左传·昭公十四年》:"长孤幼,养老疾,收介特。"杜预注:"介特,单身民也,收聚不使流散。""单独"就包括了"+范围""+数量单一"。随着词义的泛化,中心语素"+范围"不变,限定语素增加了由"+数量单一"泛化为"+少量"的。后由于其后常接动词和形容词,

63

逐渐虚化为表限量限定副词。这一用法在春秋战国时期就已经出现。例如：

（1）特相会，往来称地，让事也。(《左传·桓公二年》)

（2）是故古者天子之立三公、诸侯、卿之宰、乡长、家君，非特富贵游佚而择之也，将使助治乱刑政也。(《墨子·尚同上》)

（3）这一用法在以后的各个时期都有例证，一直到现在，在一些经典的文学作品中也有沿用。例如：

（4）实则《离骚》之异于《诗》者，特在形式藻采之间耳。(鲁迅《汉文学史纲要·屈原及宋玉》)

但"特"的这一用法多用于书面语，在口语中人们一般不用。

4. 取

取，甲骨文写为"𦥑"，像一个手抓住一个耳朵，其本义为（捕获到野兽或战俘时）割下左耳。《说文·又部》中有"取，捕取，从又从耳"。《周礼·夏官·大司马》："大兽公之，小禽私之，获者取左耳。"郑玄注："得禽兽者取左耳，当以计功。"由此引申为"捕捉"，作为动词。《诗·豳风·七月》中有"取彼狐狸，为公子裘"。由动词到副词是一个主观化的过程。"捕捉"包括的义素有"＋有主观意识的主体＋拥有＋目标"，有"＋目标"就表示有一定的范围，如果得到的"＋目标"与"＋有主观意识的主体"的期望值有一定的距离，"取"就表示为"仅仅，只"。由于动词"取"处于连动式结构中，由于相邻动词语义特征的影响，逐渐失去其本来的词义，演变为表限量限定范围副词。这一用法在战国时期就已经出现。例如：

（1）杨子取为我，拔一毛而利天下，不为也。(《孟子·尽心上》)

在这以后"取"的这种用法后世虽也有用例，但在我们所找的资料中少有出现。我们所找到的最晚用例为：

— 64 —

第二章 限定范围副词

(2)武平末年,仁邕已下始得出外,供给俭薄,取充而已。(《北齐书·武成十二王传》)

到现代,在《现代汉语词典》《汉语方言大词典》中"取"都已经没有了作为表限定范围副词的义项了。

5. 直

直本义为正见,《说文·乚部》中有"直,正见也。从乚从十从目"。虚词"直"与本义无关,而是假借字。《说文通训定声》中有"《荀子》:'直无由进之耳'。注:'但也。'按与用特、但、徒、弟,皆同。""直"表限量限定范围副词在先秦就已经出现。例如:

(1)寡人非能好先王之乐也,直好世俗之乐耳。(《孟子·梁惠王下》)

(2)利义陈乎前而好恶是非,直服人之口而已矣。(《庄子·寓言》)

"直"的这一用法产生以后,一直沿用于文言文中,南朝梁刘勰《文心雕龙》中有"故知季札观乐,不直听声而已"。近代也仿古人沿用这一用法,章炳麟《秦政记》中有"非直异汉,唐宋犹无是也"。但在《现代汉语词典》《现代汉语虚词词典》等工具书中都已经没有关于"直"表限量限定副词的义项了。

6. 鲜

鲜,本义为鱼名。《说文·鱼部》中有"鲜,鱼名"。虚词"鲜"与本义无关,据段玉裁论证"按此乃鱼名。经传乃假借为'新鲜'字,又假为'尟少'字,而本义废矣"。"鲜"假借用来表"尟少",在《周易·系辞上》中有"百姓日用而不知,故君子之道鲜矣"。"鲜"作为表限量限定范围副词的用法应是从"尟少"虚化而来。"少"所占的空间小,由此引申为表限量限定范围副词。这种用法在先秦就已经出现。例如:

(1)夫火烈,民望而畏之,故鲜死矣。(《左传·昭公二十

— 65 —

年》)

(2)对曰:早处之,使知其极,鲜有慢心;虽其慢,乃易残也。(《国语·晋语》)

"鲜"在上古时期的《周易》《诗经》《楚辞》《史记》中都没有用例,在随后的各个时期里它的使用频率也远远低于同类的"仅"。到现在"鲜"的这种用法仍在《现代汉语词典》记录了这一义项,但主要是保留在一些固定短语中,如"鲜为人知"等。

7. 但

但,本义为袒露。《说文·人部》中有"裼也。从人旦声"。关于它的虚词意义的来源,《说文通训定声》载:"但,又发声之词。《说文》错本:'一曰徒。'《声类》:'但,徒也。'《汉书·高帝纪》注:'但,空也。'《陈胜传》注:'但者,急言之则音如弟矣。'按与用徒、弟、特等字皆同。"朱骏声认为"但"的虚词义与本义无关,是假借义。但我们认为其正是从"袒露"义演变而来。"袒露"意味着物体没有遮盖物,换一个角度看没有遮盖物就意味着只有物体,因此"但"就引申为"仅""祇"义。"但"表限量限定范围副词的用法在先秦就已经出现。例如:

(1)信,二尺与尺,但去一。(《墨子·经说上》)

这种用法在以后的各个朝代都有用例,且一直沿用到现在。例如:

(2)一直进去,但见门上都贴着两个大字道:"顺民"。(《鲁迅全集》二卷)

(3)明哲保身,但求无过。(毛泽东《反对自由主义》)

在《现代汉语词典》《现代汉语虚词词典》及侯学超主编的《现代汉语虚词词典》等工具书中都有其表限量限定范围副词义项的记录。在《现代汉语八百词》和侯学超主编的《现代汉语虚词词典》中都指出"但"的这一用法文言色彩重,在现代只用于书面语。

上古时期产生的表限量限定范围副词都是单音节词,占假借表限量副词的1/5。

二、产生于中古时期的

产生于中古的表限量限定范围副词的有五个:廑、大归、才、单、大都。

1. 廑

廑,《说文·广部》解释为"廑,少劣之居"。《说文通训定声》载:"廑,假借为仅。"也就是说"廑"的虚词意义与本义无关,是假借为"仅"后的假借义。"廑"的这个用法最晚在东汉时期就已经出现。例如:

(1)诸公幸者,乃为中涓,其次廑得舍人,材之不逮至远也。(《汉书·贾谊传》)

这种用法在各个时期都有用例。例如:

(2)新渠廑涓流,坏陂方怒吼。(宋·范成大《鹿鸣宴诗并序》)

(3)卓哉两人,千古廑见,皆非游大人以成名者。(明·朱国祯《涌幢小品》卷十七)

(4)诸公幸者为中涓,其次廑得舍人,材之不逮至远也。(清·严可均《全汉文·贾谊:上疏陈政事》)

到现在,在鲁迅《集外集〈叔姿的信〉序》中有"逝者如是,遗简廑存"。《现代汉语词典》中有"(书)同'仅'",就指出了"廑"多出现于书面语,在口语中不常用。

2. 单

单,《说文·吅部》解释为"单,大也"。段玉裁注"引申为双之反对",就是指的"双"的反义词。"单"的表限量限定范围副词

就是从"单独"义引发出来的。随着词义的泛化,由"单独"义进一步虚化为表限量限定范围副词。这一用法在东汉时期就已经存在。例如:

(1)矢不单杀,中必叠双。(班固《西都赋》)

这种用法产生以后各个时期都有用例,且一直沿用到现在。例如:

(2)你又来了,人家上街单为看戏么?(艾芜《端阳节》)

(3)我单知道下雪的时候野兽山墺里没有食吃,全到村里来;我不知道村里也会有。(《鲁迅全集》二卷)

在《现代汉语词典》、张斌主编的《现代汉语虚词词典》等工具书中都记录了"单"的这一用法。

3.才(纔)

才,《说文·才部》解释为"才,艸木之初也"。纔,《说文·糸部》解释为"纔,浅也"。段玉裁注:"江沅曰:今用为才字,乃浅义引申。"而《说文通训定声》中有"纔,假借为才",到现在这两个字已经变成了繁简字,这里将两者放在一起讨论。

"才"本义为草木之初,《说文通训定声》中有"才者,引申为本始之义,又引申为仅、暂之义"。"纔"应是假借为"才"后出现的表限量的义项。"才""纔",后人在抄书的过程中经常混用,因而同一本书同一句话我们常可见两个不同的写法。但"才(纔)"表限量限定范围副词在东汉时期就已经出现,以后的各个时期都有用例。如:

(1)(秦皇帝)身死纔数月耳,天下四面而攻之。(《汉书·贾山传》)

(2)山岫层深,侧道褊狭,林鄣邃险,路才容轨。(北魏·郦道元《水经注·湿余水》)

(3)射则不能穿札,笔记才记姓名。(《颜氏家训·勉学》)

（4）百年才一炊，六籍经几秦。(《留王郎》)

（5）两个肩头上，加上这么一副重担子，真不知道怎样走才好。(朱自清《朱自清选集》)

值得提出的是例句(1)在有的版本中会将"纔"写为"才"。"才"的这一用法一直沿用到现在，在《现代汉语虚词词典》中将"才"解释为"仅仅"作为表限量限定副词的义项，还有记录。"纔"随着新中国汉字简化而消失了。

4. 大归

大归，最初表示的是已嫁妇女归母家后不再回夫家。《左传·文公十八年》中有"夫人姜氏归于齐，大归也"。孔颖达疏《诗·邶风·燕燕》："言大归者，不返之辞。以归宁者有时而反，此即归不复来，故谓之大归也。"从孔颖达疏中我们可以知道"大归"已经变为泛指一切回而不再来的情况，"大归"指的是一类现象。后"大归"在句中的位置也发生了变化常置于动词前，这使"大归"进一步虚化为表限量限定范围副词，用在谓语前，表示动作行为是由施事者的大多数发出的。这种用法在东汉时期就已经出现。例如：

（1）其文尔雅依托，皆为作说，大归言莽当代汉有天下云。(《汉书·王莽传中》)

"大归"的这一用法在其产生后的各个时期用例不多，从我们所找的资料来看，它在清代还有用例：

（2）因物变递嬗，深研乎质力聚散之几，推极乎古今万国盛衰兴坏之由，而大归以任天为治。(郑振铎《晚清文选》卷中/通行本)

但"大归"由于文言色彩强，而且表示同样意义的副词"大都"大规模的使用，到现在，在《现代汉语词典》中已经没有了"大归"这一词语。

5.大都

大都,最初是指古代王畿外围公的采地。《周礼·地官·载师》中有"以小都之田任县地,以大都之田任畺地"。郑玄注:"大都,公之采地,王子弟所食邑也。"后来这一词义泛化了,泛指都邑之大者,《左传·隐公元年》中有"先王之制:大都不过参国之一;中,五之一;小,九之一"。"大都"作为副词的意义与这一意义无关,是由形容词"大"和副词"都"组合而成。他们合在一起作为副词的用法在北魏时期就已经存在。例如:

(1)剉胡叶,煮三沸汤。待冷,接取清者,溲曲。以相着为限,大都欲小刚,勿令太泽。捣令可团便止。(《齐民要术·造神曲并酒等》)

这一用法在北魏以后一直都有用例,且一直沿用至今。例如:

(2)今已三十七矣,长来觉日月益促,岁岁更甚,大都不过数十寒暑,则无此身矣。(《柳宗元集·与萧翰林俛书》)

(3)大都来是书生命里,不争将黄阁玉堂臣,几乎的做了违宣抗勅鬼。(元·马致远《荐福碑》)

(4)有些爱花的人,大都只是将花栽在盆里,一盆盆搁在架上;架子横放在院里。(《朱自清选集》)

(5)我们党内现在有大批的同志,可以学习从事于这样的理论研究工作,他们大都是聪明有为的人,我们要看重他们。(《毛泽东选集》)

表限量的"大归"与"大都"意义相近,语法功能也大致相同,但"大都"的使用频率就我们查找的结果而言大大超过"大归",这与其口语性强,人们认同度高是分不开的。

中古时期产生的表限量范围副词已经不再像上古时期那样都是单音词,出现了多音词,且出现了同一意义用法的两个词的

第二章 限定范围副词

竞争。

三、产生于近古时期的

产生于近古的表限量的有六个:光、单单、多半、仅仅、刚、仅只。

1. 光

太田辰夫的《中国语历史文法》对"光"作为范围副词意义的由来做了如下解释:光本义为"光线""光亮",因为光滑的东西有光泽,所以光滑的东西也叫"光"。光滑的东西上面什么也没有粘住,所以一无所有也叫"光"。但是,比如在说"光身子"的时候,指的是一无所有的身体,即裸体,说的不是连身体都没有,相反,是只有身体的意思。"光"引申为用于"只有"即"仅仅有"的意思。① "光"的这一用法在明代已经产生。例如:

(1) 今日他爹不在家,家里无人,光丢着些丫头们,我不放心。(明·兰陵笑笑生《金瓶梅词话》第十五回)

这一用法一直沿用至今,在一些经典文学作品中都有用例,例如:

(2) 不过你光是替她着想,你为什么不想到你自己。(巴金《寒夜》)

(3) 那只小猴子多乖呀,那只大一点的一定是姐姐,他们俩光打架……(《春大姐》)

2. 单单

单单,是副词"单"的重叠形式,比起原副词"单",其在言语义上要更重一些,强调的意味也更强一些。据唐贤清师考证"单

---

① 太田辰夫著,蒋绍愚、徐昌华译:《中国语历史文法》,261页,北京,北京大学出版社,1987年。

单"最早出现于宋代,是在《朱子语类》中的"单单说个'风乎舞雩,咏而归',只做个四时景致,论语何用说许多事!"

"单单"这一用法产生以后各个时期都有用例。例如:

(1)李逵大怒,焦躁起来,便脱下布衫,里面单单系着一条棋子布揽儿。(明·施耐庵《水浒传》第三十八回)

(2)再说黄抚台为着劳航芥不能尽通各国语言文字,单单只会英文,心上就有些瞧他不起,一想要是单懂英文,只要到上海去找一找,定然车载斗量,又何必化了重价,到香港请这么一个顾问官来呢?(清·李伯元《文明小史》)

这种用法一直沿用到现在,《现代汉语词典》《现代汉语虚词词典》等都记录了"单单"的这一义项。

3. 多半

多半,由两个近义副词"多"和"半"构成,表示的是超过半数的范围。这种用法在唐代就已经产生。例如:

(1)更有仙花与灵草,恐君多半不知名。(唐·方干《送孙百篇游天台》)

唐代以后的例子:

(2)莫摘池中莲子看,个中多半是空房。(明·蒋一葵《尧山堂外纪》)

(3)此时,我想起小时候读书,多半是继之教我的。(吴趼人《二十年目睹之怪现状》)

这种用法一直沿用至今。例如:

(4)偶然间碰见他那个团的同志,打听起他的消息,人家多半不知道。(杨朔《百花山》)

4. 仅仅

仅仅,是副词"仅"的重叠形式。副词"仅"表限定,限定的成分可是整体的一部分也可是与整体其他部分性质相排斥的部分,

第二章 限定范围副词

这点在前面有论述这里不详加论述。副词"仅仅"限定的成分是重点强调的部分,是整体的一部分,义项比副词"仅"减少了。"仅仅"的这种用法在元代已经出现。例如:

(1)阅十有余年,仅仅得七。(元·杨维桢《杨维桢集》)

这种用法在明清时期大规模使用,且一直沿用至今。例如:

(2)利用人工膜处理废水仅仅是应用液膜分离技术的一例。(《中国儿童百科全书》)

5. 刚

刚,《说文·刀部》解释为"强断也。从刀冈声"。《说文》认为"刚"本义为"强劲"。但依据徐山(2004)在《释"刚"》一文中所述,通过分析"刚"的甲骨文繁形和简形,得出"刚"的本义域为用工具捕杀[义素(1)]性情刚烈倔强的[义素(2)]公牛[义素(3)]。① 从"刚"的本义域,我们可以看到"刚"本身带有一定的目的"公牛"[义素(3)],又由于"刚"在句中经常位于动词前修饰动词,逐渐地虚化为表限量限定范围副词。这一用法在宋代就已经出现了。例如:

(1)上古八千岁,纔是一春秋,不应此日,刚把七十寿君侯。(宋·辛弃疾《水调歌头·庆韩南涧尚书七十》)

"刚"的这一用法在以后的各个时期的用例都不多见,到现代在李大钊《什么是新文学》中"我的意思以为刚是用白话作的文章,算不得新文学"。但已经很少用,在《现代汉语词典》、张斌主编的《现代汉语虚词词典》等工具书中都没有记录"刚"的这一用法。

6. 仅只(只仅)

表独一限定的"仅只(只仅)"出现时间较晚,到清代才出现,

---

① 徐山:《释"刚"》,载《河南科技大学学报》,2004(4)。

是近义副词"仅"和"只"的并列连用。"仅只"和"只仅"是同素异序词,两个词都是在清代才出现:

(1)岁断死囚,仅只十七。(《史鉴节要便读》)

(2)易室为妇,仅只一字,遂尔典赡,与通段相称。(《烟屿楼笔记》)

(3)今据《析津志》《元一统志》及《图经志书》所载增录,亦只仅存其名,余皆无考。(《日下旧闻考》)

但两个词的发展结果完全不一样,"只仅"表独一限定副词用法的,我们仅找到例(3)这一个例子,"仅只"一直到现代汉语中还在使用。例如:

(4)汉朝的措施没有颁布对于私自教授其他各家思想的刑罚。它仅只规定,凡是希望做官的必须学习六经和儒学。(《中国哲学简史》)

如上所述,我们可以将这一类的限定范围副词出现情况描述如下:

产生时代	词项	计数
产生于上古的	仅、半、特、取、各、直、鲜、但	8
产生于中古的	廑、大归、才、单、大都	5
产生于近古的	光、单单、多半、仅仅、仅只、刚	6

以上对限量限定范围副词的来源分析,我们可以将这一类副词来源和语义的特点总结如下:

第一,在所有分析的19个表限量限定副词中,大部分产生于上古时期,占了总数量的1/2强,且上古产生的都为单音节词,中古时期开始出现的双音节副词。

第二,在表示同一语义和语法意义的两个词语中由于人们的认知程度不一样,使用的频率会有所不同。也是由于同样的原

第二章 限定范围副词

因,在不断的选择中有的词语会逐渐走向消亡。

第三,这一类词有一个共同的特点,表示的是整体的一部分所要强调的是限定的成分,有的也可表对属于整体其他部分的排斥。除去由假借而来的词,其他的都是从原来的实词意义演变而来,来源可以是名词、形容词、动词等,是通过词的降类而形成的虚词意义。

第四节 限定范围副词中的对立现象

汉字随人们交流的需要不断发展,由不精确到趋于精确。在这一过程中会出现一些中间状态,部分词甚至可以具有两种相反的语义。这一现象很早就引起了人们的注意,郭璞在注《尔雅》的时候提出"训诂义有反覆旁通,美恶不嫌同名";清代段玉裁、王念孙也提到过这一现象;俞樾在他的《古书疑义举例》中指出汉字中存在"两义传疑而并存"的现象;到现代蒋绍愚先生(1985)的《从"反训"看古汉语词汇研究》[①]对汉语的这一现象有进一步的论述。但他们所举例子多为实词,由实词语法化而来的虚词是否也有这种语义对立现象?

纵观汉语范围副词的发展,我们发现有一部分范围副词,在某一特定的历史时期既表限定又表总括,更有甚者一直将语义对立延续使用到了现代。结合前人对各种传世文献、佛经和现当代文学的研究,我们找出下列词语存在上述现象:不仅、大半、大都、单、顶多、纯、多、但、才、各、净、偏、适、索、亦、适、犹、专等。但由于掌握的材料有限,汉译佛经材料本身又存在外国人对汉语词汇的误用,翻译时有个人色彩等问题,我们只选取了"各""多""净"

[①] 蒋绍愚:《蒋绍愚自选集》,19—34页,郑州:河南教育出版社,1994年。

"索""专"五个词进行论述,分析他们演变过程中的语义对立现象,探求其出现的原因。

"各""净""多""索""专"在某些特殊时期既表总括又表限定。依据其产生原因和结局的不同分两种情况:一种是本身意义引申带来的语义对立。这又可分两种情况,有的是只在某一特定的历史时期出现而在后来的文献中不出现,如"各",有的是从产生对立起一直沿用至今,如"净"。另一种是假借带来的语义对立,如"索""专"。

一、语义引申对立

语义引申对立,这类词是实词语义沿着不同的演变轨迹,虚化为两个语义对立的范围副词。

1. 各

"各"甲骨文写为"𠙴",孟迎俊(2009)综合各家学说指出"各"本义为"到""至",并引用甲骨文材料"癸亥卜,贞:旬一日昃雨自东,九日辛未大采各自北,雷"等加以佐证。① 但由于在以后的使用过程中"各"本义在文献中用例少,倒是表示"各自、各个"的意义常在文献中出现,人们误将"各"的这一派生义当成了其本义。例如:

(1)时乘六龙以御天。乾道变化,各正性命。(《周易·上经·乾》)

(2)各守尔典,以承天休。(《尚书·汤诰》)

例(1)"各正性命"指各自根据各自的生存状态静养精神,"各"既可作为代词代指前面的"万物各自",也可作为副词"各",前面省略了"万物"这一主语,例(2)也是同样的情况,这两例中

---

① 孟迎俊:《释"各"》,载《绥化学院学报》,2009(5)。

的"各"处在虚实词临界点。到后来"各"常用来修饰动词、形容词,"各自、各个"意义进一步虚化,"各"逐渐虚化成表限定范围副词。这一用法从先秦一直沿用至今。例如:

(3)令鼓人各复其所,非僚勿从。(《国语·晋语》)

(4)是故小夷言伐而不得言战,大夷言战而不得言获,中国言获而不得言执,各有辞也。(西汉·董仲舒《春秋繁露》)

(5)去矣各异趣,何为浪霑巾?(唐·韩愈《送惠师》)

(6)赵朔自与程婴同出府门,各逃性命,不觉在路五六个月。(明·徐元《八义记》)

(7)一个人有他的身心,与众人各异。(朱自清《朱自清全集》)

查阅文献资料,我们发现"各"除了现今常用表限定范围副词以外在某些历史时期还可同时表总括。实词义"各自、各个"是针对发出动作的整体而言的,若从发出动作的个体自身出发就是全部投入,由此引申出表总括范围副词。裴学海在他的《古书虚词集释》卷五中指出"各,犹'皆'也"。其从先秦出现到唐代诗词中都不乏用例,如:

(8)各非敢违卜,用宏兹贲。(《尚书·盘庚下》)

(9)征之为言正也,各欲正己也,焉用战?(《孟子·尽心》)

(10)琬语人曰:"吾观孙氏兄弟,虽各才秀明达,然皆禄祚不终。惟中弟孝廉,形貌奇伟,骨体不恒,有大贵之表,年又最寿,尔试识之。"(《三国志·吴主传》)

(11)有弟有弟在远方,三人各瘦何人强。(唐·杜甫《同谷七歌》)

(12)吾徒自漂泊,世事各艰难。(唐·杜甫《宴王使君宅》)

(13)花须柳眼各无赖,紫蝶黄蜂俱有情。(唐·李商隐《二月二日》)

关于例(9)《朱子集注》进一步解释"民为暴君所虐,皆欲仁者来正己之国也","各"的意义就是表总括的"皆"。另外《庄子·天下》中有一句"譬如耳目鼻口,皆有所明,不能相通",这当中的"皆有所明"在日本古钞卷子本中为"各有所明"[①],这也可以作为"各"与"皆"意义一样的异文书证。例(13)中"各"与"俱"异文同义。但"各"的这种用法就我们掌握的材料来看,其在中古以后用例就减少了,到现代汉语"各"已经没有了表总括范围副词的用法了。

2. 净

净,《说文解字》(以下简称为《说文》)解释为"鲁北城门池也"。段玉裁注:"净者,北城门之池。其门曰'争门',则其池曰'净'……今俗用为字,释为无垢……今字非古字也"。从段玉裁注我们可知现在通常说的"净"在古代应写为"瀞"。副词"净"也是从"瀞"表"无垢"义发展而来的。"净"表"无垢",如:

(1)若苟贫,是粢盛酒醴不净洁也;若苟寡,是事上帝鬼神者寡也。(《墨子·节葬下》)

这个例子"净"表述的意思可以分析为"+具体的实物+无垢",到后来"净"前一个义素脱落只保留后一个中心义素"+无垢",词义泛化可以用来形容一切事物包括具体实物和抽象事物,如:

(2)时陈郡殷冲亦好净,小史非净浴新衣,不得近左右。(南朝梁·沈约《宋书》)

以上例子不管修饰的是具体实物还是抽象事物,"净"对所修饰的成分都带有范围限定意味,即范围内的所有事物都具有某一特点,强调全部。由于常用来修饰形容词和动词,其逐渐虚化为

---

① 转引自王叔岷:《古籍虚词广义》,170 页,北京,中华书局,2007 年。

第二章 限定范围副词

表总括范围副词。至东汉时期出现后各个时期都有用例,如:

(3)善解分别具净除。(东汉·安世高译《普法义经》)

(4)六尘爱染,永灭不起;十恶重障,净尽无余。业累既除,表里俱净。(南朝齐·萧子良《净住子净行法门·开物归信门》)

(5)即如河南捻匪结党成群,甚至扰及邻省,横行劫掠,自应合力捕治,净绝根株。(赵尔巽等《清史稿》)

(6)我们队里净是女将,又是鸡手鸭脚,不大懂插秧的。怎么办?(陈残云《香飘四季》)

(7)别打了,净是自己人。(杨朔《百花山》)

"净"作为表总括范围副词时口语性强,在正式场合鲜有用例,在《现代汉语词典》中没有"净"作为副词表总括的义项。但《汉语方言大词典》中指出在中原官话山西襄汾地区还有这种用法,例如:

(8)他净胡说。(中原官话 山西襄汾)

"净"表示"无垢",没有杂质那么其中的事物的性质相对单一,具有强烈的排他性。由性质单一的意义进一步虚化为表限定范围副词,也因此具有了一个相反的语义。这一语义最晚到清代就已经出现了。例如:

(9)展爷是一语不发,净听着徐三爷他一个人不住口的骂。(清·石玉昆《小五义》)

(10)咱们就该着净找乐儿了!怎么倒添了想不开了呢?(清·文康《儿女英雄传》第十九回)

这种用法在现代很多经典作品中都有用例:

(11)可是,净咱一个人儿对得起政府不行啊,这得大家伙齐心哪。(老舍《龙须沟》)

在沈家煊的《不对称与标记论》中提到现代汉语"净"等存在既可以表极小量又可以表极大量的现象,他将出现这种现象的原

79

因归结为"实际上语言中的极小量词语和极大量词语不是绝对的、固定不变的,随着人们期待方向的变化,极小量和极大量往往会互相转化"①。上面的论述说明除了人们认识的角度和期待方向,"净"本身在实词单位时就存在矛盾的两个语义,也是促使虚化后作为副词的"净"既表总括又表限定的原因。因此,范围副词"净"多出现在口语或者口语性质比较浓的文学作品中,不会出现在法律文件、政府公文等正式文体中。

3. 多

多,《说文·多部》解释为"多,重也。从重夕。夕者,相绎也,故为多。重夕为多,重日为疊,凡多之属皆从多"。"多"为"重夕",可见"多"的本义为"数量大",如:

(1) 君子以裒多益寡,称物平施。(《周易·谦》)

(2) 维予小子,未堪家多难。(《诗经·周颂·访落》)

例(1)、(2)中的"多"表示"数量大",是与"少"相对立的。"数量大"必然要占据一定的"空间"。随着人们认识程度的深化,这种"一定空间"的概念演变为一种范围的限制,而"大"又对这一范围大小加了修饰,范围必须相对大,由此便派生出表"超过半数的多数"意思;又由于其常位于动词、形容词前,演变为意义更虚的表限定范围副词,这种用法在上古时期就已经出现,如:

(3) 大夫多笑之,唯晏子信之。(《左传·昭公二年》)

(4) 商君相秦十年,宗室贵戚多怨望者。(《史记·商君列传》)

多,作为限定范围副词还有一种用法:通假为"祇",表示限于某个范围,译为"只""只是"等。在刘淇的《助字辨略》中对"多"通假为"祇"做了详细的解释,认为在古代"多""祇"是同音的,是

---

① 沈家煊:《不对称和标记论》,112 页,南昌,江西教育出版社,1999 年。

第二章 限定范围副词

一种音同的通假。而它通假后用来表示限定用法的出现最晚不会晚于春秋战国时期。例如：

(5)人虽欲自绝，其何伤于日月乎？多见其不知量也。(《论语·子张》)

(6)吾令实过，悔之何及？多遗秦禽。(《左传·襄公十四年》)

上古以后的各个时期我们也能找到"多"通假后表限定的副词用例。例如：

(7)此犹河滨之人捧土以塞孟津，多见其不知量也。(《后汉书·朱浮列传》)

(8)多应独住山林惯，唯照寒泉自剃头。(唐·徐凝《独住僧》)

(9)壮志求申，匈奴未灭，早以家为何谓哉！多应是，待鞭事了，税驾方回。(宋·赵无咎《沁园春·和辛帅》)

这种通假的用法刚兴起时应是为了记录语言的需要而用的同音字，在后来的史料文献和唐诗宋词等文献中用例并不多见。上面已经论述了表示"只""只是"意义的限定范围副词在上古时期已经出现，包括假借"多"的"秪"也已经出现，"多"假借作为表独一限定范围副词先天不足，到后来随着表独一限定范围副词"只"等的出现以及大规模使用，"多"由于文言色彩太浓，使用频率更是大大减少。

上面例(3)、例(4)中的"多"表示的是"表超过半数的多数"的副词，由于词义的扩大，"多"还可以表示全部无例外，相当于现在通行的副词"都"。例如：

(10)此去百万程途，经过三十六国，多有祸难之处。(《大唐三藏取经诗话》卷上）

(11)众位多见过了礼，正待坐下，只听得一个人笑得吃喝了

进来。(《儒林外史》第二十九回)

(12)空中半雨半雪下来，落在衣服上，多化了。(《金瓶梅》第三十八回)

例(10)、(11)、(12)中"多"都表总括无一例外。"多"都位于动词前，语义指向前面的主语，"众位""雨雪"，主语可承前省略如例(10)。其所在句中的意义、句中所处的位置与后起的"都"的用法基本一致。随着表总括的范围副词"都"出现及东汉后期"都"大规模使用，"多"使用的频率远不如"都"，到了现代汉语"多"作为总括范围副词的意思已经被范围副词"都"所取代。在《现代汉语词典》中将"多"作为副词的用法解释为："(1)用在疑问句里，问程度或数量：他多大年纪？｜你知道天安门多高？注意：大都用于积极性的形容词，如'大、高、长、远、粗、宽、厚'等。(2)用在感叹句里，表示程度很高：你看他老人家多有精神！｜这问题多不简单哪！(3)指某种程度：无论山有多高，路有多陡，他总是走在前面｜有多大劲使多大劲。"《现代汉语词典》是对现代汉语常见意义的收集，"多"作为范围副词译为"都"的用法没有收入，可见这种用法在现代汉语中已经不常见了。但依据《汉语方言大词典》我们可知在方言中还有使用的痕迹。在我国，冀鲁官话区的山东，西南官话区的四川邻水、隆昌，以及吴语的上海都保留有这一用法。

从上面的讨论中我们发现在上古、中古、近古时期，"多"表范围时既可表总括也可表限定。但到现在人们更多是认同它作为程度副词和语气副词。使用频率的减少也表明人们对它作为范围副词的认同度的减少，这也就不可避免地使"多"作为范围副词的用法逐渐退出了历史的舞台。

二、假借语义对立

假借语义对立,一个字假借为另一个字后新产生的意义与原义之间是对立的,由此产生了一个字具有两个对立语义。这类现象多产生于汉字数量相对较少的上古时期。

早在150年前的清代,著名语言学家朱骏声就提出多义词的义项是由"本义""引申义""假借义"构成。这一说法至今仍受到很多人的拥护,因为这一说法能对大部分多义词不同义项的来源及多种意义间相互关系进行合理的解释。我们认为既然文字可以假借为另一字,表示文字之间有着千丝万缕的联系,应该将其视为文字的用法之一。因此,我们提出假借语义对立并对其加以讨论研究。

1. 索

索,《说文》解释为"艸有茎叶,可作绳索"。可见"索"本义为草绳,如此无法看到其与作为副词意义的联系。朱骏声的《说文通训定声》中指出"索"的副词意义是因为"索,假借为素,小"。《广韵》中有"索,苏各切……又山戟切""素,桑故切",这两个字同声母都为"心",却不同韵。但依据前人对他们上古的拟音"索,心铎切""素,心鱼切",二者在上古不仅同声母且韵部相近,只是"铎"为同声类的入声韵而"鱼"为阴声韵。

"素"的"小"义,由于人们认识的创新,将"小"义无限的缩小为"独",而就其作为"独"的本身而言又是一种全部周延概念。《广雅·释诂》中"索"又解释为"尽也",也解释为"独也"。"索"作为范围副词应是由这两种意义引申而来。

"索"表示"尽也",上古就有用例:

(1) 牝鸡之晨,惟家之索。(《尚书·牧誓》)

孔安国传、孔颖达疏的《尚书正义》中进一步地解释道:"索,

尽也。""尽"表全部,又常常位于动词前表示动作行为的周遍性,具备了虚化为表总括范围副词的语法条件。表总括范围副词的用法在春秋时期出现后一直沿用到清代。例如:

(2)凡军之所欲击,城之所欲攻,人之所欲杀,必先知其守将、左右、谒者、门者、舍人之姓名,令吾间必索知之。(春秋·孙武《孙子兵法》)

(3)淳于髡仰天大笑,冠缨索绝。(西汉·司马迁《史记·滑稽列传》)

(4)俟自见,索言之,唯陛下深察焉!(东汉·班固《汉书·外戚许后传》)

(5)语未竟,荆公见两君窃窃私语,意必卷有可取,遂遣吏来索观。(明·周元暐《泾林续记》)

(6)西溟言家藏《宝晋斋帖》二十卷,甚佳。余向所见,只十卷耳,他日过甬东,当索观之。(清·刘献廷《广阳杂记》)

关于例(3),司马贞在他的《索隐》中解释为:"索训尽,言冠缨尽绝也。"以上例子的"索"语义前指,所指对象可以像例(2)、例(4)和例(5)是动作的施事,也可以像例(6)是动作的受事。

"索"也可以解释为"独也","独也"本身包含数量少的意思,又常出现在动词前对动作行为加以限制,逐渐虚化为表限定范围副词,译为"只""独自地"等。这种用法在先秦就已经存在,且一直到清代都有用例。例如:

(7)吾离群而索居,亦已久矣。(《礼记·檀弓上》)

(8)勿谓古今,建规易矩。(其八)自昔索居,沉沦西藩。(北齐·魏收《魏书》)

(9)沈雨若病后索居,不通宾客。(明·张大复《梅花草堂笔谈》)

(10)至淮,索居僧舍。(清·祝纯嘏《孤忠后录》)

第二章 限定范围副词

"索+居"的结构,这个结构本来是"副词+动词",由于长时间经常一起出现,使用频率高了发生了词汇化,到现在人们都把他们看成一个词。

但"索"所表示两个不同语义的语法环境不一样。"索"表总括其后可以接动词像例(2)、例(4)、例(5)和例(6),还可接形容词像例(3);表限定其后所接的成分仅限动词且比较单一,我们所查找的材料其后只能接动词"居"。随着语言的发展,现代汉语中的"索"已经没有了副词的义项。

2. 专

专,《说文》解释为"六寸簿也,从寸叀声。一曰专,纺专",在它的女部中有"嫥,壹也"。《广韵》中将两字读音都注为"职缘切",前人对他们古音拟音为"章元切",两个字声韵是完全一致的,"专""嫥"之间具有假借所需的语音基础。《说文解字段注》中有"壹下云:嫥也。与此为转注。凡嫥壹古如此作,今则专行而嫥废矣"。在《说文通训定声》中也有相同的论述"专,假借为嫥""嫥,壹也。经传皆以专为之"。可知"专"表示"专一、专门",不是来源于它的本义,而是被"嫥"假借后形成的意义。例如:

(1) 其静也专,其动也直。(《易经·系辞上》)

(2) 奉上之节未立,向公之心不一者,委任之责不专,而俗多忌讳故也。(西晋·陈寿《三国志·魏志·杜畿传》)

因为"专一、专门"暗含数量少的意思,数量少也意味着其所占空间相对小。占空间就有一定的范围限制,相对小说明范围小,随着语言的发展泛化为表"只、光"意义的限定范围副词。这在上古文献中就有例证:

(3) 尔尚明保予,罔俾阿衡,专美有商。(《尚书·说命下》)

(4) 与其专罪,六人同之,不犹愈乎?(《左传·宣公十二年》)

这种表限定的范围副词的用法在中古、近古都有且一直延续到现代:

(5)楚庄王杀陈夏征舒,《春秋》贬其文,不予专讨也。(西汉·董仲舒《春秋繁露》卷一)

(6)体道不专在于我,亦有系于世矣。(西汉·刘安《淮南子·俶真》)

(7)和氏之璧,焉地独曜于郢握?夜光之珠,何得专玩于隋掌。(晋·刘琨《答卢谌诗》)

(8)且余亦不专以《说文》为是也。(南北朝·颜之推《颜氏家训·书证》)

(9)宝玉因笑道:"你该早来,我得了一件好东西,专等你呢。"(清·曹雪芹、高鹗《红楼梦》第三十一回)

(10)我忙,没工夫专伺候你!(老舍《茶馆》)

"专"表"专一,专门",是投入全部的精力只做一件事,也就是说在这件事情上无论是关注度还是其后的行动若以百分制来衡量都应该是100%的,这样就有了"专"的另外一个实词义"满",有例为证:

(11)吴伐越,堕会稽,获骨焉,节专车。(《国语·鲁语下》)

(12)卿文学高一时,名誉专四海。(北宋·司马光《王安石乞退不允批答》)

关于(11)例,韦昭注"骨一节,其长专车。专,擅也"。吴曾祺的《国语韦解补证》"专车,满一车"。"专"修饰名词"车",表示的是"车"满的状态。(12)例中"专"也是修饰其后的"四海",表示的是"四海"皆知的状态。随着词义的泛化,"专"不仅表"满"的意思还表示为对事物范围或动作的总括,其语法功能也随之发生变化可以用来修饰动词或形容词,这种用法在先秦就已经存在,一直沿用到现在,如:

— 86 —

第二章 限定范围副词

(13) 专听其大臣者,危主也。(《管子·任法》)

(14) 一洲之上,专是林木,故一名表丘。(西汉·东方朔《十洲记·长洲》)

(15) 其言专商鞅、韩非子之语也。(东汉·班固《汉书·东方朔传》)

(16) 山木悲鸣水怒流,百虫专夜思高秋。(宋·王安石《寄育王大觉禅师》)

(17) 班固于周霸三人省去孔安国,专归古文,则安国非伏生一派,而史及之为赘,甚失却迁之意。(清·阎若璩《尚书古文疏证》)

从上面的论述可以看出"专"表限定和表总括两个语义对立的语法环境是不一样的。"专"表限定既可以接介词结构像例(6)和例(8),也可后接动词(单音节和双音节的都可以),另外它还可以有否定用法像例(6)和例(8)。表总括的就要简单很多,其后可接名词词组像例(15)和例(16),也可像其他例证一样后接单音节动词。

"专"表总括范围副词使用频率低,其意义本身是人们不同视角得出的不同结论,不符合人们语言交流要求精确无歧义的目的,在现代汉语中已经逐渐舍弃了这一意义。《现代汉语词典》对"专"作为副词解释为"光;只;专门:他专爱挑别人的毛病;王大夫专治皮肤病",可见在现代汉语中作为副词的"专"只剩下表限定这一种用法。

以上论述可推测"专"可表示总括又可表限定,不仅仅是如杨伯峻、何乐士(2001)所述"就某一种单独情况说是专一的,也就是

全也、皆也。而就全局来看,就说'只是一种情况'"①,其作为实词最早是由假借义而来,再分别由假借义引申出不同的对立语义,这也是其中的重要原因。

　　语义引申对立范围副词是实词义项沿不同的轨迹演变而带来的语义对立。这类词是否继续存在很大程度取决于人们的认同度。如果认同度高就会继续存在,交流的双方可依据语境理解其意义;如果认同度低,这个对立体就失去了其存在的依据而逐渐地消亡。假借语义对立,本身是在文字产生初期,汉字数量少,为了满足交流的需要,假借为某一词后才出现的语义对立,这类范围副词会随汉字不断发展或逐渐消失或只留下一种范围副词义。

　　语义引申对立和假借语义对立两种对立并不是逻辑上的绝对对立,而是一种相对对立。它们的存在与汉民族认识视角、心理预期和文化底蕴都密不可分。

---

①　杨伯峻、何乐士:《古代汉语语法及其发展》,315页,北京,语文出版社,2001年。

第三章 词语的拆用[①]

第一节 词语拆用概说

　　词语的拆用,学界通常称为"拆词格"或"析词格",王希杰指出,"词的拆用是指在特定的上下文和交际情境中,为了某种修辞目的,故意把词拆开来用,也就是把不能独立运用的语素临时地当作词来独立使用"[②]。通过在词中插入其他成分,改变词内部固定的结合关系以满足言语表达的需要,比如把"保鲜"拆为"保而不鲜",打破了人们的思维定式,人们通常认为只要有"保"的行为一般就会有"鲜"的结果,现在却是"保—不—鲜"的异态结果,马上给人以"拉长距离"的心理体验,扩大了思维容量,而且从客观上也满足了人们语意表达的细腻化、精确化要求,从而起到了陌生化修辞的功效。尽管词语的拆用在口头上或者书面中越来越常见,也发挥了很好的表达效果,但是由于词本身所具有的结构凝固性和表意整体性的特点,一直以来,人们对词的主观认知都倾向于不能被拆解或者扩展,词语拆用的现象也一直未引起足够的重视,至今仍囿于辞格范畴,仅作为辞格的一种,而且是非主流

[①] 本章作者简介:丁健纯,女,副教授,主要研究方向为汉语词汇语法学。
[②] 王希杰:《汉语修辞学(修订本)》,北京,商务印书馆,2010 年。

辞格稍被提及。

与传统的将词语拆用局限在狭小视域内不同,方清明主张"在一个更大的背景下,即站在语言单位'拆用'的角度来审视'拆词'的相关问题"。他还指出,"自索绪尔以来,语言单位的'组合与聚合'一直是语言研究的重要规律之一,被奉为圭臬。'组合'和'聚合'都是一定意义上的'合','合'的整体往往不是等于各个部分之和,而是大于部分之和的观点深入人心,但语言单位'拆'的一面似乎没有引起相应的重视"[①]。我们很认同这一观点。

众所周知,词是语言中最小的能够独立运用的语言单位,语言中的短语、句子和句群等单位都是由词组合而成的,同时,词又以某种功能或意义等共性聚集在一起。因此,词语的使用最直观地体现出语言系统中的组合和聚合两种根本关系。从宏观上来说,语言现象处于辩证关系之中,既然有"合",就必然有与之相对应的"分",而"分"就是词语的拆用。词无论是"合"还是"拆",应该说都是语言表达的有效机制。但是由于词在外部功能上的"合并"是显性的常态形式,自索绪尔以来得到了足够的重视和研究;词在内部结构上的"拆分"是隐性的异态形式,往往被忽略。这一现象与词语拆用所应处的位置和实际的出现频率很不相符。

对词语拆用现象的研究,我们应该扩大视野,多方面多角度切入。从拆用对象来说,语言中具有结构凝固性特征的单位除了词,还有固定短语,如惯用语、成语、歇后语等;从被拆解的原式是否出现,可以分为"有原式的拆用"和"无原式的拆用";从是否利用某一格式来说,可以分为"格式拆用"和"非格式拆用";格式拆用又可以分为"肯定形式的拆用""否定形式的拆用"和"肯否定

[①] 方清明:《汉语"拆用"现象刍议》,载《修辞学习》,2009年。

第三章 词语的拆用

形式的拆用"。各种肯否类型的格式又有多种具体形式,如"肯定形式的拆用"有"越 X 越 Y"(越改越良)、"一 X 之 Y"(一村之长)、"有 X 有 Y"(有商有量)、"一 X 一 Y"(一言一行)、"X 而 Y 之"(恭而敬之)等;"否定形式的拆用"有"不 X 不 Y"(不议不论)、"没 X 没 Y"(没缘没故)、"无 X 无 Y"(无头无绪)、"非 X 非 Y"(非理非法)等;"肯否定形式的拆用"有"有 X 无 Y"(有理无据)、"X 而不 Y"(残而不缺)、"不 X 而 Y"(不禁而止)等。其中"XY"的结构类型、语义关系都值得我们仔细分析。"非格式拆用"因为比较灵活多样,更应该结合上下文语境来考察。此外词语拆用的句法功能和语用含义等都是可以进行深入研究和探讨的课题。所以我们应该从语言"拆用",而不是"拆词"这个更为宏观的角度来系统考量词语拆用的问题,并且认可语言单位的"拆用"与语言单位的"组合"一样,都是语言表达的有效机制,是人们普遍使用的一种表达手段和方法。

第二节 双音节词语的拆用

词是结构凝固的静态的语言单位,当静态的词进入言语中,被语境激活,往往呈现出动态的变化,会在原有表达形式的基础上衍生出各种不同的灵活形式,而词的拆用就是其中一种比较典型和常见的现象。

一、词的拆用形式

词拆用的具体形式有多种,有的形式出现频率较高,具有能产性,这类拆用形式通常是两个相同或者相异的单音词间隔或连续出现,将一个双音词拆开,形成一种两两交叉的四字格。如果用"XY"表示原词或原式,"A"和"B"表示用来拆用的词,这类拆

— 91 —

用式可以概括为"AXAY"、"AXBY"、"XAYB"和"XABY"四种类型,如"有X有Y"(有依有靠)、"不X不Y"(不议不论)、"没X没Y"(没缘没故)、"无X无Y"(无端无绪)、"有X无Y"(有理无据)、"越X越Y"(越改越良)、"一X之Y"(一村之长)、"不X而Y"(不禁而止)、"X而Y之"(恭而敬之)、"X而不Y"(休而不闲)等。此外还有一种对上下文依赖性强、不具有能产性、数量较少的非四字格词拆用形式。例如:

(1)虽说因为痛恨"流寇"的缘故,但他是究竟近于官绅的,他到底想不到小百姓的对于流寇,只痛恨着一半:不在于"寇",而在于"流"。(鲁迅《南腔北调集·谈金圣叹》)

(2)可是对国民党来说,辩论,他并不想辩,他只想论,说明完就好了。……因此看出来,国民党要的是水清无鱼的论;民进党是要浑水摸鱼的辩。(《海峡两岸》2010年3月7日)

我们都知道,"词"是语言中最小的音义结合单位,"词"自身的融合程度和结晶程度都很高,结构的凝固性和整体性是词的本质特点之一,所以"合"是它们的静态形式,"分"是它们的动态形式,在语言中它们以"合"的形式存在着,在言语中它们又常常以"分"的形式灵活存在,而词之所以能够在一定的语境中被拆用,是因为其构词语素在意义上具有独立性。

1. 被拆用的语素具有独立的概念义

现代汉语中的词以双音节为主体,其中又以双语素合成词居多,根据周荐对《现代汉语词典》(商务印书馆1996年修订版)的统计,"双字组合占所收条目总数的67.625%,双语素合成词占两字组的98.625%"[①]。与这一特点相吻合,被拆用的词中除了数量极少、可以忽略不计的单纯词(如"慨而慷之""不尴不尬")外,

---

[①] 周荐:《双字组合与词典收条》,载《中国语文》,1999年。

第三章 词语的拆用

基本上都是双音节复合词。语言的"独立象似性动因"表明,"一个表达式在语言形式上的分离性与它所表示的物体或事件在概念上的独立性相对应,又称作'分离性动因'。这一机制实际上指的是语言形式的个体化和概念的个体化相对应"[①]。根据这一原则,单语素词和派生词之所以不能被拆用,是因为单语素词的构成成分之间在语义和语法上具有极强的相互依赖性,它们需要共现才能指称一个独立的实体。派生词中由于有一个不能独立、不能指称客观事物的黏着语素,也不能被拆用。复合词的构词语素在语义上仍然保持着相对独立性,有实在的概念意义,能够指称客观事物或概念,这种语义上的独立性促使它能够在一定的语境下根据表达需要拆分成几个独立的成分,借以表达几个不同的概念,所以汉语中词的拆用实际上是双音复合词的拆用。例如:

(3)如果消费者说的话没假,也因有理无据,不能吃哑巴亏。[②]

(4)哭也晚了!穷吧富吧,两口子有商有量和和气气就好。(戴厚英《流泪的淮河》)

(5)端起郁金香型的高脚杯,眼见串串细泡从杯脚舞而蹈之,徐徐翻飞。

(6)离休本应是与工作画上了句号,而你离而不休甚至连节假日也随之消失,你在同年龄赌气吗?

以上四例中的复合词"理据""商量""舞蹈"和"离休"的构词语素具有独立的语义,因而能够在语境中根据表达需要被拆用。

2. 被拆用语素的意义与原词义具有一致性

现代汉语中复合词的词义与其构词语素的语素义之间有两种关系类型:一种词义是语素义的加合,所以构词语素无论拆或

[①] 张敏:《认知语言学与汉语名词短语》,北京,中国社会科学出版社,1998年。
[②] 本节未注明出处的语料均来自北大语料库。

合语义是基本相同的;另一种词义并不是语素义的简单相加。比如我们知道,现代汉语中的双音词相当一部分是由古汉语中相邻的两个单音词短语经过复杂的词汇化过程衍生而来的。在短语词汇化的过程中,语义方面的一个重要特点是可能发生隐喻或转喻的变化。"隐喻是基于概念结构的相似性从一个认知域到另一个认知域的投射,转喻是基于相关性从一个认知域到另一个认知域的过渡"①。经过语义融合的词被拆用后,虽然在结构上构词语素临时地被当成词来使用,但是在语义上仍然与词义保持一致,而不是回归到原先的单音词意义,如"规矩"在古代汉语中是两个相邻的单音词,分别指"规"和"矩"这两种器具。

(7) 设规矩,陈绳墨,便备用,君子不如工人。(《荀子·儒效》)

上例中的"绳墨"分承"规矩",证明了"规矩"的短语性。后来"规矩"发展成为一个名词,语义发生了隐喻变化,比喻一定的标准、法规或习惯。例如:

(8) 人道经纬万端,规矩无所不贯。(《史记·礼书》)

到了现代汉语,"规矩"在一定的语境中被拆用。例如:

(9) 他是二太太朱瑞芳生的,徐总经理的爱子。"又耍啥花样经?守仁,这么大了,没规没矩,见了客人也不叫一声。"(周而复《上海的早晨》)

例(9)中的"没规没距"是"没有规矩"的意思,形式上被拆分,意义上仍然以词义来理解。此外,词还可以根据话语表达的需要进行逆序拆用,但是语义上仍与词义相关。例如:

(10) 必须按照全错全纠、部分错部分纠、不错不纠的原则,实

---

① 董秀芳:《词汇化:汉语双音词的衍生和发展》,成都,四川民族出版社,2002年。

第三章 词语的拆用

事求是地处理。

(11)尽管东道主吉林队未能使热情的观众如愿看到胜利,4 000名球迷仍热而不狂地为主队加油至终场。

在上面两例中,"纠错"和"狂妄"被逆序拆用,但意思不受影响,可见词的拆用拆分的只是结构形式而不是语义内容。有时在拆用格式的前面还会出现"原词"或"原词复叠",这更说明词拆用前后在语义上是相通的。例如:

(12)美国反恐,越反越恐。(《天津日报》2009年09月12日)

(13)会议,会议,会而不议,议而不决,决而不行,行而无效!

例(12)中的原词"反恐"和拆用后的语素"反"和"恐"语义相同,例(13)中原词"会议"先复叠然后拆用,"会议"是名词,拆用后的语素"会"和"议"变成动词性的,尽管语法性质发生了变化,但是语义上仍是关联的。

二、拆用式的灵活性满足语言表达的现实需要

拆词是对词的完整性的灵活运用,由于能够满足语言表达的现实需要,具有产生和存在的理由和条件,因而是一种积极的表达方式。

1. 拆词可以加深语义表达的程度

在词的拆用中,有一种能产性很高的"AXAY"形式,同一个词与复合词语素交叉叠用,如"无X无Y、非X非Y、不X不Y、没X没Y、有X有Y、多X多Y、大X大Y"等。它们都有相应的简单常规的表达式,即"AXY",依次对应为"无XY、非XY、不XY、没XY、有XY、多XY、大XY"。例如:

无援无助　不理不睬　没滋没味　非梦非幻　有知有觉　多灾多难　大砍大伐

无援助　不理睬　没滋味　非梦幻　有知觉　多灾难　大砍伐

语言的"复杂性动因"表明,相对简单的概念普遍由相对简单的形式表达,而相对复杂的概念普遍由相对复杂的语言结构表达,这种趋势反映了语言的结构和它所代表的外部世界和概念世界的结构的平行性,语言形式的复杂性反映出概念的复杂性。拆用式"AXAY"的结构比常规式"AXY"复杂,根据复杂性原则,拆用式"AXAY"表达的概念意义要比常规式"AXY"丰富。此外,由于"AXAY"中相同的语言单位"A"重复出现,根据"重叠性象似动因","语言表达形式的重叠(重复)对应于概念领域的重叠(重复)"[1],因而将词"XY"的否定或肯定表达式从"AXY"拆用成"AXAY",目的是为了增强否定或肯定的程度和量,从而使语义表达更强烈更坚决。我们以"不理不睬"和"不理睬"为例。

(14)因为马海西有时跳舞回来显得垂头丧气,说是罗莉总是和别人跳,对他不理不睬,不知道是对他有意见呢,还是故意发嗲。(陆文夫《人之窝》)

(15)挑水的汉子扔下水担,连声向她道歉,她根本不理睬他,从泥水中爬起,又想上车,发现车撞聋了,立时跑步前进。(李英儒《野火春风斗古城》)

例(14)和(15)表达的都是对某人不予理会的意思,整句语义的否定程度基本相等。例(14)中"不理不睬"前没有修饰成分,例(15)中"不理睬"前面有一个加强语气的副词"根本"。我们在北大语料库分别搜索包含"不理不睬"和"不理睬"的语句,发现包含"不理不睬"的110条语例中仅有2例前有副词"根本",而包含"不理睬"的456条语例中有35例与"根本"搭配,这表明"不理不

---

[1] 张敏:《认知语言学与汉语名词短语》,北京,中国社会科学出版社,1998年。

第三章 词语的拆用

睬"在否定的程度上要强于"不理睬"。

2. 拆词使语义丰富细腻,拓展词义内涵

两个具有独立概念意义的词根语素融合成词,词义整体性的要求会削弱语素在意义上的独立性。当词以拆用形式出现时,构词语素不仅在结构上的层次有所提升,临时成为词,在意义上原先被弱化的语素义也凸显出来,能够使语义表达更充实丰满,或细致新颖。如"X 而不 Y"使非对立关系的语素 X 与 Y 产生对立性,语义更细腻确切;"不 X 而 Y"突破人们的定势思维,引导人们以逆向思维的方式重新认识 X 和 Y 之间的关系;"越 X 越 Y"以紧缩复句的形式表示出 X 和 Y 之间相辅相成的"倚变"关系;"一 X 之 Y"以夸大的表现手法显现主观量大的意思。诸如此类的拆用格式以简单的形式表达出更多的语义内容,反映出汉语语法重于义而简于形,在结构形式的选择上常做减法,在结构语义的容量上常做加法的特点,符合语言的经济原则。例如:

(16)不懂得路就问路,不认得事物就请教。谦而不虚,采取老实的办法,狂而不妄,采取认真的态度。(徐迟《向着二十一世纪》)

(17)用户感到满意,这是不花钱的广告,工厂的产品很自然地就会不推而广。

(18)对孩子护短,是父母对自己孩子的偏爱,但应该明白,护短只能越护越短。

(19)事后,有人笑着问他:堂堂一县之长,怎么面对一个电视镜头就软了?

例(16)中"谦虚"和"狂妄"是一对反义词,它们各自的构词语素"谦"和"虚","狂"和"妄"是一对近义语素,当它们被"X 而不 Y"格式拆用后,原本近义的语素产生了对立性,增大了语义内涵,"谦逊却不虚假","充满激情却不胡乱",简洁精辟。例(17)

原词是"推广",拆用式是"不推而广",不需要宣传就能广为人知,打破常规,就词说理,话语凝练。例(18)家长对孩子"护短",本意是想为孩子好,护住孩子的短处,结果却会是适得其反,"越护"反而"越短",深刻揭示出两者之间的辩证关系,引人深思。例(19)中"县长"拆用成"一县之长",语义丰富,气势增强。

三、被拆用的词以并列式复合词为主

在词的拆用中,能被拆用的词的结构类型有多种,如并列式"无偏无颇"、定中式"有事有理"、状中式"博而爱之"、补充式"越辩越明"、动宾式"不宣而战"、主谓式"不自不觉"、连谓式"征而不用"等,其中以并列式复合词拆用频率最高,据我们初步统计,被拆用的词中80%以上都是并列式复合词,这种现象的存在与拆用形式和并列式复合词的特点有关。

1. 拆用形式以对举型为多

汉语词的拆用以四字格为主,有"AXAY""AXBY""XAYB"和"XABY"四种形式,结构上两两并立、对称工整;音律上由两个二音节的标准音步组成,音节平稳、匀称和谐。其中90%以上是一、三字为拆用词,二、四字为原词的对举型AXA(B)Y式,格式中的拆词可以是同一个词(我们在上文已论述),也可以是不同的词。当拆用词为不同的词时,"A"和"B"多数是意义相反或相对的反义词,如"有X无Y""无X有Y""东X西Y""前X后Y""左X右Y""大X小Y"等。拆用式在形式上的对称性和语义上的对立性为并列式复合词的拆用提供了有利的语言环境。

2. 并列式复合词自身的特点

根据周荐对汉语中32 346个双音节复合词的统计,复合词的五种基本结构类型所占比例依次为:偏正型50.72%,联合型

第三章 词语的拆用

25.7%,动宾型 15.6%,主谓型 1.17%,补充型 0.93%,[1]从中可以看出偏正、联合和动宾三种类型的词占到复合词总数的 90% 以上,理论上来说词的拆用现象应该主要发生在这三类词当中。偏正结构由"修饰语/限制语 + 中心语"构成,动宾结构由"动语 + 宾语"构成,虽然这两类复合词中的语素都是词义的主要承担者,但是两个语素之间的性质和地位并不是完全对等的。偏正式复合词中的中心语语素和动宾式复合词中的动语性语素占主体地位,是核心语素,它们各自所对应的修饰/限制性语素和宾语性语素对其有一定的依附性,也就是说在同一个词内,一个语素的独立性略强于另一个语素。并列式复合词由两个语义相同、相近、相对或相反的词根语素构成,两个语素之间是并列关系,它们在语法地位上完全平等,在独立性上也是相等的。根据语言的"距离象似性"原则,元素之间的表层形式连接越紧密,其意义联系往往也越紧密;元素之间的独立性越强,语言距离就越大,由此可以推断出并列式复合词比偏正式和动宾式复合词更容易被拆用。

从并列式复合词内部两个词根语素的关系来看,语义上相似的并列式复合词比语义相反或相对的拆用比例更高。这一方面是因为在汉语中名词或谓词的二字平行组合,义同或义近的两个成分构成的复合词数量远比相反义或相对义的两个成分构成的复合词数量要多;另一方面,从短语衍生成词的角度来看,如果两个并列项意义是相反或相对的,则一般要通过转类才能实现词汇化,如日夜、早晚、得失、利害等,当这些词进入拆用格式,不是以转类之后的意义存在,而是以没有词汇化之前的单个词的意义存在,如没日没夜、不早不晚、有得有失、有利无害,这已经不是词的拆用。而如果两个并列项意义相近,那么并列短语不需要转类即

---

[1] 周荐:《汉语词汇结构论》,上海,上海辞书出版社,2004 年。

可成词,词的意义大多是语素意义的加合,既易于拆用,又能保证拆用后语义和词性上的一致性,所以在词的拆用中,语素意义相同或相近的并列式复合词拆用频率最高。

词的拆用是语言表达的有效机制之一,其中反映出语言的多种象似性原则。双音节复合词的构成语素在语义上的能指性是其可以拆用的物质基础,体现出语言的独立性象似原则;"AXAY"拆用式以同一拆用词重复间隔出现的相对复杂的形式来增强否定或肯定的程度和量,映射出语言的复杂性和重叠性象似原则;并列式复合词由于两个词根语素之间是并列关系,语法地位相等,语义相对独立,最容易被拆用,映照出语言的距离象似性原则。可见汉语词的拆用不单是一种我们通常所认为的修辞现象,而是一种涉及修辞、词汇和语法的综合性语言现象。

第三节 词的否定格式拆用

词语的格式拆用可以分为"肯定形式的拆用","否定形式的拆用"和"肯否定形式的拆用"三种,各种拆用形式又各有一些具体的形式,"肯定形式的拆用",如"越 X 越 Y""一 X 之 Y""有 X 有 Y""一 X 一 Y""X 而 Y 之"等;"否定形式的拆用",如"不 X 不 Y""没 X 没 Y""无 X 无 Y""非 X 非 Y"等;"肯否定形式的拆用",如"有 X 无 Y""X 而不 Y""不 X 而 Y"等。本节主要探讨与词的否定格式拆用有关的问题。

一、词的否定拆用格式的类型和特点

所谓词的否定格式拆用,是指出于表达的需要,用否定词将某个词的语素间隔开来,从而形成否定词分别与词根语素搭配的一种新的语言表达形式。如果以"A"代表否定词,"XY"代表被

第三章 词语的拆用

拆用的词,则其格式可以表达为"AXAY"。这种否定格式的常见类型有四种,分别是"无 X 无 Y""不 X 不 Y""没 X 没 Y"和"非 X 非 Y"。例如:

无 X 无 Y:无疾无病、无欲无念、无雕无饰、无关无涉

不 X 不 Y:不凡不俗、不娇不宠、不贞不洁、不尊不重

没 X 没 Y:没棱没角、没灵没魂、没挑没拣、没着没落

非 X 非 Y:非神非仙、非彼非此、非伦非理、非偷非盗

从构成上看,这四种否定拆用格式有一个共同特点:都是同一否定词相间叠用,词根语素拆开分别与否定词搭配构成"AX-AY"形式,其中"X"和"Y"是拆用关系,"A"和"X"、"A"和"Y"是组合关系,它们相互依存,相互补充,形成一种两两并立的对称型四字格形式,构成一个完整的意义和结构整体。吕叔湘曾指出:"现代汉语里有大量四字语,这是一种特殊的短语,它在结构上的特点是分前后两段且结构相同;其意思或者平行或者对称;单用的语素在四字语里当单词使用。"[①]对于否定格式中被拆用的词而言,有所不同的是,它们只是形式上像单词而功能上却仍然不能独立使用的语素。

二、被拆用词的特点

否定拆用的格式决定了能被拆用的词实际上只可能是双音节复合词,这类词由两个意义实在的相异词根语素构成,符合拆用格式的特点和对被拆用词的要求。

1. 被拆用复合词的结构类型

由于每种否定拆用格式使用的是同一否定词并且呈现出一种平行对称的形式,因而被拆用的复合词"XY"以并列关系的联

[①] 吕叔湘:《语文漫谈》,沈阳,辽宁教育出版社,2005 年。

合型居多,"X"和"Y"的关系有相反、相对、相近和相关多种。例如:

     相反 相对 相近 相关

无 X 无 Y：无日无夜、无轻无重、无阻无挡、无名无利

不 X 不 Y：不中不西、不盈不亏、不止不息、不审不查

没 X 没 Y：没儿没女、没老没少、没款没式、没廉没耻

非 X 非 Y：非阴非阳、非褒非贬、非镌非刻、非歌非舞

  根据我们对收集到的复合词的统计,联合型复合词占到总数的近90%。其中"非 X 非 Y"中"XY"都是联合型,"无 X 无 Y"和"没 X 没 Y"中"XY"有少量定中型,如"无波无纹""无事无端""没怨没气"。"不 X 不 Y"中"XY"的类型相对多样些,有状中型,如"不流不动""不哄不骗";有主谓型,如"不自不觉""不声不张";有动补型,如"不改不良""不说不明";还有连谓型,如"不开不发""不撤不并"。

  2. 被拆用复合词的词性特点

  从词性上看,被拆用的复合词基本上是名词(包括方位名词和区别词)、动词和形容词。每种否定拆用格式具体与哪类词组合搭配,与该否定词本身所能搭配的对象性质有关。根据我们所收集的语料,"无 X 无 Y"中"XY"以名词最多,其次是动词,形容词最少,少数动词和形容词可以进入该格式,是因为古汉语中"无"能与谓词搭配。"不 X 不 Y"中"XY"大部分是动词和形容词,个别名词虽然可以进入该格式,但在用法上有的已经动词化,如"不男不女"是指"举止打扮不像男人也不像女人","不内不外"是指"不在内也不在外","不声不响"中"声响"应该理解为"发出声音",有的拆开后的语素是形容词性的,如"不凡不俗"、"不贞不洁"。"没 X 没 Y"中"XY"多数是名词,其次是动词,没有形容词,这是因为"没"仅限于与表示状态变化的形容词搭配,

第三章 词语的拆用

与"没 X 没 Y"描写性的表达方式不相符。"非 X 非 Y"中"XY"名词最多,动词我们只发现了两例,即"非褒非贬"和"非镌非刻"。

3. 复合词的逆序拆用

在被拆用的复合词中有少量逆序拆用的现象。例如:

无 X 无 Y:无用无效、无助无援、无诈无欺、无疚无愧

不 X 不 Y:不弃不舍、不论不议、不敬不孝、不错不纠

没 X 没 Y:没画没字、没名没姓、没绑没捆、没皮没脸

逆序拆用的词除个别(如"不错不纠""没皮没脸")外,大都是联合型的,由于联合型词的两个语素之间是并列关系,所以即便逆序拆用,整个词义和句义基本不会受到影响。而之所以被逆序拆用,一方面是因为词的拆用本身具有随意性和临时性的特点,另一方面逆序拆用能在感官上带来一定的新鲜感。我们各选取一例正常拆用和逆序拆用进行比较:

(4a)敌伪八年蹂躏下,绝大多数坚贞不屈,备历苦难,他们面对胜利,是无愧无疚的。(徐铸成《真诚的人 真诚的书》)

(4b)所以,我有时想起他们,倒是觉着忘也忘得心安理得,无疚无愧。(梁晓声《表弟》)

上面的两个例句中,无论是"无愧无疚",还是"无疚无愧",都是"没有愧疚"的意思;不过例(4b)中的"无疚无愧"有一种陌生化的新鲜感。

另外,也有个别逆序拆用是出于句义表达或对应上的需要。例如:

(5)必须按照全错全纠、部分错部分纠、不错不纠的原则,实事求是地处理。①

例(5)中,为了跟前面的"全错全纠""部分错部分纠"相呼

---

① 本节未注明出处的语料均来自北大语料库。

应,动宾结构的"纠错"被逆序拆用成了"不错不纠"。

三、否定拆用格式的语义特征

复合词否定拆用后所形成的语言结构的意义与复合词内部词根语素的语义关系有密切关联。前面我们说过,被拆用的复合词中90%是联合型,联合型的"XY"之间有相近、相反、相对和相关四种关系,为了便于叙述,我们将其他结构的"XY"一并归入相关关系。

1. 无 X 无 Y

相反或相对关系的"XY",对一个概念域两端的否定,实际上是分不清或者有意不分清该概念域的项,应理解为"不分 XY"。例如:

(6)四是完全不讲劝善惩恶,渲染凶杀,突出感官刺激,善恶不分,无是无非。

(7)玄学清谈则判然有别,既无正统又无门户,无师无生,完全是平等讨论。

例(6)由前一句"善恶不分"可以推断出"无是无非"是指"是非不分",例(7)中"无师无生"则是指"不区分老师和学生","完全是平等讨论"。

相近和相关关系的"XY",是对"X"和"Y"两方面的否定,可以理解为"没有 XY",如"无德无行、无顾无忌、无悲无愤"。要注意的是,"无事无物"是"任何事物"的意思,即所说无例外,具有任指性,类似于成语"无时无刻",表示肯定的含义。例如:

(8)由此想开去,其实世间无事无物不可读。

2. 不 X 不 Y

相反关系的"XY",比如"不男不女""不中不西""不阴不阳",表示一种"既不像 X 又不像 Y"的状态,即我们通常所说的

第三章 词语的拆用

"X 不 X，Y 不 Y"的尴尬状态，具有消极情感倾向。

相对关系的"XY"，通过否定极性量而居于中间状态。如果中间状态是说话者所期望的，那么"不 X 不 Y"表达的是适中的令人满意的褒义色彩，如例(9a)；如果中间状态不是说话者所期望的，那么"不 X 不 Y"则表达处于尴尬境地的贬义色彩，如例(9b)。

(9a) 这中医的"中"字指的是不偏不倚，不上不下，是恰到好处的意思。(《中医的"中"不是指中国》，载《南湖晚报》2008 年 11 月 2 日)

(9b) 介于中间、略显骑墙的王小帅则落了个不上不下，就好比这部《日照重庆》。它不是商业片，包着艺术片的壳，但又文艺不到家。(《〈日照重庆〉影评：毫无锐气 小家子气重》，载《羊城晚报》2010 年 11 月 7 日)

相近和相关关系的"XY"，除"X"和"Y"为动作—结果关系外，"不 X 不 Y"表示"不 XY"或"不 X 也不 Y"，如"不娇不宠、不偏不袒、不洁不净"。但是"不冷不淡"，不是"不冷淡"的意思，而是倾向于冷淡。例如：

(10) 广交会外围鞋业展会"不冷不淡" 国内鞋企谨防"利润降低赚吆喝"(《第一财经日报》2010 年 5 月 6 日)

动补结构的 XY，表示"如果不 X 就不 Y"的含义，类似于假设关系的紧缩句。其中"X"是动词性语素，"Y"是形容词性语素，如"不攻不破、不说不明、不点不亮"。

3. 没 X 没 Y

相反和相对关系的"XY"，如果"XY"是时间词，"没 X 没 Y"是"不分 XY"，所指具有任意性，有"时时刻刻"之意，如"没日没夜、没早没晚"。除此之外则表示"应该区分却没有区分"，带有指责性的贬义色彩，如"没大没小、没老没少、没高没低"。例如：

（11）方怡伸手打了常少乐一拳，"你还是个长辈呢，没老没少地开玩笑……"（柳建伟《突出重围》）

例（11）"没老没少"的意思是"本应该区分老少，却没有区分"，不讲长幼，不成体统。

相近和相关关系的"XY"，"没X没Y"是"没有XY"的意思，如"没遮没挡、没棱没角、没情没义"。

4. 非X非Y

无论何种关系的"XY"，"非X非Y"都是表示事物处于"既不是X又不是Y"的第三种状态，有时也表示不合"XY"。例如：

（12）知识分子精神作为一种人格力量，作为一种非神非鬼的人的气质并不会过时，更不会消亡。

（13）时人依据封建伦常、道德规范，指斥吴虞为"非理非法"的"忤逆"之子和"名教罪人"，将其逐出教育界。

例（12）中的"非神非鬼"是指"既不是神也不是鬼"，例（13）中的"非理非法"是"不合法理"的意思。

四、否定拆用格式的句法功能

冯胜利曾指出，"在汉语里四字并联常常组成一种独特的表达形式，以至成为一种独立的格式，在汉语里构成一个独立的语言单位，因而它们在使用中具有很强的独立性。"[①]词的否定拆用格式，由四个实义的语素构成，能够表达相对完整的语义内容，而且在音节或者说字数上具有一定的自足性，因而独立性较强，常常以小句形式出现。例如：

（14）她的棋在女选手中已拔萃，独自游弋于男人的世界，无援无助。

---

① 冯胜利：《汉语的韵律、语法与句法》，北京，北京大学出版社，1997年。

第三章 词语的拆用

(15)春秋两季,候鸟大量通过,泰山人对待候鸟像对待客人一样,不惊不扰,严加爱护,确保过境候鸟不受任何伤害。

(16)"又要啥花样经?守仁,这么大了,没规没矩,见了客人也不叫一声。"(周而复《上海的早晨》)

(17)那人道:"在下等专程来访,不但非偷非盗,而且还有一份薄礼奉上。"(古龙《多情剑客无情剑》)

除此之外,拆用格式整体上所体现出的意义凝固,结构紧凑的词化特点,又使其可以在句中充当多种句法成分。就所充当的句法成分的数量而言,据统计,90%是在句中充当定语、状语和谓语,其句法功能类似于形容词。其充当定语和状语时,由于修饰语的音节数量偏长,所以常常要带上结构助词"的"或"地"。例如:

(18)这时,即或吴敢有心躲避,那不离不弃的文艺梦也会找上门来,何况他早已是情深意笃了呢?

(19)艺术"TV"是两种艺术嫁接的产儿,是一种非此非彼的新样式。

(20)我说捕风捉影也该有个风、有个影,不能这样无因无由地栽人。(杨绛《干校六记》)

(21)缝儿钻了进去,其他人也都像燕子般轻捷地进到院子里,然后大门又没声没息地关闭上。(冯志《敌后武工队》)

其作为谓语时,既可以整个充当谓语,也可以充当谓语中心语,但是一般不带宾语。例如:

(22)赵老:有理讲倒人,我没偏没向!(老舍《龙须沟》)

(23)不仅介绍市情不遮不掩,就是聊起家常,市长也无忌无讳。

(24)仿佛只是我女儿对老人不敬不孝似的,这能令人容忍和允许吗?

其作为宾语时,只能跟在"是""显得""觉得""意味着"等非行为动词后面或作为介词的宾语。例如:

(25)其体是非大非小、非方非圆、非长非短,而又能大能小、能方能圆、能长能短。

(26)这破破烂烂汽车的高级经理,给人的印象也只能与他的车一样,显得无权无势。

(27)有不少官员和专家指出,开而不发比不开不发更糟糕。

五、否定拆用格式的语用效果

词的否定拆用是人们普遍使用的一种表达手段与方法,拆用格式通过在语义和语用上对常规表达方式的一定偏离,具有积极的修辞作用,具体来说,主要表现在以下几方面。

1. 结构新鲜,简约凝练

词的否定,惯常的表达方式是在其前面加上相应的否定词,我们称之为常规否定式。而词的否定格式拆用,在符合人们语言理解和认知的基础上,将常规用法合理地"陌生化",给读者带来一种新鲜独特的阅读体验。不仅如此,"拆用式"在保留"常规式"语义的基础上,内容更丰富,体现了汉语语法重于义而简于形,在结构形式的选择上常用减法,在结构语义的容量上常用加法的特点,符合语言的经济原则。例如:

(28)哲学教授:当下家庭伦理"不中不西"需要重塑。(《新华日报》2010年2月10日)

(29)老刘老师那么大岁数,应是年轻老师的父辈,怎么能如此打趣呢,这不成了没老没少了吗?(网络小说《爱心曲》)

例(28)中"不中不西"是指一种既不像西方的,又不像东方的尴尬状态,含有贬义色彩,例(29)中"没老没少"是指本应该区分老少却没有区分,带有指责之意。采用词的否定拆用格式,结构简单,语义丰富,褒贬情感,简约经济。

2. 音节整齐,匀称和谐

吕叔湘曾说:"四音节好像一直都是汉语使用者非常爱好的语音段落形式。"①词的否定拆用格式采用"AXAY"四音节连用、两两并立的四字格形式,非常符合汉文化中"以偶为佳""以四言为正"的审美习惯,具有整齐匀称、平稳和谐的特点。从外部语言环境来看,在现代汉语中,由于四音节的词语越来越多,词的四字格形式的否定拆用格式恰好能与之匹配,使得整个句子或句子的某一构成成分音节平稳,对称匀整,悦耳上口。例如:

(30)没早没晚的奔波劳碌,无尽无休的唇枪舌剑。

(31)20世纪的重大特点是中西文化从斗争走向融合,人们都在亦中亦西、非中非西、中西合璧的文化氛围中成长。(戴逸《二十世纪中华学案》综合卷)

例(30)是一个并列复句,两个分句分别由定中短语构成,定中短语的定语和中心语都是并列结构的四音节短语,否定拆用词语"没早没晚"对"无尽无休","奔波劳碌"对"唇枪舌剑",整个句子的音节整齐匀称,和谐自然。例(31)中"文化氛围"的定语用了三个四音节词语,即"亦中亦西"、否定拆用"非中非西"和成语"中西合璧",节奏明快,整齐匀称。

3. 语气加重,描写性强

词的否定拆用格式中,同一否定词分别与词根语素组合,也就是说,"否定词+词根语素"的搭配组合在格式中连续两次出现,对于词根语素为相近和相关关系的词来说,结构相同,语义相近的语言单位连续出现,能达到加强否定语气,突出否定情态的效果。而且,与词的"AXY"常规否定形式相比,词的"AXAY"否

---

① 吕叔湘:《语文漫谈》,沈阳,辽宁教育出版社,2005年。

定拆用格式描写性更强。例如：

(32a)因为马海西有时跳舞回来显得垂头丧气，说是罗莉总是和别人跳，对他不理不睬，不知道是对他有意见呢，还是故意发嗲。(陆文夫《人之窝》)

(32b)挑水的汉子扔下水担，连声向她道歉，她根本不理睬他，从泥水中爬起，又想上车，发现车撞聋了，立时跑步前进。(李英儒《野火春风斗古城》)

比较例(32a)和例(32b)可以看出，"不理不睬"表否定比"不理睬"的语气要强，而且，"不理不睬"着重于动作行为所处状态的描写，"不理睬"着重于对动作行为本身的否定，这可以从词的否定拆用格式极少带宾语看出。例如，我们在北大语料库分别搜索"不理不睬"和"不理睬"，发现包含"不理不睬"的110条语例中仅有1例带了宾语，而包含"不理睬"的456条语例中，有214条带了宾语。

六、否定拆用格式的来源和基础

现代汉语中之所以出现复合词越来越多地被格式化拆用的现象，一方面是复合词本身由承担词义的词根语素构成，这为其拆用提供了物质基础。另一方面，从拆用的形式来看，我们能在古代典籍中找到类似的结构组合，如《诗经》中的"不狩不猎、不稂不莠、无声无臭、无怨无恶"，《左传》中的"非威非怀、非鬼非食"，《朱子语类》中的"没巴没鼻、没头没尾"等。另外从古代相承沿用下来的成语中也有此类格式，如"无党无偏、不茶不饭、没情没绪、非亲非故"等。

此外，词的否定格式拆用在古代文献著作中也可以找到零星语例，比如我们在《朱子语类》中发现了"XY"作为词使用以及被否定格式拆用的现象。例如：

第三章 词语的拆用

(33a)然而自肯甘心为之,而无厌倦之意者,乃所以为和也。(《论语》卷二十二)

(33b)夫子"不厌不倦",便是"纯亦不已"。(《论语》卷二十九)

(34a)致其知者,自里面看出,推到无穷尽处;自外面看入来,推到无去处;方始得了,意方可诚。(《大学》卷十五)

(34b)至于问学,却煞阔,条项甚多。事事物物皆是问学,无穷无尽。(《主子十四》卷一百一十八)

(35a)若合理会底不理会,只管去理会没紧要底,将间都没理会了。(《鬼神》卷三)

(35b)不敬于事,没理没会,虽有号令,何以取信于人?(《论语三》卷二十一)

虽然此类拆用现象比较少见,但是表明至少在宋代就已经有此用法了。可见,现代汉语中大量涌现的词的否定格式拆用有着深厚的历史语言基础,可以看成是对其的一种继承和发展。

词是结构具有凝固性、意义具有整体性的语言单位,理论上来说是不能被拆解的,但是在实际运用中,由于语义表达的需要,一些双音节词会被临时拆开使用,其中最常见的就是否定形式的拆用。词语的拆用其实是一个先拆解后组合的过程,即先将语言单位拆解成更小一级的单位(如词根语素),再将拆解后的单位与其他语言单位组合,因而是"拆用"和"组合"两种表达机制的一种共现。

第四章 逻辑与释义[1]

逻辑学是一门工具性学科,其根本作用在帮助人们正确地认识事物,准确地表达思想,有力地剖析是非。正是如此,亚里士多德的演绎逻辑学著作命名为《工具论》,培根的归纳逻辑学著作命名为《新工具论》。工具是具有可操作性的,逻辑学也不例外。逻辑学在各个学科的应用,推动着社会的发展,同时逻辑工具的不足也必然会给其他应用学科带来阻碍。词典释义属于语言学的范畴,但离开逻辑学的指导,是达不到词典释义的目的的。

第一节 词典释义概述

释义是词典学和词汇语义学都研究的内容,然而目前这两门学科对释义的研究还存在些问题,下面主要侧重于释义方式的研究来谈谈。

一、词典学对词典释义的研究

国外论及词典释义的经典词典学著作是兹古斯塔主编的《词

---

[1] 本章作者简介:沈桂丽,女,副教授,主要研究方向为词汇语义学。

第四章 逻辑与释义

典学概论》[1];国内的词典学著作主要有:胡明扬等编的《词典学概论》[2]、黄建华著的《词典论》[3]、章宜华著的《语义学与词典释义》[4]和章宜华、雍和明合著的《当代词典学》[5]。

兹古斯塔认为描述词汇意义的基本手段有四种:一是词典定义,它由被定义项的词汇单位的最主要的语义特征和最相近的总义词或近义词构成;二是在同义系统中所处的位置,即列出该词的同义词;三是举例,即用例句揭示该词在与其他词汇单位的组合中的功能;四是注释,就是说明该词使用范围的某种限制、语法特点、附加意义等。[6]

兹古斯塔的释义理论对我们研究现代汉语的词典释义有一定的启发作用,但对于有独特构词特点的现代汉语,其局限性也是很明显的。现代汉语大多是复合词,对于复合词的释义,我们常常采用揭示其构成语素的意义的方法,而兹古斯塔的论述丝毫不涉及如何通过揭示语素的意义来释义的问题。

胡明扬等通过对《尔雅》《新华字典》的释义的考察,认为释义方式有两大类,大类之下又可再分,见下表。[7]

---

[1] [捷]拉迪斯拉夫·兹古斯塔:《词典学概论》,林书武,等译,北京,商务印书馆,1983年。
[2] 胡明扬:《词典学概论》,北京,中国人民大学出版社,1982年。
[3] 黄建华:《词典论》,上海,上海辞书出版社,1987年。
[4] 章宜华:《语义学与词典释义》,上海,上海辞书出版社,2002年。
[5] 章宜华·雍和明.当代词典学概论》,北京,商务印书馆,2007年。
[6] [捷]拉迪斯拉夫·兹古斯塔:《词典学概论》,林书武,等译,344—374页,北京,商务印书馆,1983年。
[7] 胡明扬:《词典学概论》,北京,132—139页,北京:中国人民大学出版社,1982年。

$$\text{释义方式}\begin{cases}\text{对释式}\begin{cases}\text{同义语词对释}\\ \text{词语交叉对释}\\ \text{反义对释}\\ \text{限制性同义对释}\end{cases}\\ \text{定义式}\begin{cases}\text{逻辑定义释义}\\ \text{说明定义释义}\end{cases}\end{cases}$$

词条释义归入此类,其中既包括以词释词的方式,如"待遇:对待(人)",也包括以词组释词的方式,如"困苦:(生活上)艰难痛苦"。这些以词组释词的释义方式也可归入其所定义的"定义式",这样就出现了划分交叉的问题。此外,这样的划分还存在划分不全的问题。依据他所给的每种释义方式的标准,现代汉语中大量的词的释义是无所适从的,如:

人体:人的身体。

私吞:私自侵吞。

信义:信用和道义。

任课:担任讲课。

我们无法将它们归入对释式中或定义式中的任何一种释义方式。

黄建华通过对《现代汉语词典》中的释义进行考察,认为释义方式可以分为两大类,大类之下又可层层分出小类,见下表。①

---

① 黄建华:《词典论》,83—121 页,上海,上海辞书出版社,1987 年。

第四章　逻辑与释义

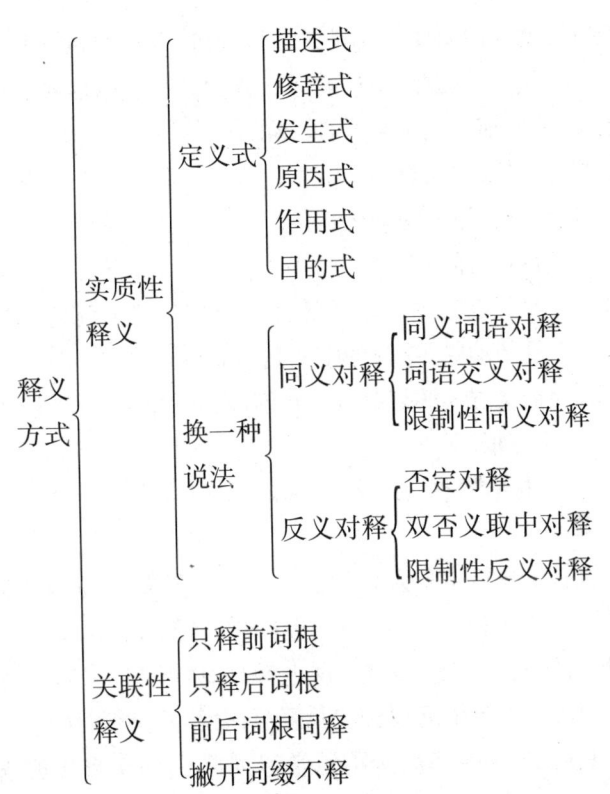

```
                    ┌ 描述式
                    │ 修辞式
              ┌定义式┤ 发生式
              │     │ 原因式
              │     │ 作用式
         实质性│     └ 目的式
         释义  │
              │         ┌ 同义词语对释
              │    ┌同义对释┤ 词语交叉对释
              │    │     └ 限制性同义对释
              └换一种┤
   释义         说法 │     ┌ 否定对释
   方式              └反义对释┤ 双否义取中对释
                          └ 限制性反义对释

         关联性 ┌ 只释前词根
         释义  │ 只释后词根
              │ 前后词根同释
              └ 撇开词缀不释
```

　　黄建华所谓的实质性释义和关联性释义，实际上是按词的构成语素是否在释义中都得到相应的解释来分的。构成语素都得到解释的，即实质性释义，此外都是关联性释义。如果这样的话，那么所有的由单语素构成的词全部都是实质性释义，如：

　　睡：睡觉。

　　獒：狗的一种，身体大，尾巴长，四脚较短，毛黄褐色，凶猛善斗，可当猎狗。

　　显然，这两个释义的释义方式是根本不同的。在对实质性定义进行划分时，黄建华可能是看到了胡明扬划分上的缺陷，因此他在基本采用胡明扬的划分方法的基础上进行了改进。黄建华

— 115 —

的换一种说法就是胡明扬的对释式,但是对定义式的划分上有不同,黄建华将以名词性偏正结构的形式作为语言表达形式的释义都归入定义式,如描述式定义式,他举的例子是:

歌手:擅长唱歌的人。

修辞式定义式,他举的例子是:

鳞波:像鱼鳞一样的波纹。

但这样的归类也是令人质疑的,因为它们和"人就是能制造和使用生产工具的动物"这样的定义是明显不同的。

对关联性释义方式的划分也存在问题,如他把"照相机"的释义归入"只释后词根"式:

照相机:照相的器械,由镜头、暗箱、快门以及测距、取景、测光等装置构成。

这样的解释是不能令人满意的。在这个释义里,虽然"照相的器械"没有对"照相机"的前词根进行释义,但释义的后半部分却对"照相的器械"进行了解释,这也就是对"照相机"整个词进行了解释,因而把"照相机"归入"只释后词根"式是不对的。

章宜华通过对《牛津高阶英语学习词典》《朗文当代英语词典》《当代法语词典》和《现代汉语学习词典》等国内外几本词典的随机抽样分析,认为这些词典的释义方式有以下类型,见下表。①

---

① 章宜华:《语义学与词典释义》,92—108 页,上海,上海辞书出版社,2002 年。

第四章 逻辑与释义

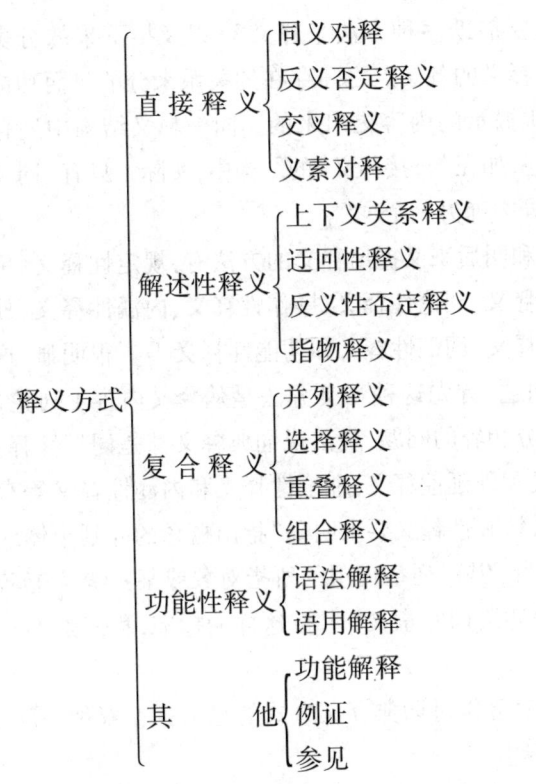

```
                  ┌ 同义对释
         ┌ 直接释义 ┤ 反义否定释义
         │        │ 交叉释义
         │        └ 义素对释
         │        ┌ 上下义关系释义
         │ 解述性释义 ┤ 迂回性释义
         │        │ 反义性否定释义
         │        └ 指物释义
释义方式 ┤        ┌ 并列释义
         │ 复合释义 ┤ 选择释义
         │        │ 重叠释义
         │        └ 组合释义
         │ 功能性释义 ┌ 语法解释
         │          └ 语用解释
         │        ┌ 功能解释
         └ 其  他 ┤ 例证
                  └ 参见
```

应当肯定的是章宜华对释义方式的分析是很精细的,然而也有颇多令人费解之处。最突出的是划分标准不一,如直接释义他认为就是"用一个词去释另一个词",解述性释义是"构造一个与被释词意义相同的句子或短语来解释其词义",复合释义他没有用一句话给出定义,但从其解说"对于义位中义点之间的差异不大的词,我们可以用简单释义的方法来解释其义项,义位跨度较大的词其义点之间的语义差异也就较大,它们的指称内容也就相应地有些差别,这时就无法用一个上位词或一个简单的迂回语来

表述,因而就需要借助多种方法来释义"①以及接下来的分类来看,他是按组成释义的各义点之间存在的关系来分的。而功能性释义又是从它所揭示的内容提出来的。同一释义结构中还存在划分不当的问题,如在"直接释义"的结构中,实际上只有"同义对释"是"用一个词去译另一个词"。

　　章宜华、雍和明后来又提出释义的方法有:规定性释义、精确性释义、说服性释义、理论性释义、操作性释义、内涵性释义、外延性释义、指物性释义、词汇性释义和功能性释义。②。很明显,这样的划分存在些问题,首先这种释义方法是从释义内容上讨论的;其次,还存在划分相容的问题,应该说词典释义都是词汇性释义,另外精确性释义和外延性释义、理论性释义和内涵性释义等有交叉的地方,比如,精确性释义要求明确"指出概念的外延个体或数字"③,而外延性释义是"列举词项的所指对象或某一概念范畴内的典型个体来表述语词的意义"④,按这样的标准,我们是不易操作的。

　　可见,词典学著作对词典释义方式的总结存在着种种问题,包括逻辑上的问题。

二、词汇语义学对词典释义的研究

　　20世纪70年代初,我国的现代汉语教材通常将释义的方式分为两种:一种是以词语对释;一种是说明描写式。70年代中后期至80年代,随着国外语言学的不断引入,我国语言工作者对释

---

　　① 章宜华:《语义学与词典释义》,98页,上海,上海辞书出版社,2002年。
　　② 章宜华、雍和明:《当代词典学概论》,241—261页,北京,商务印书馆,2007年。
　　③ 章宜华、雍和明:《当代词典学概论》,244页,北京,商务印书馆,2007年。
　　④ 章宜华、雍和明:《当代词典学概论》,253页,北京,商务印书馆,2007年。

第四章 逻辑与释义

义方式的研究日趋精密。最突出的一点是将定义式从说明描写式中分离出来。例如,杨金华在《释义·义项划分·义项排列》一文中将《现代汉语词典》的释义方式大致归为:(1)同义词语对释式;(2)描写说明式;(3)定义式。① 这一时期黄伯荣、廖序东主编的《现代汉语》中总结的释义方式有:(1)用简短的语言对词语所反映的概念的本质特征作确切的说明;(2)先解释语素的意义,然后组合起来解释整个词的意义……有的词介绍词义的来源可以加深对词义的理解;(3)整体解释,说明转义;(4)引用例句或结合作品,深入讲解词的意义和用法;(5)利用同义词、反义词来解释词语。② 黄伯荣等的分析可贵之处在于:首次提出了通过解释语素的意义来释义的方式,使之从以往的或归入对释式,或归入描定说明式,或归入定义式的状态中脱离出来,成为独立的释义方式;其次能紧密结合现代汉语词义解释的实际进行总结。不足之处在于黄伯荣等的总结是罗列式的,是不成系统的。

符淮青这一时期也有关于释义方式的讨论,他主要分为四大类:一是一种普遍运用的释义方式:用同义近义词;二是表名物的词的释义方式:定义式释义;三是表动作行为的词的释义方式,分别从哪些方面对动作进行说明限制;四是表性质状态的词的释义方式,有直接指示和描述说明词所表示的性质情状。③ 符淮青这样的划分问题颇多,最主要的是划分的标准不同一。这里不再详述,他后来的划分就有很大变化。

20世纪90年代以来,对释义方式的研究出现了前所未有的繁荣景象,硕果最丰的当属符淮青、曹炜、贾彦德、邢福义等人。贾、邢二位在释义方法上的研究主要是深入探讨了义素分析法,

---

① 杨金华:《释义·释义划分·义项排列》,载《辞书研究》,1987(4)。
② 黄伯荣、廖序东:《现代汉语》,兰州,甘肃人民出版社,1983年。
③ 符淮青:《词的释义》,52—76页,北京,北京出版社,1986年。

笔者认为面对形式丰富的现代汉语释义方式仅靠义素分析法提供的模式是有很大局限性的,所以这里不详做评论。

符淮青这一时期认为所有的词义都是用扩展性词语表述的,以一词释一词的方式只是扩展性语词释义的代替形式。① 而扩展性语词释义可分为三大基本类型:(1)归类、限定;(2)描写、说明;(3)否定、对立。② 以此为基础,他具体分析了表动作行为的词、表名物的词、表性状的词的词典释义模式。表动作行为的词的释义模式是:

原因条件 + 数量性状 + 限制施动者 + 限制{身体部位/工具/程度/方式/数量/时间/空间} + 动作① + 限制{身体部位/工具/程度/方式/数量/时间/空间} + 动作② + 数量性状 + 限制{对象或关系事项} + 目的结果

其中动作①为必然项,其余可没有,由其他项出现的情况又可继续分类。③ 这种分析方式类似于义素的分析。邢福义归纳的动词的义素分析结构模式是:{动词}=[主体、方式、动作、客体、因果],但无疑符淮青的分析更精细深入。

符淮青对表名物的词(用 m 表示)的释义模式分析,引进了逻辑的"属加种差",即根据类词语(即属,用 L 表示)和种差(用 t

---

① 符淮青:《词义的分析和描写》,55—57 页,北京,外语教学与研究出版社,2006 年。

② 符淮青:《词义的分析和描写》,57—59 页,北京,外语教学与研究出版社,2006 年。

③ 符淮青:《词义的分析和描写》,66—96 页,北京,外语教学与研究出版社,2006 年。

第四章 逻辑与释义

表示)将释义中出现的情况分为六类:
(1) m = 一种 L 或 m = L 的一种 或 m = L 之一
(2) m = L
(3) m = tL
(4) m = L,t
(5) m = L_1 + tL_2 + ……
(6) m = tL   L 为表名称的词

接着又把种差按其内容不同分为十二类。此外,他认为还有一些表名物的词不在此六类,可归入其他三种:(1)定义式的形式和非定义式的形式;(2)从相对关系上说明词义;(3)表名物词比喻义的说明。①

符淮青将表性状的词的释义方式分为四种:(1)准定义式和定义式。(2)适用对象+性状的说明描写式;(3)"形容……"式;(4)"……的"式。②

虽然符淮青是目前对释义模式分析最详细、最深入的,但我们看到这样的分析存在着不完善之处:(1)局限于某类词,分析不系统,如表数量、表关系、表语气等方面的词的释义都不在其分析范围之内。(2)分类标准不统一,在对释义方式的划分上,存在子项相容现象,如其基本类型中,归类限定式有相当部分也是可以归入描写说明式的。(3)在分析具体的模式时,有许多值得商讨的地方,如他将所有释义右项表现为偏正结构的名词性短语都归为"属加种差"式,因此在他看来像"[军旗]军队的旗帜"和"[刑法]规定什么是犯罪、犯罪行为应受到什么惩罚的各种法律"运用

---

① 符淮青:《词义的分析和描写》,97—107 页,北京,外语教学与研究出版社,2006 年。
② 符淮青:《词义的分析和描写》,122—129 页,北京,外语教学与研究出版社,2006 年。

的是相同的释义方式,这明显是不妥的。(4)在人工符号的使用上也有不当之处,如 m 是一种 L,或 m 是 L 的一种,或 m 是 L 之一,或 m 是 L,表达的是概括,判断词"是"的前项和后项的外延不具有同一关系,而符淮青在表达这前后项之间的关系时,却使用人工符号"＝",这是不对的。另外,在用人工符号说明一个系统时,我们应当使符号具有单义性,即一个符号不能同时表示两个意思,而符淮青用 L 既表示名物词的属,又表示"表名称的词",这是不严密的。

曹炜在其专著《现代汉语词义学》[1]中,详细分析了《现代汉语词典》释义模式,认为其所运用的释义模式涵盖了我们目前所能采用的所有的词义诠释的手段。他将现代汉语的释义共分为六种主要释义模式,六种辅助释义模式,表示为:

《现代汉语词典》的释义模式
- 主要释义模式
  - 同义词或不 + 反义词模式
  - 语素义 + 语素义 + 结构义模式
  - 定义式叙述模式
  - 迂回描述模式
  - 增补还原模式
  - 交代源流模式
- 辅助释义模式
  - 括注法
  - 异名排比法
  - 举例说明法
  - 提示法
  - 补充相关信息法
  - 图表法

---

[1] 曹炜:《现代汉语词义学》,174—194 页,上海,学林出版社,2001 年。

第四章 逻辑与释义

曹炜对现代汉语释义模式的研究，最大的优点在于他能立足于现代汉语释义的实际，力图能完整地概括现代汉语释义的模式，因此，有较大的适用性，大多数的释义都可以较容易地归入不同的类。然而曹炜对释义模式的归纳也有不足：首先，他的划分没有一个统一的明确的标准，因此，在操作时必然会产生归类不当的问题，如：

偷生：苟且地活着。

横祸：意外的祸患。

他归入"语素义+语素义+结构义"模式。

漫步：没有目的而悠闲地走。

礼赞：怀着敬意地赞扬。

他归入"限制词语+类词语"的定义式叙述模式。

然而从实质上看，这四个释义的方法没有不同，只是文字长短不一样而已。其次，他的划分还存在着另一个问题，就是回避对虚词的释义模式分析。

纵观这几十年来，我国语言工作者对现代汉语释义的研究，有两点是很明显的：第一，对释义方式的分析都不同程度地运用了逻辑学的定义理论，主要是属加种差的定义方法。第二，对释义方式的分类越来越细，对具体释义模式的分析越来越具体。这体现了逻辑学作为一门工具学科在具体学科上的作用，但同时我们也看到其中仍然存在的种种逻辑上的问题。

第二节 逻辑与释义模式

自20世纪80年代以来，随着词典学和词汇语义学的释义的研究，我国词典编纂工作也迅猛发展，大量的辞书先后问世，其中良莠不齐。中国社会科学院语言研究所词典编辑室所编的《现代

汉语词典》(简称《现汉》)经过几次修订、增补,可谓其中的精品,代表了现代汉语词义解释的规范。然而仔细阅读《现汉》,我们发现它也存在逻辑上的问题。

基于此,我们以《现代汉语词典》①的词义解释为考察对象,探求逻辑的定义理论与释义实践的关系,以求理论推动实践的发展,实践促进相关理论的更新。

一、真实定义语词定义和词典释义

金岳霖主编的《形式逻辑》(以下简称金本)是我国最具权威性的传统逻辑教材之一,它之后的传统逻辑书多以此为蓝本编写,因此金本的看法可代表我国逻辑学界的普遍看法。关于定义、定义的类型,金本的主要观点是:(1)定义是揭示概念内涵的逻辑方法;(2)定义按揭示的对象来分可分为真实定义和语词定义,真实定义揭示事物的特有属性,是直接明确概念的逻辑方法,语词定义是通过揭示语词的意义间接明确概念的逻辑方法。②

要区分真实定义和语词定义,就要区分概念义和语词的意义。概念包括内涵和外延两个方面,概念义就包括内涵定义和外延定义。语词定义就是规定或说明语词的意义的定义,什么是语词?从现代汉语来说,它包括语素、词、词组。那么什么是语词的意义呢?"词的意义不仅取决于它和该词表示的概念的相应关系,还取决于该词所属词类和所属语法范畴的性质,取决于社会公认的固定下来的使用范围,取决于为该语言特有的语词的意义结合规律所支配的该词和其他词的具体的词汇联系,取决于该词和其同义词乃至和一切意义与意味相近的词间的语义上的相互

---

① 晁继周、韩敬体,等:《现代汉语词典》,第5版,北京,商务印书馆,2006年。
② 金岳霖:《形式逻辑》,41—52页,北京,人民出版社,1979年。

第四章 逻辑与释义

关系,还取决于该词的感情色彩、修辞色彩"①。由于所有的概念都必须借助于语词表达,而语词除了可以表达一定的概念外,它还可以表达其他的东西,当语词的意义表现为概念的意义时,这时,我们是通过揭示概念所反映的事物的特有属性(固有属性或本质属性)来揭示语词的意义,因此,就会出现这样一种情况,即同一语句既表达了真实定义,也表达了语词定义。如果一个定义揭示的是概念义以外的其他的意义,那么,它就绝不是真实定义。因而,我们可以说,真实定义是包含于语词定义的。

语词定义和词典释义也是有联系与区别的。

语词定义和词典释义在作用的对象和语言表达形式上是相同的:它们作用的对象都是语词,即语素、词、词组;在语言表达形式上都是用词或词组或句子代替一个语素或一个词或一个词组。

它们显著的不同首先表现在内容上,语词定义是要说明或规定语词的意义,而词典释义是对语词的描写,它不仅包括揭示语词的意义,还可以包括说明语词的音形、通过例子讲解语词的使用、介绍语词或语词所指对象的相关知识等。其次还表现在方法上,词典释义除了可以使用语词定义的一切方法外,还可以使用概括的方法。

一句话,语词定义是包含于词典释义的。

据此,词典释义是由语词定义和非语词定义构成。由于在自然语言表达形式上真实定义是真包含于语词定义的,因此,我们又可将语词定义分为纯粹的语词定义和具有二重性的语词定义。纯粹的语词定义依靠的是语言的手段构成,包括转换语词的方式和分解语素的方式;具有二重性的语词定义,即也可用来表达真实定义的语词定义,还要依赖于语词所指对象的有关知识,它由

---

① 吕涛:《关于词和词义的问题》,载《俄文教学》,1957(5)。

属加种差(内涵定义)和列举划分(外延定义)两种方式构成。我们认为对音形的说明、例证、对语词的意义以外相关知识的介绍以及采用概括式介绍语词的所指等都是非语词定义。用表列出：

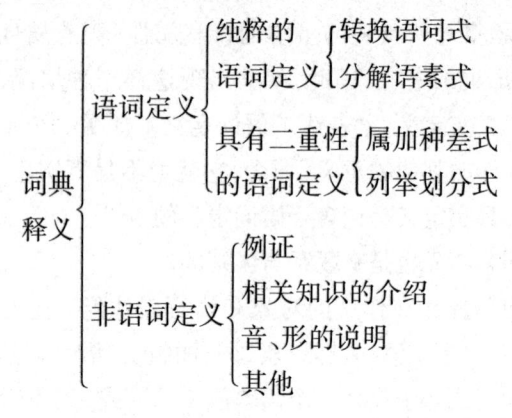

词典释义
- 语词定义
  - 纯粹的语词定义
    - 转换语词式
    - 分解语素式
  - 具有二重性的语词定义
    - 属加种差式
    - 列举划分式
- 非语词定义
  - 例证
  - 相关知识的介绍
  - 音、形的说明
  - 其他

二、词典释义的模式

我们以中国社会科学院语言研究所词典编辑室编写的《现代汉语词典》(以下简称《现汉》) a 音节、以 a 开头的音节和 ren、reng、ri、shui、si、xin 音节的单义项词条(含不是词，仅是语素的条目 42 个；不含多义项的词条 307 个)的释文为研究语料，共计 1374 条，着重分析释义中的语词定义。

为便于将释义模式形式化，特引进一些逻辑符号，"＝df"表示"等于于"，"＝df"的左项为被定义项，右项为定义项，"┐"表示否定，"∧"表示合取关系，"∨"表示不相容析取关系。我们将语词定义分为纯粹的语词定义模式和具有二重性的语词定义，以及二者兼有的综合式定义。

纯粹的语词定义既可以通过词的同义关系或反义关系来转换语词的方式来定义，也可以通过揭示构成该语词的语素义的方式定义。具有二重性的语词定义可以通过种差加属的方式来揭

第四章　逻辑与释义

示该语词所指对象的本质属性或描述所指对象的区别性特征,也可以通过列举、划分的方式指出词的外延对象来定义。

(一)转换语词定义模式

此模式的定义项是利用与被定义词项具有同义关系或反义关系的另一词项构成。这种模式的定义之所以是定义,正如陈宗明指出的:"由于定义项总是人们已知的东西,虽然有时只是一个单词,但同样能间接地反映事物的特有属性。"[①]

根据定义项语词的特点,又可分为以下小类。

1. 同义词定义模式

此模式的定义项将被定义项定义为与被定义的词具有相同意义的另一个词。这是最传统、最经济的定义方式,用公式表示为:

D = dfA(D 表示作为被定义项的词,A 表示作为定义项的词,以下同)

公式读作 D 定义为 A。在这个公式里含有两个预设:预设一,D 和 A 之间具有同义关系,即 D 和 A 是用不同的语词表达同一概念;预设二,信息接收者应当知道 A 的意义。这类定义在中小型语文词典中是很常见的。例如:

日头:太阳。(以规范语释口语词)

哀矜:(书)哀怜。(以今语释古语)

暗门子:(方)暗娼。(以普通话释方言词)

心绪:心情。(以书面语释口语词)

安琪儿:天使。(以本族语释外来语)

案语:同"按语"。(异体词对释)

铄石流金:见811页流金铄石。(异体词对释)

[①] 陈宗明:《逻辑与语言表达》,49 页,上海,上海人民出版社,1984 年。

厶：同"私"。（以今字释古字）

人大：人民代表大会的简称。（以全称释简称）

人类：人的总称。（以一般称谓释总称）

以"日头：太阳"为例具体说明，我们可将这个定义读为：日头定义为太阳。更精确的读法是："日头"等义于"太阳"，或"日头"这个词等义于"太阳"这个词。定义者之所以这样下定义，是因为他认为"日头"和"太阳"这两个词具有同义关系，即"日头"和"太阳"这个两词是表达同一概念的；且信息接收者是知道"太阳"的意义的。

（此类词条的词目有"水波"等共计164个，占总词目的12%）

单一使用同义词定义模式的词条，一般是直接列出定义项的语词，即零标志。少数含有语言标志，如"同……""见××页……""……的简称""……的总称"。在与其他定义模式配合使用时，同义词定义模式还有更多的语言标志，如"也说……""也作……""也叫……""简称……""通称……""俗称……"。例如：

心灰意懒：灰心丧气、意志消沉。也说心灰意冷。

死气白赖：纠缠个没完。也作死乞白赖。

铵：从氨衍生所得的带正电荷的根，也就是铵离子。也叫铵根。

人民代表大会：我国人民行使国家权力的机关。全国人民代表大会和地方各级人民代表大会代表由民主协商选举产生。简称人大。

嗳气：胃里的气体从嘴里出来，并发出声音，通称打嗝儿。

锌：金属元素，符号 Zn，浅蓝白色。用于制合金、白铁，干电池等。俗称白铅。

这些语言标志，是同义词定义模式特有的语言标志，也是纯

第四章　逻辑与释义

粹的语词定义特有的自然语言标志。

2. 否定反义词定义模式

此模式的定义项是由与被定义项具有相同内涵的,并且由否定词"不""没""没有""未"等加上另一个词构成的词组构成。相对于同义词定义模式,这种模式的使用率较低。用公式表示为:

D = df ¬ B(B 表示定义项中的一个词,以下同)

公式读作:D 定义为非 B。这个公式同样含有两个预设:预设一,D 和 B 之间是有矛盾关系;预设二,信息接收者应当知道 B 的意义。例如:

信不过:不相信。

我们可将这个定义读作:信不过定义为不相信。更精确的读法是:"信不过"等义于"不相信"或"信不过",这个语词等义于"不相信"这个语词。定义者之所以这样下定义,是因为他认为"信不过"与"相信"这两个词具有矛盾关系,且信息接收者是应当知道"相信"的意义的。

此类型,在所考察的语料中仅见一处。

3. 转换语词定义的复合模式

此模式的定义项包括两条或两条以上相对独立的同义词定义或否定反义词定义。两条相对独立的定义之间通常用分号或句号隔开。

(1)同义词复合定义模式。

此模式的定义项包括两个或两个以上与被定义项具有同义关系的独立的词语,用公式表示为:

D = df $A_1 \vee A_2 \cdots\cdots A_n$

公式读作:D 定义为 A_1 不相容析取 A_2 直至 A_n。这个公式也含有两个预设:预设一,A_1、A_2……A_n 分别与 D 在某语境具有同义关系,且 A_1、A_2……A_n 间是不相容析取关系;预设二,信息接收

者应当知道 A_1、A_2……A_n 的意义。例如:

心性:性情;性格。

任从:任凭;听凭。

私第:私宅;私邸。

以"心性:性情;性格"为例具体说明。这个定义读作:心性定义为性情不相容析取性格。更精确的读法是:"心性"这个词或者等义于"性情"或者等义于"性格"这个词,但不同时等义于"性情"和"性格"这两个词。定义者之所以这样下定义,是因为他认为"性情"与"性格"是不相容析取关系,且信息接受者是知道"性情""性格"的意义的。

(此类词条的词目有"日后"等,共计 51 个,占总词目的 3.7%)

(2)否定反义词复合定义模式。

此模式的定义项包括两个或两个以上由否定词和与被定义项具有反义关系的词组成的词组。用公式表示为:

$D = df \neg B_1 \vee \neg B_2 \cdots \neg B_n$

公式读作:D 定义为非 B_1 不相容析取非 B_2 直至非 B_n。这类公式也是含有预设的。在语文词典中,这类定义很少。在考察的对象中仅见两个:

安全:没有危险;不受威胁;不出事故。

拗:不顺;不顺从。

(3)混合式转换语词复合定义模式。

此模式的定义项既有被定义项的同义词,也有被定义项的否定反义词。用公式表示为:

$D = df A \vee \neg B$

公式读作:D 定义为 A 不相容析取非 B。例如:

暗淡:(光、色)昏暗;不光明;不鲜艳。

第四章 逻辑与释义

此类词条仅此一个。

小结:单纯使用转换语词定义模式的词条共有 220 条,占总词条的 16%,其中又以同义词定义模式和同义词复合模式为多,共有 215 条,占此类词条的 97.7%。

(二)分解语素定义模式

此模式的定义项以解述或组合的方式将被定义的词语所包含的语素义表述出来。

1. 解述式分解语素定义模式

此模式的定义项是由对被定义项所含的语素的意义进行综合阐述的表达式构成。用公式表示为:

$D = dfd_n (n \geq 1)$(d 表示用来解述语素义的表达式,n 用来表示被定义项构成语素的个数)

公式读作:D 定义为 d_n。更精确的读法是"D"意思是"d_n"或"D"这个词意思是"d_n"。

按被定义项语素的构成,又可分为:单语素解述定义和多语素解述定义。

(1)单语素解述定义模式。

用公式表示为:$D = dfd_n (n = 1)$

根据被定义项语素的音节构成,又可分为:

①单音节语素解述定义,例如:

黯:阴暗。

肆:不顾一切,任意妄为。

啊:叹词,表示惊异或赞叹。

(此类词条的词目有"霭"等共计 79 个,占总词目的 5.8%)

②多音节语素解述定义。例如:

荏苒:(时间)渐渐过去。

(此类词条的词目共计 4 个)

(2)多语素解述定义模式。

用公式表示为:D = dfd$_n$ (n ≧ 2)

根据对语素义解述的方式,又可再分:

①直接解述定义。

此模式的定义项是直接对构成被定义项的语词的语素的字面意义所蕴含的内容进行解说。例如:

碍口:怕难为情或碍于情面而不便说出。

认命:承认不幸的遭遇是命中注定的(迷信)。

暗含:做事、说话包含某种意思而未明白说出。

这类定义的定义项通常包括以下几个内容:a. 语素义的内容。b. 语素义所蕴含的内容。c. 为完整表述的需要而要补充的内容。其中前两项是必有的内容。例如,在"认命"条中,其中"承认"、"命中注定"是语素义的内容,"不幸的遭遇"是语素义所蕴含的内容。在"暗含"条中,"包含"、"未明白"是语素义的内容,"某种意思"是语素义所蕴含的内容,"做事、说话"、"说出"是为完整表述的需要而要补充的内容。

(此类词条的词目有"新秀"等共计259个,占总词目的18.9%)

②迂回解述定义。

此模式的定义项是对原语素字面意义下进一步抽象而来的意义进行解说,或对赋予原语素义的特定含义进行解说。

a."形容……"式,如:

瞬息万变:形容极短的时间内变化快而多。

死心塌地:形容主意已定,决不改变。

(此类词条的词目有"死气沉沉"等,共计36个,占总词目的2.6%)

b."比喻……"式,如:

第四章 逻辑与释义

水涨船高:比喻事物随着它所凭借的基础的提高而提高。

认贼作父:比喻把敌人当亲人。

(此类词条的词目有"硕果仅存"等,共计 25 个,总占词目的 1.8%)

c."指……"式,如:

人来疯:指小孩在有客人来时撒娇、胡闹。

斯文扫地:指文化或文人不受尊重或文人自甘堕落。

安乐窝:指安逸舒适的生活处所。

(此类词条的词目有"心灵"等共计 85 个,占总词目的 6.2%)

d. 溯源式。

此类定义先交代被定义语词的来源,使人了解其得名缘由,再解述其意义。例如:

水至清则无鱼:

《大戴礼记·子张问入官篇》:"水至清则无鱼,人至察则无徒。"水太清了,鱼就无法生存,要求别人太严了,就没有伙伴。现在有时用来表示对人或物不可要求太高。

爱屋及乌:

《尚书大传·大战篇》:"爱人者,兼其屋上之乌。"比喻爱一个人而连带地关心到跟他有关系的人或物。

说项:唐代项斯被杨敬之看重,敬之赠诗有"平生不解藏人善,到处逢人说项斯"的句子,后世指为人说好话,替人讲情。

(此类词条的词目有"司马昭之心,路人皆知"等,共计 12 个,占总词目的 0.9%)

2. 组合式分解语素定义模式

此模式就是对构成被定义项语词的各个语素分别加以解释后组合而成,用公式表示为:

$D = dfd_1 \wedge d_2 \cdots\cdots d_n$ (d_1、d_2……d_n 分别表示各语素的意义)

公式读作:D 定义为 d_1 合取 d_2 直至 d_n,更精确的读法是:"D"这个词意思是"d_1"且"d_2"且……"d_n"。

根据构成语素的语素义的同异,又可分为:

(1)同语素义组合定义。

即构成被定义项的语词的各个语素的意义相同,这时定义项就是任一语素的意义。例如:

嘶鸣:(骡、马等)大声叫。

死亡:失去生命(跟"生存"相对)

哀恸:十分悲痛。

这类定义的各语素义是相同的,因此公式可省写成:$D = dfd$。(此类词条的词目有"案牍"等共计 12 个,占总词目的 0.9%)

(2)异语素义组合定义。

即构成被定义项的语词的各个语素的意义不相同,这时定义项要分别指出其语素义。这种定义的定义项的语言表述的语法结构一般是与被定义的语词的语法结构相同。例如:

朔望:朔日和望日。

信服:相信并佩服。

仁厚:仁爱宽厚。(以上均为并列结构)

心酸:心里悲痛。

私有:私人所有。

心毒:心肠狠毒。(以上均为主谓结构)

私囊:私人的钱袋。

新婚:刚结婚。

日益:一天比一天更加。(以上均为偏正结构)

还有结构稍为复杂的,主要是关于成语的定义。例如:

第四章 逻辑与释义

日久天长:时间长、日子久。

安步当车:慢慢地步行,就当是坐车。

爱不释手:喜爱得舍不得放下。

也有极少数词条(共六个)的定义并非按语词中语素的先后顺序分解。例如:

人杰:杰出的人。

安心:心情安定。

人潮:像潮水般的人群。

(此类词条的词目有"顺境"等共计 201 个,占总词目的 14.7%)

3. 分解语素复合定义模式

(1)解述式分解语素复合定义。

此模式的定义项中两个解述式分解语素定义之间通常用句号隔开。用公式表示为:

$$D = dfd \vee e$$（d、e 表示用来解述语素义的表达式）

公式读作:D 定义为 d 不相容析取 e。更精确的读法是:"D"这个词意思是"d"或"e",但不同时是"d"且"e"。例如:

欣欣向荣:形容草木茂盛。比喻事业蓬勃发展。

信徒:信仰某一宗教的人。也泛指信仰某一学派、主义或主张的人。

思凡:神话小说中仙人想到人间来生活,也指僧尼等厌恶宗教生活,想过世俗生活。

(此类词条的词目有"死有余辜"等共计 41 条,占总词目的 3%)

(2)组合式分解语素复合定义。

此模式的定义项的两个组合式分解语素定义之间通常用分号隔开。用公式表示为:

$D = df(d_1 \wedge d_2) \vee (d_① \wedge d_②)$，公式读作：D 定义为 d_1 且 d_2 不相容析取 $d_①$ 且 $d_②$。例如：

死记：强行记住；死板地记忆。

人力：人的劳力；人的力量。

新意：新的意思；新的意境。

(此类词条的词目有"新风"等共计 7 条，占总词目的 0.5%)

(3) 混合式分解语素复合定义。

此模式的定义项由解述式和组合式的分解语素定义组成，中间用句号隔开。用公式表示为：

$D = df(d_1 \wedge d_2 \cdots \cdots d_n) \vee e_n (n \geqslant 2)$

公式读作：D 定义为 d_1 且 d_2 直至 d_n 不相容析取 $e_n(n \geqslant 2)$。例如：

辛酸：辣和酸，比喻痛苦悲伤。

心不在焉：心思不在这里。指思想不集中。

水乳交融：水和乳汁融合在一起。比喻关系非常融洽或结合十分紧密。

(此类词条的词目有"信赏必罚"等共计 34 个，占总词目的 2.5%)

小结：单纯使用分解语素定义模式的词条共有 795 条，占总词条的 57.9%，其中又以解述式分解语素定义为多，共 498 个，占该类词条的 62.8%，其次为组合式分解语素定义，共 213 个，占该类词条的 26.9%。

(三) 转换语词式 + 分解语素式

此类定义的定义项中含有一种转换语词式和一种分解语素式。例如：

水滴石穿：比喻力量虽小，只要坚持不懈，事情就能成功，也说滴水石穿。

第四章 逻辑与释义

心浮:心里浮躁,不踏实。

心上人:指心里爱慕的异性;意中人。

(此类词条的词目有"心计"等,共计 47 个,占总词目的 3.4%)

三、具有二重性的语词定义的定义模式

(一)属加种差式

此模式的定义项是通过对语词所指对象进行属加种差式地说明、描写来揭示被定义的语词的意义。

传统逻辑中揭示概念的内涵通常使用的是"属加种差"的定义方法。这种定义方式也被词典释义所应用。具体地说,采用属加种差式的定义的定义项由两部分构成,一部分是词所表述概念的属概念,一部分是词所表达的概念和与之同属同级的概念相比较而得来的区别性特征,一般表现为本质特征。当然,究竟由哪一级的概念充当其属概念,应取决于所要解决的实际问题,如"哺乳动物""动物""生物"都是"人"的属概念,我们之所以选择"动物"作为邻近的属,这是因为所要求的是把人和其他动物区别开来。属加种差式用公式表示为:

$D = dfm \wedge L$(m 表示种的本质属性或区别性特征,L 表示属)

此公式读为:D 定义为具有 m 的特征,且属于 L。更精确的读法是:"D"这个词表示具有 m 的特征,且属于 L 的事物,如"人民民主专政:工人阶级经过共产党领导的,以工农联盟为基础的人民民主政权",可读作:人民民主专政定义为具有经过共产党领导的,以工农联盟为基础的特征,且属于人民民主政权。更精确的读法是:"人民民主专政"这个词表示具有经过共产党领导的,以工农联盟为基础的特征,且属于人民民主政权的事物。

从不同的认识需要和认识角度出发,事物之间会显现出不同

的差别,并且许多差别能够把不同的事物区别开来。例如:

人口学:以人口现象、人口发展条件和发展规律为研究对象的学科。(以事物的特有属性为种差)

丝糕:小米面、玉米面等加水搅拌发酵后蒸成的松软的食品。(以事物的发生、来源和形成的情况为种差)

信筒:邮局在路旁等处设置的供寄信人投信的筒状设备(以事物所起的作用为种差)

水疱:因病理变化,浆液在表皮里或表皮下聚积而成的黄豆大小的隆起。(以事物发生的原因为种差)

说白:戏曲歌剧中除唱词部分以外的台词。(以事物的成分、结构为种差)

四言诗:我国汉代以前最流行的诗歌形式。(以事物存在的时间为种差)

一般说来,属加种差式的定义常常兼具两种或两种以上类型的种差。例如:

鞍子:放在牲口背上驮运东西或供人骑坐的器具,多用皮革或木头加棉垫制成。

这个定义包含了位置、作用、成分三个种差。

根据"种差"和"属"在定义中出现的情况,我们可将属加种差定义模式分为3个小类:

1. "种差+属"式

用公式表示为: $D = dfm \wedge L$

此模式把"种差"作为定语,放在"邻近的属概念"之前,构成一个偏正短语。这种形式一般都显得严谨、简洁。例如:

新闻公报:政党或国家机关直接或委托通讯社就某一重大事件发表的新闻性公告和声明。

人民民主专政:工人阶级(经过共产党)领导的,以工农联盟

第四章 逻辑与释义

为基础的人民民主政权。

（此类词条的词目有"水线"等共计68个,占总词目的5%）

2. "（种差）+属+种差"式

用公式表示为:$D = df(m_1) \wedge L \wedge m_2$

此模式先对被定义项下一个不完全的定义,多采用概括的形式,然后再对种差进行进一步补充说明。使用此模式主要是由于种差较复杂,需要用一系列的特征,主要是一般特征作为区别性特征进行说明,因而即使是使用结构复杂的长定语,也不易说清楚,难以用一个偏正短语的形式来表达,因此,把部分或所有种差放在邻近的属概念的后面,用叙述的方式从容不迫地表达。例如：

人格化:童话、寓言等文艺作品中常用的一种创作手法,对动物、植物以及非生物赋予了人的特征,使它们具有人的思想、感情和行为。

信息论:研究信息的计量、运递、变换和储存等的科学。通过数学运算可以计算出信息传递的能力和效率,应用在通信、生理学、物理学等学科中。

（此类词条的词目有"澳抗"等共计118个,占总词目的8.6%）

3. 无属式

用公式表示为:$D = dfm$

无属式并不是说被定义项所指的对象无属,而是指在一些情形下把属省略了。因此我们也可以称之为属加种差式的省略式。需要注意的是,属加种差式中的"种差"是不能省略的。例如：

水蚀:由于水的冲击,岩石剥落,土壤被冲刷掉。多发生在山区,石陵地带。

（这类词条的词目有"暗转"等9个,占总词目的0.6%）

(二) 列举划分式

列举划分式就是列出一个语词所指的部分或全部对象的定义。它一般不单独使用,通常和其他的方式配合使用。

1. 实指式

这种定义方式既借助于语言,又特别地借助于其他手段,如手势、图表等,在语文词典中,主要表现为图表,因此也可称之为图表定义,用公式表示为:

D = dfp(p 表示 D 所指的实物或实物的仿造物、图像等)

公式读作:D 定义为 P,更精确的读法是:词语"D"指 P 对象。

例如:

日食:月球运行到地球和太阳的中间时,太阳的光被月球挡住,不能射到地球上来,这种现象叫日食。太阳全部被月球挡住时叫日全食,部分被挡住时叫日偏食,中央部分被挡住时叫日环食。日食都发生在农历初一。(图略)

在这个定义里,就运用了图像展示的方式,使我们能清晰地明确"日食"这一概念。这类词条在语文词典中较少出现,一般"用于古器物、罕见名物字词的释义和需要联系相关一系列词语才能清楚的字词(如天干、地支、二十四节气)的释文"①。在所考察的语料中,仅发现这一处。

2. 列举式

这种定义方式是通过列出被定义概念的外延对象给出,根据其列举的完全性与否又可分为枚举式和穷举式。

(1) 枚举式。

如果属于一个语词所指对象的数目很大,不便或无法穷举,

---

① 张在德:《语文性辞书释义中的"描写和说明式"》:见词典研究丛刊编辑部:《词典研究丛刊(5)》,84 页,成都,四川人民出版社,1983 年。

第四章　逻辑与释义

我们就只列举出一些对象,这就是枚举式定义。用公式表示为:

$D = dfP_1 \wedge P_2 \cdots\cdots$（$P_1$、$P_2 \cdots\cdots$为 D 所指的部分对象）

此公式读作:D 定义为 P_1 合取 $P_2 \cdots\cdots$更精确的读法是:"D"这个词所指的对象包括 P_1、$P_2 \cdots\cdots$例如:

日用品:……如毛巾、肥皂、暖水瓶等。

人民团体:……如红十字会、中华医学会、中国人民外交学会等。

（此类含有枚举式定义的词目有"蒴果"等共计 29 个,占总词目的 2.1%）

(2) 穷举式。

如果一个语词所指的对象数目很少,就可以把它全部列举出来,这就是穷举式定义。用公式表示为:

$D = dfP_1 \wedge P_2 \cdots\cdots P_n$（$P_1$、$P_2 \cdots\cdots P_n$ 为 D 所指的全部对象）

此公式读作:D 定义为 P_1 合取 P_2 直至 P_n。更精确的读法是:"D"这个词所指的对象包括 P_1、$P_2 \cdots\cdots P_n$。例如:

阿拉伯数字:就是 0,1,2,3,4,5,6,7,8,9。

这样的定义仅此一处。

3. 划分式

此模式是通过将被定义项所表达的概念的种概念按一定的标准列出,从而显示被定义的语词的意义的方法。根据划分的完全性与否又可将之分为不完全划分式和完全划分式。

(1) 不完全划分式。

属于一个语词所指对象下面的种类很多,不便或不能完全列出,于是我们就只列出部分子类,这就是不完全划分式。用公式表示为:

$D = dfq_1 \wedge q_2 \cdots\cdots$（$q_1$、$q_2 \cdots\cdots$为 D 下面的若干子类）

公式读作:D 定义为 q_1 合取 $q_2 \cdots\cdots$更精确的读法是:"D"这

个词所指的对象可分为 q_1、q_2……

例如:

心理学:……根据不同的研究领域和任务分普通心理学、儿童心理学、教育心理学等。

(此类含有不完全划分式的定义仅有 1 处。)

(2) 完全划分式。

如果属于一个语词所指对象下的子类很少,就可以将其全部列出,这就是完全划分式。用公式表示为:

$D = df q_1 \wedge q_2 \cdots\cdots q_n$($q_1$、$q_2$……$q_n$ 为 D 的全部子类)

公式读作:D 定义为 q_1 合取 q_2 直至 q_n。更精确的读法是:"D"这个词所指的对象可分为 q_1、q_2……q_n。例如:

人造纤维:……根据人造纤维的形状和用途,分为人造丝,人造棉和人造毛三种。

(此类含有完全划分式的定义的词目有"人造纤维"等共计 8 个,占总词目的 0.6%)

4. 混合式

在此定义里至少含有两种或两种以上揭示外延的方法。例如:

水生植物:……包括水生藻类、水生蕨类和水生种子植物,如小球藻、苦草、莲、浮萍等。

(此类定义的词目有"水生植物""水上运动"两个。)

小结:在语词定义中含有外延定义的很少,共计 41 个,占总考察对象的 3%,其中又主要是含有枚举式外延定义,占了此类的 70.7%。

(三) 复合式

有的具有二重性的语词定义既描述语词所指对象的特征,也指出其外延对象。例如:

第四章 逻辑与释义

蒴果:干果的一种,由两个以上的心皮构成,内含许多种子,成熟后裂开,如芝麻、百合、凤仙花等的果实。

(此类词条的词目有"蒴果"等共计 28 个,占总词目的 2%。)

小结:单纯使用具有二重性的语词定义模式的词条共有 230 个,占总词条的 16.6%,其中又以属加种差的定义为主,列举划分式不单独使用,它只是附在一些定义的后面。

四、综合式定义

纯粹的语词定义和具有二重性的语词定义并非总是泾渭分明,井水不犯河水的,它们也相互配合使用。

(一) 转换语词式 + 属加种差式 + (列举划分式)

此类定义的定义项中含有一种转换语词式和一种具有二重性的语词定义。例如:

日圆:日本的本位货币。也作日元。

水肿:由于皮下组织的间隙有过量的液体积蓄而引起的全身或身体的一部分肿胀的症状,通称浮肿。

凹透镜:透镜的一种,中央比四周薄,平行光线透过后向四外散射。近视眼镜的镜片就属于这个类型。也叫发散透镜。

(此类词条的词目有"水落管"等共计 47 个,占总词目的 3.4%)

(二) 分解语素式 + 属加种差式 + (列举划分式)

此类定义的定义项中含有一种分解语素式和一种具有二重性的语词定义。例如:

案犯:经司法机关批准逮捕的人或刑事法庭上被控告而尚未判定有罪的人;作案的人。

(此类词条的词目有"案犯"等共计 17 个,占总词目的

1.2%）

（三）转换语词式＋分解语素式＋属加种差式＋（列举划分式）

包含有各种定义方式的定义是很少的，它们通常是一些科学术语的定义。例如：

安培：电流强度的单位，导体横截面每秒通过的电量是1库仑时，电流强度就是1安培。这个单位名称是为纪念法国物理学家安培（Andre Ampere）而定的。简称安。

（此类词类的词目有：爱克斯线、安培，共计2个。）

小结：综合式定义共66个，仅占总词条的4.8%，其中又以含转换语词式的为主，共49个，占此类总数的74%。

最后，我们对现代汉语语词定义之外的词典释义做简要说明。

在考察的语料中还有少数条目是不能归入以上模式的，共23个，占总考察对象的1.7%，它们主要是以下几类：

（1）仅用概括的方式揭示词目所指的大致范围，它没有足够的"种差"来作为区别性特征。通常具有"一种……"或"……之一"的语言标志。例如：

王敖：古代的一种乐器。

水洗布：一种经过特殊印染加工的纺织品。

（此类词条的词目有"盎"等共计7个，占总词目的0.5%）

（2）除了说明词目所指对象的特征外，还对相关内容做了补充介绍。例如：

日照：……夏季我国北方日照长，南方日照短，冬季相反。

这类词条还有奥林匹克运动会、死缓、四呼、人称、死点、心室。

第四章 逻辑与释义

（3）释义在说明被定义语词的音、形。例如：

谁："谁"shei 的又音。

肆："四"的大写。

（4）其他。

司空：姓。

司寇：姓。

司马：姓。

仞：古时八尺或七尺叫作一仞。

僾尼：部分哈尼族人的自称。

人日：旧称正月初七。

畬：浙江、福建等沿海一带称山间平地。（多用地名）

[注：凡含有"……的简称（别称）""俗称……""也称（也作、又叫）……"这样提示语的词条释义归入转换语词式。凡含有"……的总称（统称、通称）""对……的敬称""旧称（泛称）……""指……"这样提示语的，根据这些提示语外的内容分析归类。]

通过对真实定义和语词定义的分析，笔者将词典释义分为语词定义和非语词定义，其中语词定义又分为：纯粹的语词定义和具有二重性的语词定义。纯粹的语词定义包括转换语词式和分解语素式；具有二重性的语词定义包括属加种差式和列举划分式。并经过统计，所考察词条的98.3%可以归入以上模式，这说明释义模式的归纳是非常有效的。

第三节 逻辑与释义规则

传统逻辑的定义通常指属加种差定义，即：被定义项＝种差＋邻近的属，其定义规则也是针对属加种差定义提出来的。而词典释义的范围要广，那么，这规则是否适用于词典释义呢？我们又

该如何运用这一工具来提高词典释义的准确性呢?

金本提出:一个正确的定义必须符合四条规则:

(1)定义项中不能直接地或间接地包括被定义项;(2)定义项,除非必要,不应包括负概念;(3)定义项中不能包括含混的概念或语词;(4)定义项的外延与被定义项的外延必须是全同的。① 我们以此来——检测传统逻辑的定义规则是否适用于词典释义。

一、关于"定义项中不得直接或间接包含被定义项"的规则

国内现行的逻辑教科书,普遍都针对真实定义提出了"定义项中不得直接或间接包含被定义项"的规则要求。一个定义,如果在定义项中直接包含了被定义项,这就犯了"同语反复"的逻辑错误;如果在定义项中间接包含了被定义项,来回兜圈子,这就犯了"循环定义"的逻辑错误。这一规则是否对所有的词典释义都适用呢?现在我们来——考察。

在转换语词定义中,被定义的语词所包含的全部语素直接出现在定义项中,这是经常可以看到的。通常是它们的定义项是被定义的语词的前后语素交换位置。例如:

{ 爱怜:怜爱。
  细心:心细。

{ 心惊胆战:……也说胆战心惊。
  人仰马翻:……也说马翻人仰。

有的是被定义的语词包含的部分语素直接出现在定义项中,这种情况是极多的。例如:

---

① 金岳霖:《形式逻辑》,53—58页,北京,人民出版社,1979年。

第四章 逻辑与释义

> 安全门:太平门。
> 水患:水灾。

> 拗口令:绕口令。
> 人文科学:社会科学。

> 心急火燎:……也说心急如焚,心急如火。
> 爱答不理:……也说爱理不理。

我们应当怎样看待这种现象呢?这种违反逻辑定义规则的现象是否应当消灭呢?还是现有的逻辑定义规则并不能满足现实定义的需要,而需要改进呢?由于客观上存在大量的同义现象,如果对表达相同意义的语词,我们都采取分解语素式或属种加差式、列举划分式的定义方式,那么,不仅会显得我们说话啰唆,还会在词典中占用大量宝贵的篇幅。转换语词定义是用我们更为常见、更易理解的语词来代替与之同义的较少见的,较难理解的语词,从而帮助对方理解该语词意义。由于它是采用以一词易一词的形式,因此,比起其他定义方式,它无疑是最简洁的、最经济的。无论是在日常生活中,还是在词典编纂中,它都是非常重要的定义方式,是不可取消的。

由此可见,原有的这一定义规则是把这一重要的定义方式是排斥在外的,因而是偏颇的。只要这种定义方式是以易理解的语词代替难理解的语词,那它就不能算是"同语反复";只要其中较易理解的语词在词典系统中得到其他方式的定义,那么它就不能算是"循环定义"。例如:

> 刃具:刀具。
> 刀具:切削工具的统称,包括车刀、铣刀、刨刀、钻头绞刀等。也叫刃具。

> 顺当:顺利。
> 顺利:在事物的发展或工作的进行中没有或很少遇到困难。

当然,我们不能把这一规则绝对化,并不是要在转换语词定义时取消这一规则。由于词典的释义是成系统的,因此,我们在转换语词定义时尤其要注意防止"辗转互训"的错误,即如果我们用语词A去定义语词B,又用语词C去定义语词B,再用语词D去定义语词C,最后又用A去定义D,而语词A、B、C、D在词典系统中都没有得到其他方式的定义,我们就犯了"辗转互训"的错误,即"循环定义"的逻辑错误。词典编纂者如缺乏深厚逻辑素养,也会犯这样的错误。例如:

> 暗里:暗中;背地里。
> 暗中:②背地里;私下里。
> 私下:①暗地里,也说私下里。
> 暗地里:私下,背地里。
> 背地:私下;不当面。也说背地里。

这就明显犯了"循环定义"的逻辑错误,从这一系列定义中,我们是无从知道"暗里""暗中""私下""背地"究竟是什么意思,更无从知道它们的区别了。

在分解语素式的定义中,也常常会出现被定义项的语词的全部或部分语素包含于定义项中。例如:

> 人声:人发出的声音。
> 仁政:仁慈的政治措施。
> 水险:水上运输事故的保险。
> 暗坝:不露出水面的坝。
> 私话:不让外人知道的话。
> 死结:不是一拉就解开的结子。

它们是否犯了"同语反复"或"循环定义"的逻辑错误呢?我们不能这样看。因为分解语素式定义是通过对构成语素的分析解说来使对方获得该语词的意义的。具体来说,使用分解语素式

第四章　逻辑与释义

定义的语词主要有两种情况:一种是把保留下来的文言词翻译为现代文。古汉语以单音节为主,现代汉语以双音节为主,有一部分古汉语单音节词由于常常在一起使用,而逐渐凝固成了现代汉语的双音节词或多音节词,这样,有的原来古代汉语中的单音节词就成了现代汉语语词中相应的一个语素。当我们给这样的语词下定义,我们通常是将这些原古代汉语的单音节词翻译为现代文。还有的现代汉语的双音节词很多是在原汉语单音节词的基础上再添加语素而成。这样,在这类词的定义中,定义项难免会重复被定义项,这是由这类词的特点决定的。例如:

{ 奥旨:深奥的含义。
  仁政:仁慈的政治措施。
  哀辞:哀悼死者的文章。

{ 信而有征:可靠而且有证据。
  安家立业:安置家庭,建立事业。
  心旷神怡:心情舒畅,精神愉快。

还有一种分解语素式定义相当于把缩略语还原。现代生活日益丰富,我们需要表达的东西也日趋复杂。从经济的原则出发,我们从原来要用较长的表达式来表达的内容中,抽出关键性的两个或多个字眼,成为表达该内容的语词的构词语素,并根据原表达式的语法结构将之组成词,并逐渐约定俗成下来。当有人不清楚这个词的意义时,我们就用分解语素式定义将它复杂的表达式说出来。大多数的分解语素式定义都属于这种情况。例如:

{ 新秀:新出现的优秀人才。
  税额:按税率缴纳的税款数额。
  爱护:爱惜并保护。

因此,这种分解语素式定义项中常常会出现被定义项中的语素,这是由这类词的构成特点决定的。这既不能算是"同语反

复",因为它直接得到了扩展式的定义,也不能算是"循环定义",因为"循环定义"的实质是用不明确的定义项去明确被定义项,其结果还是未能达到明确被定义项的目的;而分解语素式定义通过分析解说语素的意义达到了明确被定义项的目的。

据此,下列分解语素式定义就犯了"同语反复"的逻辑错误:

鳞爪:鳞和爪。
矮小:又矮又小。
高大:又高又大。
说笑:连说带笑;又说又笑。

这样的定义项并不比被定义项更明确什么,其结果只能是"释而无义"。这应当是我们所要避免的。

在属加种差式定义中,也是不能将此规则绝对化的。例如:

(1)人口学:以人口现象、人口发展条件和发展规律为研究对象的学科。

(2)氨基:氨分子失去1个氢原子而成的一价原子团(-NH_2)。

(3)顺口溜:民间流行的一种口头韵文,句子长短不等,纯用口语,念起来很顺口。

在例(1)中,定义项直接包含了被定义项"人口学"中的"人口"和"学"。在例(2)中,定义项直接包含了被定义项"氨基"中的"氨"。在例(3)中,定义项直接包含了被定义项"顺口溜"中的"顺口"。但这和金本中所举的例子"生命就是有生命的物质的生理现象"是有根本不同的,金本所举的定义是用被定义项"生命"作为被定义项"生命"的本质属性来定义"生命",这样当然达不到定义的目的。而例(1)、例(2)、例(3)虽然也直接包含了被定义项,但它们并不是用被定义项来揭示其自身的内涵,而是通过它来展现被定义项所反映的本质属性,因而是可以达到明确概念

第四章 逻辑与释义

的目的的。

属加种差式定义相当部分的定义项中之所以也会出现被定义项,是由于这些定义通常是由真实定义转变过来的,而这些真实定义的形成又往往是在分解语素式的语词定义的基础上加以进一步的科学界定而形成的,因此也常具有多数分解语素式定义的特点。例如:

(3)私有制:生产资料归私人所有的制度,随着生产力的发展、剩余产品的出现和原始公社的瓦解而产生,是产生阶级和剥削的基础。

(4)心肌:构成心脏的肌肉,受交感神经和迷走神经的支配,是不随意的横纹肌,心肌的收缩是自动的有节律的。

例(3)是在"生产资料归私人所有的制度"的基础上对"私有制"进行了进一步的科学解说。例(4)是在"构成心脏的肌肉"的基础上对"心肌"进行了进一步的科学解说。

列举划分式定义中,被定义项是常常出现在定义项中的。例如:

人造纤维:……根据人造纤维的形状和用途,分为人造丝、人造棉、人造毛三种。

心理学:……根据不同的研究领域和任务分普通心理学、儿童心理学、教育心理学等。

认识论:……由对思维和存在何者为第一性的不同回答,分成唯心主义认识论和唯物主义认识论。

在列举划分式定义中之所以会出现定义项完全包括被定义项,主要是由这种定义方式决定的。划分是按照一定的标准,把一类对象分成几个小类。小类是大类的种,大类是小类的属。而在现代汉语中,表达种概念的语词的形成通常是通过对表达属概念的语词进行限制而成,即在前面加限制性的定语而成。因此,

尽管在列举划分式定义的定义项中完全出现了被定义项，但它是为展示种概念服务的，而不是单纯复现被定义项，因此也没有犯"同语反复"的逻辑错误。

二、关于"定义项，除非必要，不应包括负概念"的规则

金本指出负概念是表示事物不具有某种属性，知道了事物不具有某种属性，并不能使我们知道事物具有某种属性。因此，如果定义项中包含了负概念，那么，它就没有能起到揭示事物的特有属性或揭示概念内涵的作用。我们把违反这条规则所犯的错误称为"否定定义"的逻辑错误。同时，金本并没有将此绝对化，它还指出，定义项中包含负概念，在有些情形下还是必要的。对于某些事物来说，缺乏某种属性本来就是它的特有属性，关于这种事物的定义，就必须用负概念。金本的这番论说是针对其界定的真实定义而言的，就此来说，是相当精辟的，然而面对丰富多彩的现代汉语的语词定义，它就不够恰当了。

就转换语词定义来说，其中否定反义词式的定义的定义项就包含了表达负概念的语词，如"不""无""未""没有"等，然而它们并不是在揭示事物具有缺乏某种属性的特有属性，而是在对某个语词的意义进行否定。作为最经济的定义方式之一，它的意图是通过否定更易理解的、更常见的语词来帮助我们明确较少见的、较难理解的语词。这种方式是否有其逻辑根据呢？有的。事实上，当我们在使用这种定义方式时，我们不仅是在认为定义项中的反义词比被定义项更易理解，我们还承认了这个反义词与被定义的语词所表达的概念之间具有矛盾关系，即非此即彼的关系。否定反义词定义正是概念间的矛盾关系在定义中的巧妙运用。因此，下列定义的定义项中虽然包含了表达负概念的语词，但也是正确的。例如：

第四章 逻辑与释义

信不过:不相信。

人造:……非天然的。

安全:没有危险;不受威胁;不出事故。

暗淡:……不光明;不鲜艳。

因为"信不过"与"相信","人造"与"天然","安全"与"危险","暗淡"与"光明""鲜艳"分别都具有矛盾关系。

分解语素式的定义中,也会出现定义项中含有表达负概念的语词的情况,如:

(5)暗滩:不露出水面的石滩或沙滩。

(6)死症:无法治好的病。

(7)似是而非:好像是,实际上并不对。

这三个定义似乎都违反了这个定义规则,因为它们都不像"无机物就是不含碳的化合物"这个定义一样是在揭示事物具有缺乏某属性的特有属性。然而这三个定义都是正确的。例(5)中"不露出水面"是"暗"的语素义及其蕴含的内容;例(6)中"无法治好"是"死"的语素义;例(7)中"不对"是"非"的语素义。因此,它们的定义项含有表达负概念的语词,这是由被定义项的语词的本身的特点和采用的定义方式所决定的,完全是有必要的,因而是正确的。

在属加种差的定义中,也会见到定义项中含有表达负概念的情况,如:

(8)砹:非金属元素,符号 At(astatium)。有放射性,自然界分布极少。

(9)安全电压:不致造成人触电事故的电压,一般低于36伏。

(10)水晶:纯粹的石英,无色透明,用来制光学仪器、无线电器材和装饰品等。

这种情况正是金本所指出的"在某些情况下还是必要"的情

况,例(8)中,对于"砹",缺乏金属的属性正是它的属性。例(9)中,对于"安全电压",不能造成人身触电事故的属性正是它的属性。例(10)中,对于"水晶",没有颜色的属性正是它的属性。因此,这三个定义都分别从某一方面分别揭示了"砹""安全电压""水晶"的部分内涵,从而起到了定义的作用,因而也是正确的。

在列举划分式定义的定义项中,一般不会出现表达负概念的语词,在本文所考察的语料范围内也未发现。但从逻辑的角度来说,这也是允许的,尤其是在划分式定义中,如果我们采用的是二分法划分,我们就常常会使用表达负概念的语词。如我们可以根据战争的性质将其分为正义战争和非正义战争,可以根据革命运动所使用的手段将其分为暴力运动和非暴力运动等。采用二分法的划分定义一样能起到帮助我们明确被定义项的意义的目的,因而,它即使含有表达负概念的语词,也是正确的。

三、关于"定义项中不能包括含混的概念或语词","也不能用比喻"的规则

金本认为如果定义项中如果包括了含混的概念或语词,定义项就不明确了。我们姑且称之为"含混定义"的逻辑错误。这个规则首先的问题是把含混的语言表达与含混的语词混淆在一起了。定义项如果是含混的表达的,让人不知所云,当然就不能达到明确被定义项的目的了。含混的语词不同,这里的含混,指的是模糊。概念有清晰概念和模糊概念之分,清晰概念有明确的外延,模糊概念的外延界线是不明确的。相应的语词也有清晰和模糊之分,该用什么样的语词去定义被定义项完全是由被定义项的特点决定的。一个模糊的语词当然不能用一个清晰的语词去定义。例如在转换语词定义中:

(11) 日后:将来;以后。

第四章 逻辑与释义

(12)黯淡:暗淡。

(13)肆力:尽力。

例(11)中"将来""以后"是模糊的语词,我们无法明确从哪个时刻起,哪个时刻止为"将来"、"以后",之所以用它们来定义,是因为被定义项"日后"也是模糊的。例(12)中,"暗淡"是模糊的语词,我们无法明确何种色度、何种亮度就算是"暗淡",之所以用它来定义,是因为被定义项"黯淡"也是模糊的。例(13)中,"尽力"是模糊的语词,我们不知道要用多少牛顿的力才达到"尽力"的标准,之所以用它们来定义,是因为被定义项"肆力"也是模糊的。

在分解语素定义中,也含有模糊的语词。例如:

(14)年轻:年纪不大。

(15)多数:较大的数量。

(16)新年:元旦和元旦以后的几天。

在例(14)、例(15)、例(16)中分别含有模糊的语词"不大""较大""几天",之所以必须如此,是因此它们的被定义项"年轻""多数""新年"本身也是模糊的语词。

在属加种差定义中,也含有模糊的语词。例如:

(17)新石器时代:石器时代的晚期,约开始于八九千年前。这时人类已能磨制石器,制造陶器,并且已开始有农业和畜牧业。

(18)水筲:水桶,多用木头或竹子制成。

(19)暗沙:海中由沙和珊瑚碎屑堆成的岛屿,略高于高潮线,或与高潮线相平。也作暗砂。

此三例的定义项中也都使用了模糊的语词"约""多""略"。例(17)用"约"来明确"新石器时代"大致开始的时间。例(18)用"多"来明确"水筲"在多数情况下的构成。例(19)用"略"明确"暗沙"的比较高度不大。可见,由于被定义项所指的对象在某些

标准上是界限不清的,因此,我们在定义项中也必须使用模糊的语词来明确这一点,从而达到定义的目的。这绝不是"含混定义"。

只有用模糊语词去定义一个清晰的语词,或是定义项表达不清,我们才能称之为"含混定义"。例如:

(20)心材:木材的中心,色泽较深,质地最坚硬的部分。

(21)埯子:点种瓜、豆等挖的小坑。

从例(20)的表达中,我们不清楚,心材究竟指的是哪里,是"木材的中心"部分,还是"木材的中心"部分中"色泽较深,质地最坚硬的部分"。从例(21)的表达中,"挖"的主语是"点种瓜、豆等",这真是令人费解。

金本还认为"定义项也不能用比喻"。我们姑且把违反它所犯的错误称之为"比喻定义"。这也是不能一概而论的。能否采用比喻取决于两点:①定义的目的。我们定义的目的是要使被定义的语词意义明确。比喻是用有某些相似点的事物来比拟想要说的某一事物,用于比拟的事物应是更易理解的。因而在定义中恰当地使用比喻是能够帮助我们理解被定义项的。②定义的方式。如果采用分解语素式定义的语词本身包含了比喻,那么我们在分析解说语素的意义的时候当然也离不开比喻。例如:

(22)水鹤:设在铁路旁边,给蒸汽机车加水的装置,是一个圆柱形的管子,上面弯下来的部分像鹤的头部,能左右旋转。

(23)人流:像河流似的连续不断的人。

(24)人面兽心:面貌虽然是人,但心肠像野兽一样凶恶残暴。

在例(22)中,定义项用比喻"像鹤的头部,能左右旋转"来帮助读者理解水鹤上面部分的特点,从而明确"水鹤"是什么。例(23)中的"人流"、例(24)的"人面兽心"本身的语义中就包含了比喻,那么我们在分析解说时当然也离不开比喻了。

第四章 逻辑与释义

当然,定义中的比喻的运用毕竟不同于文学作品中比喻的运用。定义中的比喻是为明确被定义项服务的,文学作品中的比喻是为了使描述的对象更生动、更形象。因此,在定义中,我们须慎用比喻,切忌滥用。

四、关于"定义项的外延与被定义项的外延必须是全同的"规则

金本指出"在一个正确的真实定义中,定义项的外延与被定义项的外延必须是全同的"。从理论上来说,一个正确的语词定义,其被定义的语词的所指应是与定义项的表达式的所指是相同的。因此,这条规则是所有语词定义应当严格遵守的规则。如果违反了这一规则,金本以及其他众多的逻辑教材都指出,就会犯"定义太宽"或"定义太窄"的逻辑错误。但事实不仅如此,许占君指出此外还有"定义交叉"和"定义全异"的逻辑错误。

具体来说,任何两个概念(具体到定义,我们这是用"Ds""Dp"表示这两个概念)在外延上可能具有的关系有五种,我们用欧拉图表示如下:

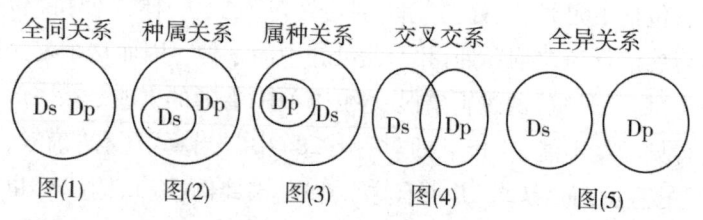

全同关系　　种属关系　　属种关系　　交叉交系　　全异关系

Ds Dp　　　Ds Dp　　　Dp Ds　　　Ds Dp　　　Ds　Dp

图(1)　　图(2)　　图(3)　　图(4)　　图(5)

当 Ds、Dp 的外延如图(1)所示,那么 Ds = dfDp 就是符合这一规则的正确的定义;当 Ds、Dp 的外延如图(2)所示,那么 Ds = dfDp 就犯了"定义过宽"的逻辑错误;当 Ds、Dp 的外延如图(3)所示,那么 Ds = dfDp 就犯了"定义太窄"的逻辑错误;当 Ds、Dp 的外延如图(4)所示,那么 Ds = dfDp 就犯了"定义交叉"的错误;当

Ds、Dp 的外延如图(5)所示，那么 Ds = dfDp 就犯了"定义全异"的错误。

一个缺乏深厚逻辑素养的人，哪怕是一个词典编纂者，也是一不小心就会违反这个规则，从而下了一个错误的定义。例如：

(25)主刑：可以独立应用的刑罚，如有期徒刑、无期徒刑等。(区别于"从刑")

(26)犯罪：做出犯法的，应受处罚的事。

(27)接见：跟来的人见面。

(28)认真：信以为真；当真。

这几个定义都犯了"定义过宽"的逻辑错误，这样的定义放在为规范现代汉语普通话而编纂的《现汉》中，必然会影响我们的正常交际。在例(25)中，主刑应当是"只能独立应用的刑罚"，是不能附加应用的。与之相对的"从刑"是既可以附加应用，也可以独立应用的。因此把"主刑"定义为"可以独立应用的刑罚"必然会把从刑也包括进去，从而犯了"定义过宽"的逻辑错误。例(26)中，犯罪应当定义为"依照法律应当受到刑罚处罚的事"。"犯罪"和"犯法"是不一样的，凡是"违反法律、法令"的事都是犯法，犯法包括了犯罪。"处罚"和"刑罚处罚"也不一样，"处罚"包括一切惩治行为，"刑罚处罚"只是处罚中的一种。因而这个定义也犯了"定义过宽"的逻辑错误。例(27)中，普通的人或是在一般的场合见面是不能叫"接见的"。例(28)中，"当真"还有"确实、果然"的意思，而"认真"并没有这个意思，因此例(27)、例(28)也犯了"定义过宽"的逻辑错误。

《现汉》中还有犯"定义太窄"的逻辑错误的。例如：

(29)蟾宫折桂：科举时代比喻考取进士。

(30)贼眉鼠眼：形容神情鬼鬼祟祟。

(31)最近：指说话前或后不久的日子。

158

第四章 逻辑与释义

(32)慈祥:(老年人的态度、神色)和蔼安详。

(33)人杰地灵:指杰出的人物出生或到过的地方成为名胜之区。

(34)水上居民:在广东、福建、广西沿海港湾和内河上从事渔业或水上运输的居民,多以船为家。旧称胥民或胥户。

(35)文盲:不识字的成年人。

例(29),"蟾宫折桂"不仅在"科举时代比喻考取进士",我们现在还在用这个词,但所指不一样了,我们现在用这个词来比喻取得胜利。这一点必须加进去。例(30),我们不仅用"贼眉鼠眼"来形容神情鬼鬼祟祟,也用它来形容外貌猥琐。例(31),"最近"不仅可以在时间上"指说话前或后不久的日子",还指空间上距离最短。例(32)"慈祥"不仅可以指老年人的态度、神色和蔼安详,还可以用于指中年的长辈、上级对年轻人、小孩的态度、神色。例(33)"人杰地灵"不仅指"杰出的人物出生或到过的地方",也常用来指灵秀之地就会产生杰出的人物。例(34),把"水上居民"限制在广东、福建、广西三地,也是违反事实的,事实上,湖南、海南、浙江等地也有"水上居民"。例(35)中,事实上,识字很少的成年人也是文盲,而该定义项却没有包括它。因此,例(29)~(35)都犯了"定义太窄"的逻辑错误。

《现汉》中还有犯"定义交叉"的逻辑错误的。例如:

(36)阿昌族:我国少数民族之一,分布在云南。

(37)景颇族:我国少数民族之一,分布在云南。

(38)脱盲:指不识字的人经过学习后脱离文盲状态。

例(36),"阿昌族"不仅有分布在云南的,还有在其他地方的,而我国少数民族之一,分布在云南的民族不仅有阿昌族,还有其他民族,如景颇族。例(37)同理。在例(38)中,事实上脱盲指的是不识字或识字很少的成年人经过学习后脱离文盲状态。而该

定义项中的"不识字的"把不识字的婴幼儿统统包括进去了,却没有包括识字很少的成年人,因而也犯了"定义交叉"的逻辑错误。

《现汉》中还有犯"定义全异"的逻辑错误的,例如:

(39)顺理成章:形容写文章或做事条理清楚。

(40)疲劳:因体力或脑力消耗过多而需要休息。

例(39)对"顺理成章"的定义既不符合它的本义,也不符合它的引申义。此词来源于宋代朱熹《朱子全书·论语》中的句子"文章,顺理而成章之谓"。"顺理而成章"意思是顺着思路就写成篇章,后来意义扩大,多用来比喻某种情况自然而然产生结果,这就和"写文章或做事条理清楚"更加不相干了。例(40)中,把"疲劳"这种状态定义为"疲劳"所产生的结果"需要休息"也是很不恰当的。

从以上分析我们看到面对丰富的现代汉语词典释义,现有的逻辑定义规则显现出其局限性。除了第四条规则是必须严格遵守以外,其余三条都太绝对化了,不仅是对具有二重性的语词定义(也可用来表达真实定义的定义)绝对了,对占语词定义绝大多数的纯粹的语词定义更是太绝对了。因此,我们认为金本的结论——"这些规则,对于语词定义来说,大体上也是适用的"是不恰当的,我们的结论是:这些规则,对于语词定义来说,大体上是不适用的。

第四章 逻辑与释义

附表：词典释义的释义模式类型统计分析

释义模式类型			数量	占该类词条数的百分比	数量	占所考察词条数的百分比	所考察词条总数
纯粹的语词定义模式	转换语词式	同义词式	164	74.5	220	16	
		否定反义词式	1	0.5			
		复合式 同义词复合式	51	23.2			
		否定反义词复合式	2	0.9			
		混合式复合式	1	0.5			
	分解语素式	解述式 单语素解述式	89	10	842	61.3	
		多语素解述式	417	52.5			
		组合式 同语素义多组合式	12	1.5			
		异语素义组合式	201	25.3			
		复合式 解述式复合式	41	5.2			
		组合式复合式	7	0.9			
		混合式复合式	34	4.3			
具有二重性的语词定义模式	转换语词式+分解语素式		47	41.6	227	16.5	1374
	属加种差式	种差+属式	68	30			
		（种差）+属+种差式	118	51.3			
		无属式	9	4			
	列举划分式	实指式	(1)				
		列举式	(30)				
		划分式	(9)				
		混合式	(2)				
	属加种差式+列举划分式		28	12.2			
综合定义模式	转换语词式+属加种差式+（列举划分式）		47	41.6	66	4.8	
	分解语素式+属加种差式+（列举划分式）		17	15			
	转换语词式+分解语素式+属加种差式+（列举划分式）		2	1.2			
非语词定义			23	1.7	23	1.7	

161

第五章　人名与文化[①]

人名是词汇中一类特殊的专有名词,但人名不仅仅是一种语言现象,它与社会学、历史学、民俗学、心理学、符号学等关系密切。人名是人的社会符号,是由于社会交际的需要而产生的,它是一种社会分类体系,与人类的社会实践、认知能力有着密切的联系。因此,人名承载着丰富的社会文化意义。时代的发展变化,人类社会实践的丰富多样,人类认知水平的不断提高,人类心理活动的复杂易变,对人名的内容和形式都产生了深远的影响。中国是一个以汉民族为主体的多民族国家,有着悠久的历史和灿烂的文化。丰富多彩的人名是历朝历代的人们留给我们的一笔珍贵的文化遗产。对人名进行深入、细致、科学的研究,有助于我们加深对博大精深的中华文化的认识和了解,同时对促进学术繁荣,丰富文化生活,规范人口管理,都有着十分重要的理论价值和现实意义。

[①] 本章作者简介:刘晓红,女,副教授,主要研究方向为词汇学和普通话水平测试。

第五章 人名与文化

第一节 人名研究概述

一、人名的界定

人名,顾名思义是指人的名字。人名的生产,首先是为了满足社会交往的需要。不难发现,人名不仅是人在社会交往中的简单符号,它与社会制度、历史文化、风俗习惯、民族心理、语言文字等都有密切的关系。人名中蕴藏着极为丰富的社会学、历史学、民俗学、心理学、语言学、符号学内涵。

关于人名的范围界定,学界主要有两种观点。第一种观点,人名包括人的姓和名,人名研究涵盖了姓和名的研究。如萧遥天《中国人名的研究》、王建华《文化的镜像——人名》等著述对姓氏和人名及相关问题都做了研究。第二种观点,人名指人的名、字、号等,不包括姓氏,人名研究仅限于名、字、号等的搜集、整理和分析,命名规则、方法、心理及其礼仪的阐释,有的兼及姓氏。如清代王引之《春秋命名解诂》、晓章《绰号》、冯金富《数目人名说》、张联芳《外国人的姓名》、王泉根《华夏姓名面面观》、赵瑞民《姓名与中国文化》、张联芳主编《中国人的姓名》、何晓明《姓名与中国文化》、纳日碧力戈《姓名论》。本文采用第二种观点。把人名仅限于名和类似名的字、号、谥、小名、笔名、艺名、化名等,不包括姓氏。古代学者认为,姓是具有共同血缘关系的群体的称号,氏是由姓衍生出来的支系。夏商周三代以前,姓氏分而为二,至战国、西汉时姓氏合一。无论是分还是合,姓氏都是历代相传的,一般不能随意改变。名,据许慎《说文解字》:"名,自命也,从口夕,夕者冥也,冥不相见,故以口自名。"可见名是个人的标记和符号。

换句话说,姓(包括氏)是"公名",名是"私名"。① 作为"私名",名、字、号等更能体现时代变迁对姓名内容和形式的深刻影响。

二、人名研究现状

古往今来,中国有关名、字、号、谥、小名、笔名、艺名、化名等的书籍和文献资料数量不少。有学者认为,姓名的研究史,与姓名本身的历史同生共进。② 这种观点难免有臆测、偏颇之处。但是,中国对人名的研究源远流长却是不争的事实。

早在战国时期,我国就出现了姓名研究的有关成果《世本》,后来的《左传》《国语》《史记》《汉书》等史书中都有专篇记载。《礼记》记载了周代的命名习俗。西汉史游《急就篇》反映出汉代的姓名已形成单音姓、双音名的基本格局。班固《白虎通义》卷二论"号"、论"谥",卷九论"姓"、论"氏"、论"名"、论"字",体现了东汉人注重从伦理道德角度研究姓名的特点。明末清初的大学者顾炎武所撰《日知录》里,也有不少关于姓名问题的独到见解,其书卷二十三有41目,涉及人名的有29目。清代史学名家钱大昕《十驾斋养新录》第12卷专论姓名,不少议论,澄清史实,修正谬传。关于命名规则和礼仪,《左传·桓公六年》记载了大夫申繻向桓公提出命名"五法":"名有五:有信、有义、有象、有假、有类",即"以名生为信","以类命为象","以德命为义","取于物为假"和"取于父为类"。申繻不仅向桓公提出命名"五法",还提出了有关命名禁忌的"六规":"不以国,以国则废名";"不以官,以官则废职";"不以山川,以山川则废主";"不以隐疾";"不以牲畜,以牲畜则废祀";"不以器币,以器币则废礼"。清代大学问家

---

① 萧遥天:《中国人名的研究》,4页,北京,国际文化出版公司,1987年。
② 何晓明:《姓名与中国文化》,433页,北京,人民出版社2001年。

第五章　人名与文化

王引之著《春秋命名解诂》,从文字训诂学的角度总结春秋命名法为五体六例。五体为:同训、对文、连类、指实、辨物。六例为:通作、辨讹、合声、转语、发声、并称。古代学者的这些著述,都从不同角度对人名进行了论述和探讨。

20世纪后,中国的人名研究开始采用科学的方法,借鉴社会语言学、人类文化学、符号学的理论和研究成果,取得了实质性的进展。20世纪初,国外民族学家和民俗学家的研究,如摩尔根的《古代社会》、詹姆斯·乔治·费雷泽的《金枝》、列维·斯特劳斯的《野性的思维》等,对于中国的姓名研究产生了深远的影响。20世纪中期,随着中国人文学科的发展,姓名研究与其他学科结合,不断吸收它们的理论和方法,取得了长足的进展。罗常培《语言与文化》是一部国内有开创性的语言民族学著作。该书第六章"从姓氏和别号看民族来源和宗教信仰",运用语义分析的方法,对姓氏和人名进行了研究。史学大师陈寅恪在遗著《柳如是别传》中,对柳如是、钱谦益等人的名、字、号及其变化,进行了详细的考查、释证。同时,陈寅恪还探讨了与姓名有关的四种社会风俗,归纳出姓名制度的三条规则。

自20世纪80年代起,中国的人名研究呈现出繁荣的景象,许多学术性很强的著述和文章以及普及性的读物陆续面世。萧遥天《中国人名的研究》一书分上篇"人名的纵面研究"、中篇"人名的横面研究"和下篇"人名的客观研究"三个部分,对人名起源、历代人名特征、姓与名的关系、名字的形音义、名字与宗法制度、名字与社会心理、名字的考证、名字的辨伪等几乎所有与姓名相关的问题进行了探讨。全书取材广泛,编排得当,论证平实,是一本具有较高水平的研究汉族人名的专著。王泉根《华夏姓名面面观》一书以知识性、趣味性、实用性见长,书中介绍了与姓名文化相关的一些问题和作者对姓名研究的一些思考。赵瑞民《姓名与

中国文化》一书,讨论了名字的时代特征、文化内涵、宗教气息等。张孟伦《汉魏人名考》一书,对汉魏时期的各种人名现象进行了详细阐释。晓章《绰号》一书对绰号进行专题研究。王建华《文化的镜像——人名》一书从文化语言学的角度研究人名,对人名进行了多角度、多层次的观察。作者认为,作为人类文化的组成部分的人名,是一个"显性样式和隐性样式"的综合体。显性样式指人名的语言文字形式和人名的结构模式,隐性样式指人名形式和结构所反映的信仰、习俗、道德观、文化心理、美学观念等。作者认为,人名不仅是语言现象,它在本质上是文化现象,具体表现在:人名与文化共生,即人名的历史同语言一样古老;人名是文化的载体和镜像;人名和文化互相影响,互相作用。张联芳主编的《中国人的姓名》一书,包括"序言"和"后记",对中国56个民族的人名进行了全面介绍。在"序言"中,作者将汉族姓名从含义和形式分成两个演变阶段:第一阶段,战国以前,实行姓+氏+名(包括字、号等)的姓名制度;第二阶段,秦汉以后,姓氏合而为一,实行姓+名(包括字、号等)的姓名制度。在《后记》中,作者倡议:"条件具备时,组建姓名学会,创办姓名学刊物,以促进我国姓名学研究出现一个新的局面。"何晓明著《姓名与中国文化》一书,对姓名的文化内涵、姓名的构成与运用、命名取字的礼仪和法则、姓名与政治、姓名与宗族、名字与宗教、名号与习俗等问题进行了研究。纳日碧力戈《姓名论》一书提出了内容与形式、区分与整合是姓名发展的内部规律的见解,在姓名学理论上有所突破。

除专著外,20世纪80年代以来,从社会、文化的角度研究汉族人名的文章越来越多,内容主要有以下几个方面:一是探讨汉族人名所体现的社会文化。主要研究成果有:郑宝倩《论华夏人名的民族特点》(1987)、吕叔湘《南北朝人名与佛教》(1988)、吴晓露《命名常规与国情文化》(1991)、唐雪凝《人名的社会文化分

第五章 人名与文化

析》(1994)、王守恩《命名习俗与近代社会》(1995)、谭汝为《汉族人名结构系统的民俗文化阐释》(2001)、林素英《从先秦之命名取字透视其人文精神》(2002)等。二是通过比较汉族和其他国家、汉族和中国境内少数民族的命名来反映社会文化的差异。主要研究成果有:罗康隆《文化差异的文化诠释——以苗汉个人命名制的诠释为例》(2000)、田艳萍《从中、英、日姓名看文化差异》(2003)、饶小飞《汉英人名姓氏的文化心态、来源与命名习俗探微》(2003)、道尔吉和张琳《论蒙汉族人名中的文化内涵》(2002)、张秋云《英汉两种语言中的姓名文化理念》(2004)、唐雪凝《中韩人名异同研究》(2004)、曾奇《中英姓名的文化差异》(2005)等。近现代学者的这些著作和文章,都从不同角度和方面拓展和深化了中国的汉族人名文化研究。

第二节 命名原则和命名方法

一、命名原则

据我们考察,中国人命名的主要原则有:重视血统、区分性别、体现避讳、追求音义。

(一)重视血统

中国人十分重视血缘关系,由血缘纽带维系的宗法制度及其遗风的长期延续,是中国社会结构和传统文化的重要特征。早在周代,严格的宗法制度已经开始实行。战国以后,宗法制度的典型形式渐趋解体,但是它对社会生活却产生了深远的影响。

在宗法制度下,宗族组织中的辈分有着特别重要的意义。据《礼记·王制》记载:"天子七庙,三昭三穆,与太祖之庙而七"。这段话说的是宗庙或墓地的格局,体现的是祭祀制度中的昭穆

制。"昭穆"后来被用来泛指家族的辈分,而人名是体现辈分的最佳方式:"不同辈分的人,名字体现出纵向的、前后相继的关系;相同辈分的人,名字体现出横向的、平行配合的关系。"[1]两者共同构成中国人名特有的辈行现象。

不同辈分的人,一般通过名字中有严格次序规定的辈行用字,来体现纵向的、前后相继的关系。如孔氏家族(孔子)、张氏家族(张之洞)、毛氏家族(毛泽东)、萧氏家族(萧三)等都采用了辈行用字。据《韶山毛氏族谱》记载,毛太华为其始祖,太华以下各代长子名清一、有恭、震、从文、珊,毛珊以下的第七代开始使用规定的辈行用字:立显荣朝士,文方运际祥,祖恩贻泽远,世代永承昌。[2] 清光绪七年(1881年),韶山毛氏重修族谱,又增加20字辈行:孝友传家本,忠良振国光,起元敦圣学,风雅列明章。如毛泽东祖父毛恩普,父亲毛贻昌,侄儿毛远新,祖孙四代人名中"恩贻泽远"四个辈行字十分清楚。相同辈分的人,一般通过名字中相同的字或者有明显的共同特征的字来体现横向的、平行配合的关系。如宋代眉山苏氏家族,苏洵三兄弟苏涣、苏洵、苏澹都用"水"字旁,苏洵之子苏轼、苏辙都用"车"字旁,苏轼、苏辙子辈都用"之"字旁,二苏孙辈都用"竹"字旁。[3] 现代出版家、民主人士邹韬奋为孩子取名,都选用"马"旁字:长子取名嘉骅,次子取名家骝,幼女取名嘉骊。合起来看是邹家的"三匹好马"。三兄妹没有辜负父亲的殷切期望,邹嘉骅后改名家华,曾出任国务院副总理;邹家骝后改名竞蒙,曾出任国家气象总局局长;邹嘉骊后改名为

---

[1] 何晓明:《姓名与中国文化》,210页,北京,人民出版社,2001年。
[2] 宋平生:《新发现的〈韶山毛氏族谱〉叙略及毛泽东家族史事考订》,见邢永顺编:《中国家族谱系纵横谈》,469—576页,南宁,广西教育出版社,1973年。
[3] 马斗成、马纳:《眉山苏氏家族名字号与宋代士大夫社会生活》,载《青岛大学师范学院学报》,2006(1)。

第五章 人名与文化

加力,也是学业有成的专家。①

这种重视血缘关系、强调尊卑长幼的命名原则,体现了宗法意识、宗族观念对命名行为的控制和影响,具有鲜明的中国文化特色。

(二)区分性别

从某种意义上说,名字既是人的个体符号,也是人的社会角色称谓,而性别是人的个体符号、社会角色的最简明区分。一般而言,社会对男性和女性有着不同的期许,汉族男性名与女性名在内容和形式上都有着明显的差异。

名字对性别的区分主要有两个方面:名字外部形式的区分和名字内在意义的区分。

第一,汉族男性名与女性名外部形式的区分主要体现在名字的构成和使用方面的区别。古代男子有姓有名,但女子是否有姓,学界观点不一。王国维认为,女子称姓自周人始。② 有些学者不赞成王说。李学勤认为:"商代甲骨、金文中罕见女姓,不能推断当时无女姓之制,只是在占卜和铭文场合不大应用罢了。"③

到了理学盛行的宋明时期,姓名呈现出更为明显的男尊女卑习俗。在所有正式或非正式的社会交际语境中,女性往往是有姓无名,甚至无姓无名的。女性在结婚以前,有从家族继承下来的姓氏,大多数也有自己的闺名。一旦结婚,自己的名字就失去了存在的意义。刘姓之女嫁入张家,便被人称为张刘氏,自己的姓氏退居次位。有的连姓氏也荡然无存。鲁迅的小说《祝福》中那位命运多舛的苦命女子祥林嫂,现代京剧《沙家浜》中那位智勇双

---

① 何晓明:《姓名与中国文化》,214—215 页,北京,人民出版社,2001 年。
② 王国维:《观堂集林》卷十《殷周制度论》,见《王国维遗书》,12 页,上海,上海古籍出版社,1983 年。
③ 李学勤:《古文献论丛》,126 页,上海,上海远东出版社,1996 年。

全的巾帼英雄阿庆嫂,她们的名和姓都不见了踪影。以《宋史·列女传》为例,《列女传》(含附录)共记载40人,绝大多数是某氏,其他则是某母、某妇、某妻、某女,至于本人的名字,则一概不见。① 这些习俗,反映出男女在姓名结构和姓名使用上不平等。另据郑宝倩对《历代妇女著作考》和《三言二拍》《红楼梦》等书中的城镇妇女人名分析,封建社会的妇女人名主要有三种类型:第一类是夫姓+本姓+氏。明代《三言二拍》中提及两百多女性,其中已婚的百余人均称××氏。这种人名沿用约两千年,反映了汉族女性长期处于低下地位的情况。第二类是有姓有名。城镇居民中的未婚女子、名人、名妓三种人大多属于这种情况。《历代妇女著作考》中的名人不仅有姓有名,甚至还有字、号。第三类是有名无姓。在封建社会有无姓氏是区分妇女贵贱的显著标志之一,没有姓的妇女处于社会最底层。封建社会有名无姓的妇女包括丫鬟、侍妾中地位最低下者和妓女。《红楼梦》中有名字的丫鬟将近八十人,其中有姓者只寥寥几人。② 由此可见当时妇女地位的低下。

第二,汉族男性名与女性名内在意义的区分主要体现在人名用字方面的区别。按照中国人古已有之的阴阳观念系统,男为阳,女为阴。男性应充满阳刚之气,女性应蕴含阴柔之风。在汉族传统的取名实践中,男性取名重视刚劲、响亮,女性取名讲究柔顺、甜美。这种习惯作为历史的沉淀,反映了人们的社会心态和审美需求。人们普遍认为,男性名应与他的社会角色相吻合,女性名应与她的性格身份相和谐,这样才能达到名与实的统一。

---

① 何晓明:《姓名与中国文化》,242—243页,北京,人民出版社2001年。
② 郑宝倩:《华夏妇女人名与妇女地位》,载《语文建设》,1988(3)。

第五章　人名与文化

男性之名的阳刚之气，主要表现在：
①展示抱负胸怀，如定国、安邦、振宇、泽民、建业、鸿程等；
②祈望光宗耀祖，如绍祖、延嗣、耀庭、绳武、显宗、家兴等；
③抒发情感意绪，如鹏飞、俊逸、景贤、希圣、慕白、怡群等；
④表白意志品格，如尚德、浩然、志坚、克强、超尘、世廉等。①

与男性命名用字的阳刚相比，女子之名的阴柔显得更为绚丽多彩。女名用字通常有以下八类：
①女性字：娘、女、姐、姑、姬、娥、婷、娜；
②花鸟字：花、华、英、梅、桃、莲、凤、燕；
③粉艳字：美、丽、倩、素、青、翠；
④闺物字：绣、阁、钗、钏、纨、香、黛；
⑤柔景字：月、湄、波、云、雯、雪、春、夏；
⑥珍宝字：玉、琼、瑶、珊、瑛；
⑦柔情字：爱、惠、喜、怡；
⑧女德字：淑、娴、静、巧、慧。②

上述种种人名差异在一定程度上折射出不同的文化内涵。"什么样的文化背景在人名的表层会有什么样的投影。如汉族人名系统受到民族文化的礼教、等级观念的影响和限定，人名现象中便有明显的礼教色彩。"③从以上所举之例，我们可以清楚地感受到社会观念对命名的影响和限定。中国封建社会盛行"男尊女卑"、"男主外女主内"的道德规范，男性牢固地掌握社会的主宰权，女性只是作为男性的附庸而存在，男尊女卑、男女有别的观念渗透于人们社会生活的方方面面，人名也不例外。"有些女子终其一生都没有专属于自己的名字，对他们的称谓无不体现出男本

---

① 何晓明：《姓名与中国文化》，245 页，北京，人民出版社，2001 年。
② 王立廷：《称谓语》，9 页，北京，新华出版社，1998 年。
③ 邵敬敏：《文化语言学中国潮》，203—204 页，北京，语文出版社，1995 年。

位的观念。"①

(三)体现避讳

在中国漫长的封建社会中,皇权和父权、王朝政治与宗法制度伴生共存,这种现象表现在姓名上就是帝王讳名制与宗法讳名制的伴生共存。

避讳不仅存在于汉族,也广泛存在于其他地区和族群。避讳,《现代汉语词典》的解释是:"封建时代为了维护等级制度的尊严,说话写文章时遇到君主或尊亲的名字都不直接说出或写出,叫作避讳。"初民认为,"声音可以启动自然和灵魂,人名不可随便称呼,否则会发生不测;后来,这种姓名禁忌在阶级社会为统治者所利用,带上了强烈的政治色彩,成为社会控制的一部分,成为帝王将相表达自己特殊地位和权力的符号资本。在每一个特定的社会发展阶段,都有相应的社会语义系统。它制约着社会语言的具体使用,直接或者间接地对姓名发生作用。"②可见这种姓名禁忌起源于语言崇拜。

讳名制是重要的社会制度,也是回避习俗的一个类别。功能主义学派认为,回避关系表达了由社会和亲属结构产生的紧张状态,即它是一种表达和转移政治冲突的机制;结构主义学派则超越回避关系本身,把它置于更为广阔的背景下;回避关系和其他社会关系共同构成亲属态度和亲属行为的结构,只有在这样的结构中去研究回避关系,才更加具有意义;回避关系的存在,与其说是由于社会关系本身所固有的紧张性,倒不如说是由于它和其他

---

① 段建平、王婧:《中国汉族女姓"名"的语言文化分析》,载《思想战线》,2002(2)。

② 纳日碧力戈:《姓名论》,208页,北京,社会科学文献出版社,2002年。

第五章 人名与文化

社会关系所形成的对立。[1] 因此,讳名制与其他回避制度一样,是对社会成员的行为进行调节和控制的一种手段。

汉族避讳的做法,始于周代,最早见于春秋时的鲁国。目前所能见到的最早谈到避讳的是《春秋公羊传·闵公元年》中的一句话:"为尊者讳,为亲者讳,为贤者讳",意思是对尊者、亲者、贤者的过失应避而不谈,就是他们的名字,也不能随便叫。尊者,指帝王将相;亲者,指先祖长辈;贤者,指授业师长及尊敬的有德行者。这种避讳的类别,后来的研究者大多沿用。名字避讳的对象和内容,还有一些其他的分类。有的分为国讳、官讳和家讳。国讳,是指皇帝、皇后以及皇族的名讳;官讳,是指各级官员的名讳;家讳,是指家族内部长辈的名讳。[2] 有的分为避尊讳、避亲讳和避邪。避尊讳又叫避公讳,指不以尊者之名为名;避亲讳又叫避家讳,指不以亲属,特别是不以长辈之名为名;避邪是指避免一切不吉利的含义或不祥的联想。[3] 上述几种分类,涵盖范围虽稍有不同,但本质上并无区别,就是遇到他们的名字,不能直呼,必须转换叫法,否则就犯了禁忌,轻者挨打受罚,重者甚至会丢掉脑袋。由于严格的姓名避讳制度对于社会生活的巨大影响,历来的封建士大夫都主张"慎名"。《礼记》云:"名者,人治之大也,可无慎乎?"又言命名时"不以国,不以官,不以山川,不以隐疾,不以牲畜,不以器币",以免以国废名,以官废职,以山川废主,以牲畜废祀,以器币废礼。因此,避讳作为社会制度的重要内容,同重视血缘的宗法制度一样,成为社会控制的有力手段,甚至影响到人们

---

[1] Charlotte Seynour–Smith, Macmillan Dictionary of Anthropology. London and Basingstoke:Macmillan Press,1986, p. 20. 转引自纳日碧力戈:《姓名论》,116—117页,北京,社会科学文献出版社,2002年。
[2] 何晓明:《姓名与中国文化》,250页,北京,人民出版社,2001年。
[3] 吴晓露:《命名常规与国情文化》,载《南京师大学报:社会科学版》,1991(2)。

的行为。

为尊者讳,首先是避帝王之讳,帝王的名讳,受到法律的保护,因为避皇帝的名讳而改变自己名字的现象,历朝历代都很常见。在唐代,已有关于避讳的法律条文,如《唐律疏议·职制》中有"嫌名律"和"二名律"。前者要求只讳本字,后者要求双音名在同一语境内只讳其一。汉高祖刘邦,当朝人不许说邦字,连古书上的邦字也得换掉。《论语·微子》中柳下惠的话"何必去父母之邦",在汉碑上被刻成"何必去父母之国"。汉光武帝名刘秀,普天下的秀才从此改叫茂才。唐太宗名李世民,他登基后,世、民二字在生活中销声匿迹,连中央六部之一的民部,也改成了户部,并被唐以后的历朝所沿袭。① 到了宋代,则变本加厉,当朝皇帝之名是圣讳,皇帝的先人之名是庙讳,不但二名遍讳,而且要避嫌名,即避讳音同乃至音近的字和词,宋太祖名匡胤,与"香印"音近,宋代卖香印的便不敢呼唤所卖物品的名称,只能靠鸣锣来招揽顾客。宋仁宗名祯,与"蒸"音近,于是宫内及民间就把"蒸饼"改叫"炊饼"。② "为尊者讳"一旦成为一种思维模式,往往还会引发关于人名的一系列禁忌。各级官员的名字也不能直呼,成为官讳。陆游《老学庵笔记》卷五记载,宋代有一个叫田登的州官,要人避讳他的名字,因为"登"、"灯"同音,于是全州都把灯称为火。到元宵节放灯时,出告示说,本周依例放火三日。"只许州官放火,不许百姓点灯"的成语由此诞生。

为亲者讳,首先是避父母的名讳。唐代诗人杜甫,人称"诗圣",一生中写了近三千首诗。在他的诗中,从未出现过海棠花。因为杜甫母名海棠,需要避讳,他从不写海棠诗。同样的道理,他

---

① 何晓明:《姓名与中国文化》,251—252 页,北京,人民出版社,2001 年。
② 吴处厚:《青箱杂记》卷二。

第五章　人名与文化

因父亲名闲,写诗从不用"闲"字。北宋时期的刘温叟,因其父名岳,便一生不听音乐,也不游历五岳。同样生活在北宋的徐积,因其父名石,便一生不用石器,走路遇到石头也要绕开。万一非过石桥不可,也由人背着过去,脚不沾地。[1] 有的时候,长辈的名讳甚至会影响后代的前程。唐代著名诗人李贺,父名李晋肃,李贺因避家讳而不得应进士科考(晋、进同音),永远失去了进身之路,只能做"奉礼郎"之类的小官。[2] 父母的名讳要避,亲属之间的称谓也要避讳,颜之推《颜氏家训·风操》提及避讳感到十分头痛:"今人避讳,更急于古。凡名子者,当为孙地。吾亲识中有讳襄、讳友、讳同、讳清、讳和、讳禹,交疏造次,一座百犯,闻者辛苦,无憀赖焉。"为亲者讳,不仅家人自己必须遵守,推而广之,则有"入其家者避其讳,不犯禁而入,不迕逆而进"。[3] 意思就是"及入人家,皆先问其祖父讳,然后接谈,冀无犯忌"。[4]

为贤者讳,主要是指避授业师长和圣贤的名讳。五代时人冯道,学问大,学生也多。他的学生为了避老师的名讳,遇到"道"字,不能直读,而是以"不敢说"代之。所以,读到《老子》的"道可道,非常道"时,就成了"不敢说,可不敢说,非常不敢说"。[5] 在须避讳的圣贤中,孔子无疑排在第一位。宋代以前,孔子的名讳并不须回避。唐人诗文里直呼其名的例证随处可见,李白就有"我本楚狂人,风歌笑孔丘"的诗句。自从宋代孔子被追谥"至圣文宣王"后,他的名字便再也不能随便称呼。宋徽宗大观四年(1110年)下令避孔子讳。金章宗时,禁止人们以丘为名。经史中的孔

---

[1] 徐一清、张鹤仙:《姓名趣谈》,105—106页,上海,上海文艺出版社,1987年。
[2] 何晓明:《姓名与中国文化》,258页,北京,人民出版社,2001年。
[3] 《淮南子·齐俗训》。
[4] 叶子奇:《草木子·杂制篇》。
[5] 何晓明:《姓名与中国文化》,260—261页,北京,人民出版社,2001年。

丘之丘,须读作"某",单独的丘则读作"区"。清雍正三年(1725年)规定,姓氏、地名中的"丘"皆加偏旁"邱","邱"在这里读作"期"。①

名字避讳的对象和内容,大致如上所述。避讳的方法,据何晓明《姓名与中国文化》一书归纳,主要有以下五种。其一是改字法。这是最常用的方法,上文提到的以"国"代"邦"便属此例。其二是空字省字法。就是在书写时遇到须避讳之字,或者空一格,或者画一个方框代替,或者干脆将此字省去不写。唐人在提及隋代将领韩擒虎时,为了避高祖李渊祖父李虎的名讳,省去虎去,只写作韩擒。其三是缺笔法。就是对避讳之字,既不改,也不空,而是将该字少写若干笔画。这样做既未违例,又不致影响读者的理解。其四是换读法。这种方法不改变须避讳之字的字形,但换一种读音,以示敬畏之义。上文提到的将孔丘之丘读作"某",即属此例。其五是加注法。这种方法不写出须避讳之字,而是在该处进行加注式的说明。②清末张之洞《輶轩语》中,用"高宗纯皇帝庙讳下一字"来指明该处回避了"弘历"的"历"字。③

作为民族风俗和精神文化的重要组成部分,避讳制度也引起了人类学、民俗学、社会学、语言学等学者的广泛关注。纳日碧力戈《姓名论》在探讨语言崇拜、符号霸权与姓名禁忌的关系时指出,姓名禁忌虽起源于语言崇拜,但姓名禁忌最终却表现为符号霸权。在盛行"符号霸权"的社会里,符号的解释对于人的行为,乃至命运,都会产生重要的作用。符号的霸权并不在符号本身,而是在于由统治者规定的社会语义系统的解释。在由上层阶级垄断信息资源和其他重要资源的社会,统治者及其代言人对于包

---

① 何晓明:《姓名与中国文化》,261页,北京,人民出版社,2001年。
② 何晓明:《姓名与中国文化》,261—263页,北京,人民出版社,2001年。
③ 袁庭栋:《古人称谓漫谈》,118页,北京,中华书局,1994年。

第五章　人名与文化

括姓名在内的符号的解释,强烈地影响了社会行动的导向,成为社会控制的有力手段。由统治者掌握的社会语义系统控制了命名的主题意义和联想功能,使姓名异化成为社会成员的对立面。①有学者认为,姓名与神秘文化有着千丝万缕的复杂关系。避讳观念的萌发与迷信有关。② 因避讳改名、改姓,最初包含着对姓名禁忌的法术意义。但这种原始的巫术活动后来逐渐被习俗化,后来又慢慢地演变成一种礼仪,被道德化和法律化,成为维护封建统治者至高无上权力的一种文化方式和强化臣民畏服心理的一种武器。③

(四)追求音义

文字是形音义的统一体,汉族人在长期的命名实践中,对汉字的形音义都有一定的要求。

汉族人命名时对汉字字形的要求,不同时代、不同地区有所不同。大致说来,古代人比现代人更重视,港台地区比内地更讲究。对字形的重视,在下文的按字排辈命名法和五行八卦命名法中都有所体现,这里不再赘述。而汉族人命名时对字音、字义的重视,则各个时代、各个地区是一致的,总的要求是音义俱美。

1. 名字的声音美

名字是一种主要用于口头的称谓语,主要诉诸听觉。因此,取名时对名字的声音应认真考虑,仔细斟酌。鲁迅先生认为:"取名需读音响亮,好听,易于传播"。也就是说要重视名字的声音美。汉语的语音系统别具一格。汉语的字音由声、韵、调三个部分组成,声、韵、调的配合和变化,为名字提供了极其丰富的声音

---

① 纳日碧力戈:《姓名论》,210—211 页,北京,社会科学文献出版社,2002 年。
② 万建中:《语言禁忌琐谈》,载《文史杂志》,1992 年(2)。
③ 李明生、李浩:《姓名与中华神秘文化关系初探》,载《西北大学学报》,1990 年(3)。

选择。双声叠韵的运用、韵母的洪细搭配、声调的平仄变化等,都是命名时对名字声音美讲究和重视的表现。

在传统的汉族姓名文化中,讲究字音的洪细搭配,平仄协调,如"毛泽东""周恩来""刘少奇"等姓名。以"刘少奇"为例,"刘"为细音,阳平,"少"为洪音,去声,"奇"为细音,阳平,由此构成洪细搭配,抑扬顿挫的名字。有时,这种发音的洪细、阴阳,还常常用来寓指性别。汉语音韵十三辙中的江阳、中东、言前、发花等音色响亮,而声调中的阳平高昂向上,去声果断有力,这类语音为男名常用,如"扬""浩""超""华""亮""东""洪""建"等;十三辙中的一七、姑苏等音色细弱,而阴平声调听觉清脆,为女名常用,如"玉""媛""芬""娇""花""云""娴""晶"等。①

在姓名声调的搭配上,不要全取平声字,也不要全取仄声字。姓名音节宜平仄相间,最忌仄仄相接。② 著名电影演员王丹凤,原名王玉凤。她到合众电影公司时,接受导演朱石麟的建议,改为现名。因为玉、凤两字皆为去声,连在一起读,比较平淡。而丹、凤,前者是阴平,后者是去声,一平一仄,读来响亮、悦耳。所以,从音乐美的角度考虑,取名时应当注意避免音调的雷同,尤其不要全部选用阳平和上声字。③ 据一项从北京地区抽取的 988 个人名调查,④北京的人名用字的声调情况分四类:第一类是三字同调,即平调型,读起来费力、单调;第二类是相邻两字同调(或前字或后两字),即部分抑扬型,读起来感觉较好;第三类是一、三字同调,⑤属于抑扬型,虽然两字同调,但因为不相邻而读音顺口;第

---

① 王建华:《文化的镜像——人名》,46 页,长春,吉林教育出版社,1990 年。
② 谭汝为:《名字的音韵美》,载《语文建设》,2000 年(5)。
③ 何晓明:《姓名与中国文化》,165 页,北京,人民出版社,2001 年。
④ 张书岩、王保福:《起名指南》,75—76 页,北京,群众出版社,1991 年。
⑤ 原书为"一、二字同调",应是"一、三字同调"之误。

第五章 人名与文化

四类是三字异调,也属于抑扬型,起伏跌宕,读起来顺口,听起来悦耳,统计情况见表1。

表1 有关北京地区人名用字四类声调的统计

类型	三字同调	相邻两字同调	一、三字同调	三字异调
数量	51	265	246	426
百分比	5.2%	26.8%	68%	

另据一所大学一个年级250名学生的人名调查结果显示,[①]平仄有变的名字居多,平声居优的趋势明显,尤其是名字的尾字,多选用平声。统计情况见表2。

表2 大学生人名用字声调情况统计

类型	平调收尾	仄调收尾	平仄有变	平仄同调
数量	188	62	171	79
百分比	75%	25%	68.4%	31.6%

表1、表2调查样本虽然不一样,但结果却惊人相似,即抑扬型声调的人名占大多数,这充分说明人们在取名字时,有意无意地遵从了声调变化的规律,大多选择了平仄有变的名字。因为平声高扬,仄声低抑,全平或全仄的名字,读起来显得单调、呆滞、缺乏变化,而平仄相调的名字,读起来抑扬顿挫,起伏有致,婉转悠扬,和谐动听。而平声字调高扬,入耳上口,给人以高昂、开放、响亮、明朗、舒展、飞扬的听觉感受。所以,自古就有给孩子取名不用仄声的说法,因为"仄声叫不响"。尤其是名字的尾字,选用平声更为重要。因为尾字给人印象最深,而平声高扬,可以拖音拉长,增强名字的音韵美。

---

① 谭德姿:《人名的字调修辞》,载《语文建设》,2000(5)。

除了注意声调的平仄搭配外,双声叠韵的运用也能增强名字的音乐美,双声,指相连两个字声母相同。叠韵,指相连两个字的"韵"相同。① 早在先秦时代,中国就有双声叠韵的名字。双声者如宋殇公名与夷,齐管仲名夷吾,晋公子奚齐,秦二世胡亥;叠韵者如周乐官有伶州鸠,孔子时代的颜仇由,晋大夫有知徐吾、陈须无,鲁国叔孙州仇,秦公子扶苏。② 现代许多人的名字也采用了双声叠韵取名法。双声姓名如:李羚、郑卓、季洁等;叠韵姓名,如丁玲、田间、李季、杨绛等。但应指出,三字姓名一般不宜选用双声叠韵字,如田坦涛、陈楚成、毛梦谋、谢晓新(以上为双声),秦寅珍、田延年、韩凡楠、汤莽旺(以上为叠韵)等名读来聱牙拗口,备感不畅。③ 如果由于某种特殊原因,在名字的双声、叠韵不可更改的情况下,一定要注意避免姓与名的同声、同韵。

基于对名字声音美的追求,在选择姓名用字时,要考虑谐音关系,防止谐音的副效应,避免因为谐音丑化带来的不雅致、不愉快的客观效果。《清稗类钞》记载了这样一个真实的例证:太仓王揆,烟客次子也,中顺治乙未进士。馆选日,某相欲荐之居首,及闻胥唱,"揆"字与"魁"音近,世祖曰:"是负心王魁耶?"盖小说家有王魁负桂英女事也。某相遂默然而止。④ 原来,负心郎王魁是当时家喻户晓的反面角色,如此忘恩负义之人,岂可居状元之位?倒霉的王揆,最后只落入第三甲。汉语里音同音近字数量极多,而其意义往往有天壤之别,如实与屎、奋与粪、思与死、伟与痿、熹与息、才与材等。如果忽略了谐音问题,取名刘实、朱奋、邓思、扬

---

① "韵"与"韵母"不完全相同。韵母包括韵头、韵腹、韵尾。"韵"指韵腹相同或相近(如果有韵尾,韵尾也要相同)。
② 萧遥天:《中国人名的研究》,110—113 页,北京,国际文化出版社公司,1987年。
③ 谭汝为:《名字的音韵美》,载《语文建设》,2000(5)。
④ 徐珂:《清稗类钞》,第五册,2149 页。

第五章　人名与文化

伟、安熹、关才,很容易让人有不雅致、不愉快的联想,显然大不适宜。

2. 名字的意蕴美

汉族人在取名时,不但考虑字音、字形,更强调斟酌字义。讲究字义是汉族命名习俗的一大特点,甚至有名以载道的倾向。汉族的命名方法丰富多样,但无论采用哪种方法,对名字的内容和含义都是十分注重的。命名者希望通过名字来表达理想、志趣、追求、抱负,希望名字意蕴丰富、美好。这样的名字也反映出汉民族的传统观念、价值取向和道德规范。

在中国传统文化中,建功立业、崇圣尚德、祝福祈吉、尊扬男性、尊祖兴族、好成长寿的社会心理强烈而持久地左右着人们的行为。中国文化的这一特点,在姓名中有充分的体现。中国是一个文明古国,对伦理道德、行为规范等都有明确具体的要求。在中国人看来,外在的美固然重要,但内在的美更为重要。这既体现为"修身、齐家、治国、平天下"和"穷则独善其身,达则兼济天下"的文人追求,又表现为"承前祖德勤与俭,启后子孙读与耕"的百姓理想。从毕淑敏、费孝通、刘德华、李嘉诚、李宗仁、张信哲、程思远、方志敏、朱自清、王守义、张自忠等人的名字中,我们不难看出这种道德规范对人们命名的深刻影响。我们曾以超过汉族总人口1/5的李姓、王姓、张姓为例,通过对1979年版《辞海》中所收录的这三个姓氏的双名的检索,发现人们在命名时,常选择那些蕴含道德规范的汉字,如德、仁、诚、信、忠、正、清、贤、孝、贞、淑、洁、敏、义等。例如:

李姓人名:李德裕、李文忠、李世贤、李守贞、李孝恭、李茂贞、李学清、李显忠;

王姓人名:王延德、王贞仪、王守仁、王德泰、王士诚、王世贞、王时敏、王唯忠、王清任、王骥德;

张姓人名:张思德、张献忠、张士诚、张子信、张自忠、张全义、张居正、张德成、张孝祥。

孔子曾说:"名正言顺,名不正则言不顺。"古代还有一句名言:"有其名必有其实,名为实之宝也。"这些都说明,有事物,就必定会产生代表它的符号即名字;反过来,符号即名字和它所代表的事物之间有着或多或少,或隐或显,或直接或间接的联系。父母往往将美好的寓意和殷切的期望寄托在孩子的名字中,希望孩子能"名副其实"。期望孩子身体健康,多以寿、泰、龟、延、松、柏、武、威、壮等为名,如杨永泰、李延年、王鸿寿、葛存壮;期望孩子资容俊美,多以俊、帅、英、健、雄、伟、婵、娟、芳、婷、丽、美、兰等为名,如宋美龄、周华健、郭兰英、刘仪伟;期望孩子博学多才,多以聪、慧、灵、颖、晓、思、文、书、学等为名,如王九思、李文成、张学栋、邓颖超等;期望孩子平安富足,多以和、富、福、丰、宁、安、顺、通、平、坦等为名,如刘福通、周顺昌、张兆丰、李富荣;期望孩子功成名就,多以立、定、辅、帮、杰、功、世、天等为名,如李辅国、张世杰、刘天华、陈建功等。长辈的意愿不同,孩子的名字也会有别。长辈的意愿相同,孩子的名字也会一致。以汉族十大姓李、王、张、刘、陈、杨、赵、黄、周、吴为例,我们可以在1979年版《辞海》中发现不少名同姓不同的例子,如王好古、李好古,周德裕、李德裕,陈延年、李延年,刘文学、李文学,陈天华、刘天华,吴熙载、刘熙载,张继业、杨继业,王延寿、赵延寿、李延寿,王若虚、张若虚……这样的例子还有很多。

有学者对清代光绪朝历科汉族进士和同一时期捻军及鲁豫地区其他农民斗争领袖的人名按十大类意义进行分析、比较(见表)。

第五章 人名与文化

各类命名的比重排列顺序表[①]

命名分类	在进士组中的排列顺序	在农民组中的排列顺序	相同	相异
期望作为名	1	1	同	
祝福祈吉名	2	2	同	
崇圣尚德名	3	4		异
尊扬男性名	4	3		异
家族名	5	5	同	
好成长寿名	6	6	同	
纪念名	7	9		异
其他名	8	8	同	
标志排行名	9	7		异
卜兆名	10	10	同	
合计	10	6	4	

分析样本来源,在地域上包括了全国各省,在社会地位上包括了上中下各个阶层,可以说具有一定的代表性。由上表可见,进士、农民两组人名都包含期望作为名、祝福祈吉名、崇圣尚德名、尊扬男性名、家族名、好成长寿名、纪念名、标志排行名、卜兆名和其他名十大类,大类相同率为100%。两组排列顺序完全一致的有期望作为名、祝福祈吉名、家族名、好成长寿名、卜兆名和其他名六类,相同率为60%。另有崇圣尚德名、尊扬男性名两类的排列顺序非常接近,只相差一位,相近率为20%。合而计之,两

[①] 王守恩:《命名习俗与近代社会》,载《山西大学学报:哲学社会科学版》,1995(4)。

组命名中各大类比重的排序相同相近80%。其中，排名前六位的期望作为名、祝福祈吉名、崇圣尚德名、尊扬男性名、家族名、好成长寿名，在进士组分别占总数的21.6%、17.4%、13.54%、12.96%、12.38%、7.15%，合计占总数的85.1%；在农民组分别占总数的19.69%、18.93%、11.36%、16.67%、8.34%、7.58%，合计占总数的82.57%。① 虽然地域不同，阶层有异，其统计结果却是大同小异，人名意义呈现出十分明显的趋吉向善的倾向，表现的是对被命名者成才有为、建功立业、国泰民安、吉祥富贵、崇尚儒学、推重修养、健康长寿的殷切期望，透视出汉民族传统文化心理对人名用字的深刻影响。

援引古书取名是古人常用的方法，而"古人的命名，取自《周易》的数量最多"。② 例如，谭正璧三十年代编的《中国文学家大词典》，6 800余人中有332个名字取自《易》，约占总人数的5%，这些名字主要来自乾、坤、渐、复等36卦以及《系辞》，其中乾、坤、渐、复、观、震、豫、谦、泰、革、履、鼎、中孚、晋、升、大有16卦最热门，共256例，占了总人数的80%。这16卦构成了巨大的名字资源库，成为人们搜索名字最为集中的地方。《周易》36卦成为名字源，而另外28卦却鲜有人问津，这种厚此薄彼的现象产生的根本原因在于人们趋吉避凶的动机。而趋吉避凶的条件就是"崇德"和"广业"。"崇德"要求内修炼德行，"广业"要求外建立勋业。③ 这些理想和愿望通过意远字雅的名字得到充分的展示。

---

① 王守恩：《命名习俗与近代社会》，载《山西大学学报：哲学社会科学版》，1995(4)。
② 尹黎云：《中国人的姓名与命名艺术》，北京，中央民族学院出版社，1996。
③ 马新钦、白海溶：《以〈易〉取名的数理统计与文化透视》，载《周易研究》，2005(3)。

第五章 人名与文化

二、命名方法

在历史长河中,汉民族形成了多种多样的命名方法,常见的有按字排辈命名法、五行八卦命名法、诗文词句命名法等。

(一)按字排辈命名法

汉族和受汉族影响的一些其他民族和族群,大都有典型的按字排辈命名法。具体做法是:同宗同辈者,都用一个固定的字或偏旁取名;同宗不同辈者,使用不同的字或偏旁取名,世代相传。在中国漫长的封建社会,宗族思想和宗法观念根深蒂固,而按字排辈命名法恰好满足了这种民众心理和社会需求,因此在汉族常用命名法中占有一席之地。许多研究民俗学、谱牒学、姓名学的学者都提到过这种取名字的方法,不过提法略有差异,有的称为字辈命名制,[1]有的称为世代排名制,[2]有的叫以家族范字命名,[3]也有的学者把这种方法叫按字排辈分命名。[4] 尽管叫法不一,但名异实同。

辈分字最初是由家庭开始使用的,是长辈在给晚辈取名时有意用在名字中用以序辈的字。辈分字的使用,可以使一个家庭长幼有序,条理井然。随着辈分字在家庭的广泛应用,人们逐渐意识到,它对于理顺整个家族的谱系关系具有一种十分奇妙的无可替代的作用。随着历史的推进,家庭使用的辈分字逐渐发展成为家族使用的辈分字。家族采用的辈分字,一般是这个家族的先祖

---

[1] 刘竹:《命名制的变迁及其社会功能浅论》,载《云南师范大学学报》,1998(4)。
[2] 纳日碧力戈:《姓名论》,71页,北京,社会科学文献出版社,2002年。
[3] 何永利:《取名必读》,60页,北京,中国华侨出版社,1999年。
[4] 吴晓露:《命名常规与国情文化》,载《南京师大学报:(社会科学版)》,1991(2)。

为后代规定的取名用字。这种辈分用字，少的可规范几代人，多的甚至可以规范十几代人。一个有辈分字的家族，每个人一出生，就得依辈分按字取名。同一家族的人，只要知道对方的名字，就能很清楚地知道自己和对方的辈分关系。我国是一个十分重视血亲关系的社会，上至帝王将相，下至黎民百姓，从出生的那一刻起，就要受到所属家族的制约和影响。男子死后，名字还要进入族谱。按字排辈命名法的使用，体现了我国以男性视角为主的传统观念，受到民间的广泛采用。同时，这种命名法满足了中国以族权为中心的宗法社会的需要，受到统治者的充分肯定和大力推崇。

到了宋代，按字排辈命名法发展到了比较完善的地步，但当时使用并不普遍，执行也并不严格。宋王朝宗室的12个系统中，只有4个系统建立了家族辈分字，其他系统仍使用家庭辈分字。如赵匡胤系统共14个辈分字，以匡为首字，排列出来是一副寓意深刻、结构工整的对子：

匡德惟从世令子

伯师希与孟由宜

家族辈分字真正严格使用始于明代。从明太祖朱元璋开始，明王朝的宗室就使用了一套十分严格的家族辈分字。朱元璋20多个儿子，每个都规定出20个字的辈分字，[1]使用的严格和普遍显而易见。

按字排辈命名法早期多为皇族、望族、大族采用，到了明末又被民间大量采用。例如，曲阜孔姓家族使用50个字来排列辈分：

希言公彦承 宏闻贞尚衍

兴毓传继广 昭宪庆繁祥

---

[1] 何永利：《取名必读》，61—63页，北京，中国华侨出版社，1999年。

第五章　人名与文化

令德维垂佑　钦绍念显扬

建道敦安定　懋修肇益常

裕文焕景瑞　永锡世绪昌①

有的家族标明辈分的字内容通俗易懂，意义明白晓畅，如广东花都区洪秀全老家的《洪氏宗谱》记载的洪氏家族17世到28世的辈分字是"元亨利贞，永昌世德，大振家声"。江苏一王姓家族使用的辈分字是"家以孝为本，国由人致兴"。② 这些都称得上家族辈分字中的佳作。

通过在人名中使用规定的字来标明某人在家族中的辈分，有一个前提条件，即某人必须是双名。如果取名用单字，如何在名字中体现辈分呢？汉字的结构给我们提供了解决的办法：不同辈分的人，使用不同偏旁的字；同一辈分的人，使用相同偏旁的字。如《红楼梦》中的贾府就是按这种方法排列辈分：父辈是水字辈，如荣国公贾源、宁国公贾演；子辈是人字辈，如贾代化、贾代善等；孙辈是文字辈，如贾政、贾赦、贾敬、贾敏等；重孙是玉字辈，如贾宝玉、贾珍、贾琏、贾环等；玄孙则是草字辈，如贾蓉、贾芸、贾芹、贾芷等。就连贾府的近支族人也依此法取名，上述两种方式还可结合起来，形成更加规范工整的辈行用字序列。清皇室的命名，依据的就是这种严格的规则，从康熙皇帝开始，规定名字的第一字为辈行字，第二字用统一偏旁的字。如雍正皇帝这一辈，辈行字为"胤"，第二字统一用"示"旁字。乾隆皇帝这一辈，辈行字为"弘"，第二字统一用"日"字旁。③

在我国的传统观念中，这种带有家族辈分字的一个正式的名称，历来为人们所重视，但这只是对男子而言。因为我国是一个

---

① 纳日碧力戈：《姓名论》，71—72页，北京，社会科学文献出版社，2002年。
② 何永利：《取名必读》，64页，北京，中国华侨出版社，1999年。
③ 袁玉骝：《中国姓名学》，522页，北京，光明日报出版社，1994年。

以男性为中心的社会,我国的宗谱只是男子的谱系,而女子只是作为丈夫的陪衬出现在宗谱里。家族辈分字在女子的名字中难觅踪影,有些地方女子甚至没有正式的名字。结婚后,则在父姓的前面冠以丈夫的姓名,称为"某某氏"。①

(二)五行八卦命名法

在中国文化中,五行指金、木、水、火、土五种物质,在先秦时期的《左传》《国语》和《尚书·洪范》等书中都有相关的论述。战国时期,五行学说颇为流行,出现了"五行相生相胜"的原理。按照这个原理,"相生"意味着相互促进,如"金生水、水生木、木生火、火生土、土生金"等。"相胜"即"相克",意味着互相排斥,如"金胜木、木胜土、土胜水、水胜火、火胜金"等。中国古代的思想家试图用日常生活中常见的上述五种物质及其关系,来说明世界万物的起源和多样性的统一。五行学说具有朴素唯物论和自发的辩证法思想,不仅促进了我国古代天文、历数、医学等自然科学的发展,而且对汉族人取名字也产生了很大的影响。

早在唐朝,有人取名就采用了五行相生的顺序,按家人的长幼顺序,取有金、木、水、火、土偏旁的字为名,代代相承。据《唐书》记载,唐朝人毕构一家就是以五行学说命名的,毕构的名字是木字旁,他的儿子叫毕炕,取的是火字旁的名,他的孙子叫毕增,取的是土字旁的名。南宋著名哲学家、思想家朱熹一家也是运用五行学说来命名。朱熹的父亲名叫朱松,取的是木字旁的名。朱熹取的是火字旁的名,"熹"下面四点是火而非水,朱熹的儿子叫朱在,用的是土字旁。一家三代,木生火,火生土,井然有序。②

运用五行相生学说来命名,是典型的中国式智慧的反映,一

---

① 参看本文第二节命名原则中"区分性别"部分的相关内容。
② 何永利:《取名必读》,56页,北京,中国华侨出版社,1999年。

第五章 人名与文化

方面能使长幼之间的关系显得更为有序和合理，另一方面也体现了当时人们生生不息，子子孙孙无穷无尽的生存理念。这种方法给受儒家思想支配行事的中国人取名提供了一个理论依据。运用五行相生来命名的例子，在历史上并不少，尤其是在社会上层人物家里。

与五行命名方式密切相关的还有以生辰八字命名的方法。中国的理学家们认为，一个人的生辰八字决定了他的五行之气，而一个人的五行之气决定着他的天赋高低和命运好坏。这种以生辰八字命名的方法依据阴阳五行学说的理论，通过命名来调节、弥补自身或子孙身上的五行不足，从而满足人们改变自身和后代命运的良好愿望。

所谓"生辰八字"，是指一个人出生时的年、月、日、时，各有天干(甲、乙、丙、丁、戊、己、庚、辛、壬、癸)和地支(子、丑、寅、卯、辰、巳、午、未、申、酉、戌、亥)相配，每项用两个字来表示，四项就有八个字，如甲子年，戊戌月，丙辰日，壬子时，就称为"八字"。生辰八字代表了人所禀赋的五行。按一般说法，天干与五行相配的是：甲、乙属木，丙、丁属火，戊、己属土，庚、辛属金，壬、癸属水。地支与五行相配的是：寅、卯、辰属木，巳、午、未属火，申、酉、戌属金，亥、子、丑属水，土则寄于辰、戌、丑、未之间。①

命理学家认为，一个人的"八字"中五行俱全，此人将一生食禄不愁，而如果缺了哪样，就要在名字中补上。古代或现在一些老一辈人的名字中有鑫、森、焱等字样，大多就是以此来补所缺五行的。② 在命名时，将五行中金、木、水、火、土所配的天干或地支加在名字中，或者直接在名字中加入金、木、水、火、土，调节、弥补

---

① 何永利：《取名必读》，57页，北京，中国华侨出版社，1999年。
② 李明生、李浩：《姓名与中华神秘文化关系初探》，载《西北大学学报》，1990(3)。

"生辰八字"的欠缺,这是许多长辈给晚辈命名时经常采用的方法,如清末科学家徐建寅、武术大侠霍元甲、人口学马寅初等。有的人命名时十分注意这一点,如果孩子五行缺水,长辈则为其取江、河、海、洋等字的名;如果孩子五行缺木,长辈则为其取松、柏、林、森等字的名。鲁迅的小说《故乡》中有一个人物叫闰土,他的名字就是运用生辰八字命名的方法取的。由此可见,五行学说对中国人命名影响深远。

与五行命名一样,八卦也是中国人命名时经常采用的方法。八卦是我国古代出现的一套由"—"和"——"组成的有象征意义的图形,用"—"代表阳,用"——"代表阴,用三个这样的符号组成八种基本图形,叫八卦,名称分别是乾、坤、震、巽、坎、离、艮、兑。每一卦形代表一定的事物,八卦主要代表天、地、雷、风、水、火、山、泽八种自然现象。八卦之中以乾、坤两卦最为重要,这两卦被人们视为自然界和人类社会一切现象的根源。八卦互相搭配又得六十四卦,用来象征各种自然现象和人事现象。由于《周易》中的八卦常被人用来预测自然和社会现象,还有人用来占卜吉凶,所以卦辞在许多人心目中显得既神秘莫测又威力无穷。有着趋吉避凶心理的中国人认为,采用八卦来命名,不仅能消灾避祸,而且能借助其神秘的力量来保护自己。

采用八卦命名,最简单的办法是直接使用卦名。中国历史上用八卦取名的名人有不少,如南宋学者黄震、北宋名将扬震、明代哲学家王艮、明代学者吕坤等。此外,还有一些人采用八个经卦象名来命名,如三国名将吕布,其名"布"是坤卦的卦象;唐朝乐师李龟年,其名"龟"正与离卦的卦象相合;明代文学家李梦阳,阳指乾卦,其名"梦阳"也是乾卦为纯阳之卦象合。[①] 八卦命名讲究含

---

① 何永利:《取名必读》,59页,北京,中国华侨出版社,1999年。

第五章 人名与文化

蓄隐晦,追求寓意曲折,需要对周易八卦有较全面的和较深入的研究。所以用这种命名方式的大多是精于算卦之人,或者是时贤名流。

(三)诗文词句命名法

成语是汉民族长期习用而定型的精辟说法的固定短语,具有结构的定型性、意义的整体性、使用的现成性等特点,是汉语词汇的重要组成部分。采用成语命名能使人名显得文雅含蓄、意味深长,但成语大多为四字格,使用时必须灵活变化,巧妙运用,才能取一个好名字。这样的例子很多:

张百发:出自成语"百发百中";
于得水:出自成语"如鱼得水";
方未艾:出自成语"方兴未艾";
叶知秋:出自成语"一叶知秋";
周而复:出自成语"周而复始";
刘海粟:出自成语"沧海一粟";
宋世雄:出自成语"一世之雄";
马识途:出自成语"老马识途";
陈光明:出自成语"正大光明";
潘玉良:出自成语"金玉良言";
刘若愚:出自成语"大智若愚";
扬德才:出自成语"德才兼备";
王若谷:出自成语"虚怀若谷";
方开泰:出自成语"三阳开泰";
高玉洁:出自成语"冰清玉洁";
杜鹏程:出自成语"鹏程万里";
赵刚正:出自成语"刚正不阿";
毛凤麟:出自成语"凤毛麟角"。

中国是一个文明古国,有悠久的历史和灿烂的文化。在中华文化的海洋中,优美的诗文是最为耀眼的浪花,这些诗文代代相传,长盛不衰,对人们的精神生活产生了深远的影响。它们不仅是民族文化的瑰宝,而且是命名取之不尽用之不竭的源泉。例如:

胡乔木:语出《诗经》"出自幽谷,迁于乔木";

朱自清:语出《楚辞》"宁静洁正直以自清乎";

孟浩然:语出《孟子》"吾善养吾浩然之气";

谢冰心:语出王昌龄《芙蓉楼送辛渐二首》之一"洛阳亲友如相送,一片冰心在玉壶";

王朝闻:语出《论语》"朝闻道,夕死可矣!";

周邦彦:语出《诗经》"彼其之子,邦其彦今";

方鸿渐:语出《周易》"鸿渐于陆,其羽可用为仪";

王若飞:语出《木兰辞》"万里赴戎机,关山度若飞";

李自成:语出《中庸》"诚者,自成也;而道,自道也";

陈逸飞:语出李白《宣州谢朓楼饯别校书叔云》"俱怀逸兴壮思飞,欲上青天揽明月";

戴望舒:语出《离骚》"前望舒使先驱今,后飞廉使奔属";

吴学思:语出《论语》"学而不思则罔,思而不学则殆";

陈三省:语出《荀子》"吾日三省吾身";

李德馨:语出刘禹锡《陋室铭》"斯是陋室,惟吾德馨"。

采用成语取名具有言简意赅、寓意丰富的特点,能引发人们的想象和联想。采用诗文取名既能吸收传统文化的精华,又能体现命名者的学识和修养。成语诗文命名法充分展示了中国文化的神奇魅力,是历朝历代文人常用的取名方法之一,如宋代眉山苏氏家族的名、字、号,均采用了成语诗文命名法。作为书香门第,文学世家,苏氏家族饱受中国传统文化的浸韫,子孙命名取字

第五章　人名与文化

多出入经史,蕴含着丰富意义,充分展示了一个士大夫家族的文化底蕴①。由此可见古代文人学士对这种命名法的青睐。

上述命名原则和命名方法,在古代命名实践中较为普遍。随着历史的发展,人们的生活、观念、心理都发生了变化。与此同时,这些传统的命名原则和命名方法也在随之变化。在调查中,我们不难发现,原有的命名原则和命名方法,一部分保留了下来,一部分有了发展,一部分则完全消失,而一些新的命名原则和命名方法正在出现。

在漫长的封建时代,重视血统、区分性别、体现避讳、意义俱美等传统的命名原则,是汉族人取名时必须遵循,不能违背的。五四运动以后,尤其是新中国成立后,传统的观念和意识都发生了巨大而深刻的变化。人们在命名过程中已经不需遵循重视血统、体现避讳的原则,在我们周围,有不少子女的名字与父母的名字中有相同的人名用字的例子,这在古代是不可能出现的,因为要避亲者讳。区分性别的原则虽然仍为大多数人所遵循,但重视程度大不如前。虽然男女取名常用字中很少出现相同的字,但我们不难在现代男女人名中见到"华、文、健、春、敏"等字,说明模糊男女性别的中性名正在发展壮大。与古代人相同的是,现代人在命名时遵循音义俱美的原则,对名字的意义和声音都比较讲究,这与汉族人向善求美的民族心理有直接的关系。

随着命名原则的发展变化,按字排辈命名法、五行八卦命名法、诗文词句命名法等传统命名方法也在发展变化。从我们这次的人名调查问卷所反映的情况来看,20世纪50—60年代的490个人名样本中,使用按字排辈取名的共有19例,其中男名16例,

---

① 马斗成、马纳:《眉山苏氏家族名字号与宋代士大夫社会生活》,载《青岛大学师范学院学报》,2006(1)。

女名3例;未见五行八卦命名和诗文词句命名的先例。80年代的245个人名样本中,有9例名字采用了辈分用字,有4例名字是家人请算命先生依五行八卦所取,有3例名字是出自诗文词句,比例都不高。而一些古代没有的新的命名方法正逐步出现并对人们命名活动产生影响。我们在调查问卷中发现了3例以母姓为名的名字,如"李杜"表示父亲姓李母亲姓杜,"王永陈"表示父亲姓王母亲姓陈。有6例名字采用了词语谐音命名法,如"雷鸣""高潮""刘洋"(谐音"留洋")等。这些新的命名方法的出现,不仅丰富了汉民族原有的取名方式,也反映出时代变迁对人名内容和形式的影响。

第三节 人名的文化内涵

人名是社会的产物,文化的投影,作为民族传统文化形式之一的人名,具有丰富的文化内涵,反映出特定历史时期的社会、心理和风俗,是民族文化的载体和镜像。

一、人名与社会生活

姓名随着社会的发展而发展、变化而变化。同时,姓名的发展变化也是社会发展变化的组成部分。以文字、口传、记忆的形式流传于世的姓名,在每一个历史阶段上,都有自己的主题特征;在每一个主题特征中,都包含着特定的符号组合形式,以及丰富的联想意义。作为一个整体,姓名体系并不在乎个人的感受和情感,它是社会历史主流的一部分。[①] 从人名的内容和形式看,我们能明显感受到社会对姓名体系的制约和影响。

---

① 纳日碧力戈:《姓名论》,83页,北京,社会科学文献出版社,2002年。

第五章 人名与文化

从人名的形式看,先秦时代,人们多取单字名。姬旦(周公)、吕尚(姜太公)、李耳(老子)、孔丘、孟轲、庄周、荀况、韩非等大家耳熟能详的古代先哲,无一不是单字名。当时的社会状况是,人口较少,交通不便,人们的生活大多局限于较为狭窄的地域,异地之间的沟通和交流尚不普遍。汉代以后,人口大增,单字名容易发生重名的麻烦。如当时有两个韩信,一为淮阴侯韩信,一为韩王信。于是,双字名应运而生。双字名不仅能减少重名的麻烦,更能表达命名者的意愿,所以,汉代双字名显著增加。但东汉末年,王莽复古改制,以《春秋公羊传》"讥二名"之论为据,颁布诏令,禁用双名,双名增多的趋势很快受到遏制。王莽建立的新朝虽然只存在十几年,但尚用单名的社会风气一直延续到三国、魏晋时期。群雄逐鹿的魏、蜀、吴,风云人物几乎都是单名:袁绍、董卓、吕布、曹操、庞统、刘备、诸葛亮、张飞、关羽、赵云、孙权、周瑜……这个时期,文学史上著名的"建安七子"和"竹林七贤",也没有一人是双名。但我们从当时的人名材料,可以看出,就在魏晋南北朝这个时期,人的名字渐改旧观,发生了一些变化,渐取双名就是变化之一。双名在晋代渐出,进入南北朝后越来越多。如《南齐书》的《文学传》录10人,双名过半;《倖臣传》录5人,全是双名。《梁书》的《处士传》录13人,7人是双名;《知足传》录3人,都是双名。《北齐书》的《儒林传》录15人,7人双名;《方伎传》录13人,10人双名;《周书》的《艺术传》(含附传)录9人,4人为双名。① 双名与单名相比,有着明显的优势。单名虽容易避讳,但也容易出现重名率高的问题,不仅给个人带来麻烦,而且会给社会造成一定的混乱。南北朝时期双名的上升,打破了单名一统天下的局面,是社会的进步。此后,双名在社会生活中逐渐取

---

① 石云孙:《魏晋南北朝人名字》,载《皖西学院学报》,2003(3)。

得主流地位。双名的增多为命名方法的丰富提供了有利的条件。从北宋开始,随着宗法家族制度的发达和完善,一种以别长幼、定亲疏、明世系为宗旨的按字排辈命名法日渐规范。这种命名方式规定,同宗同辈者,名字中必须有一个特定的字或偏旁表明辈分,各代的辈分用字之间有一定的意义联系,有的还如同诗句,朗朗上口。其中,以特定的字表明辈分的情况更为普遍,如曲阜孔氏、韶山毛氏等家族。[1] 按照这种方式取名,姓是祖辈传下来的,一般不能更改,名字中一字为标明辈分的字,也不能更改,还有一字才是真正属于自己的。如果取单名,同宗同辈者不可避免地会出现重名现象。由于这种限制,人名只能是双名。

1911年,孙中山领导的辛亥革命推翻了清王朝的专制统治,结束了中国两千多年的封建君主专制制度。此后,封建家族观念渐趋淡薄,按辈行命名的方法逐渐退出历史舞台。新中国建立以后,随着教育的普及,科技的进步,人们的文化素质普遍提高。单名以其简洁、雅致的优点受到人们的青睐,而且随着出生年代的推移,取单名的比例日益提高。据国家文字改革委员会对京、沪、辽、陕、川、粤、闽七省市的抽样调查:

1949年9月30日以前出生者,单名占6.502%;

1949年10月1日至1966年5月31日出生者,单名占8.983%;

1966年6月1日至1976年10月30日出生者,单名占27.810%;

1976年11月1日至1982年6月30日出生者,单名占32.494%。[2]

---

[1] 参看本文第二节命名方法中"按字排辈命名法"部分的相关内容。
[2] 张书岩:《现代人名用字画面观》,载《文字改革》,1985(4)。

第五章　人名与文化

从人名的内容看,人名的主题特征及其联想意义也能反映社会生活及其发展变化。我国远古畜牧经济曾经非常发达,人们对马、牛、羊等牲畜,尤其是马这种多功能牲畜有相当深入的认识和研究。在19世纪以前,马不仅可以耕田,而且是最重要的交通工具。马可以当坐骑,马车可以载重、运输。战时,马和马车还是重要的战略装备。由于马旁字具有悠远而又广阔的社会背景,以千里马喻为良材这一文学创作一出现,便被人们所接受,并且立即植根于华夏文化的深层土壤中。因此,在考察贯穿中国历史的人名现象时,我们会发现很多人喜欢以马字偏旁字命名。[1] 吕叔湘《南北朝人名与佛教》一文,通过对南北朝时期佛教人名盛行现象的研究考证,提示了佛教文化对当时中国社会的深刻影响,反映了当时的社会风尚。他认为:"一种语言的历史和使用这种语言的人民的历史分不开,尤其是词汇的历史最能反映人们生活和思想的变化。词汇不仅指一般用词,也包括专名。例如地名能反映居民迁徙的经过,街巷名能反映过去的工商业活动,人名能反映人们的意识形态,其中包括生活理想、道德准则以及宗教信仰。佛教在中国流行近二千年,南北朝是它已臻强盛而尚未丧失活力的时期,单从当时人的命名用字上也可以看出它的影响多么广泛而深入。"[2]宋元明清理学昌盛,这样的思想潮流和社会风尚使名字也体现出浓厚的理学气息。宋代统治者推崇儒学,作为儒学经典的《易》,主要是《易传》,成为时人着重研究的对象。一些执政坛、文坛之牛耳者纷纷解《易》,如欧阳修《易童子问》、王安石《易义》、苏轼《东坡易传》等,使其影响日隆。尤其是宋代理学的兴

---

[1] 郑宝情:《华夏畜牧经济与人名文化》,载《北京工商大学学报:社会科学版》,1991(1)。
[2] 吕叔湘:《南北朝人名与佛教》,载《中国语文》,1988(4);另载邵敬敏主编:《文化语言学中国潮》,北京,语文出版社,1995年。

起,理学家通过对《易》的注疏,阐述自己对宇宙和人生的见解。不仅如此,很多理学家还身体力行,援《易》入名,如周敦颐,字茂叔;张载,字子厚;程颐,字正叔;石介,字守道。宋代人名(字)取法于《易》大盛于前,元明清势头更为强劲。以文学家名字援《易》取名为例,宋代以前的取诸《易》者只占18%,宋元明清则占了82%,清楚地显示了宋前少宋后多这一现象。① 名字的演变史从一个侧面反映出古代社会政治思潮的变迁。

二、人名与民族心理

人名不仅能反映社会生活,也能反映民族心理。民族心理是影响、制约人们行为的一种潜在的共同心理背景和心理趋向,它既是民族文化和传统习惯的积淀,又是社会环境和个人心理的综合。② 民族心理是一个复杂的综合体,它存在于一定的社会环境中,因此,人名对民族心理的反映,也是对各种社会因素及其互动的反映。一个民族在历史上形成的各种特点会积淀在民族心理中,而人名则不同程度地反映这种积淀,并通过命名和人名的使用,深刻地影响着个人民族心理的培养。

在社会生活中,个人的心理和行为总是要受到民族心理的制约和影响,人名也不例外。在长期的历史发展过程中,汉民族逐渐形成了向善求美、长幼有序、趋同从众的民族心理,汉族人名必然适应并体现这样的民族心理。

(一)向善求美的心理

大多数汉族人认为,取一个意蕴丰富美好的名字,会给人的

---

① 马新钦、白海溶:《以〈易〉取名的数理统计与文化透视》,载《周易研究》,2005(3)。

② 王建华:《人名现象与社会心理》,载《汉语学习》,1988(6)。

第五章 人名与文化

一生带来好运。这与文化传统有关,并由此形成了向善求美的社会心理。从汉族人名系统来看,这种追求"美名美称"的社会心理是在汉代以后出现的。春秋以前,人们命名较质朴,常用干支、五行为名,也可按身体特征为名,并不在乎名字的文野、美丑。汉代以后,封建制度逐步完善,儒家提倡的"三纲五常"的封建礼教占了统治地位,君君、臣臣、父父、子子的等级观念和仁、义、礼、智、信的道德标准,深刻地影响着人们的心理和行为,人名中的礼教色彩也渐渐浓厚起来,表示尊老尚德、延家兴族等内容的字常被作为人名美辞。众所周知,汉族社会重视血统,广采"按字排辈命名法",盛行修谱之风。辈分用字的特点之一是都有积极、美好的意思,而系谱的文字语义场可以用"承先启后、继业兴宗、亲爱"等十个向善求美的字来概括:

(1)承先:如绍祖、继祖、孝先、敬祖;
(2)启后:如广嗣、延嗣、裕孙、蕃孙;
(3)继业:如绍箕、绍裘、绳武、克武;
(4)兴宗:如显祖、亮祖、光宗、延族;
(5)亲爱:如怀祖、念祖、怡孙、悦孙。①

到封建社会中后期,表示期望作为、祝福祈吉、崇圣尚德、尊扬男性、延家兴族、好成长寿等善意美辞的人名排在人名意义类型的前六位,比例达80%以上。② 直到现当代,取一个好的名字仍是一种普遍的社会心理。新中国成立前一般人多以"福、寿、禄、禧"等褒义字命名,有较高社会地位和文化素养的人则常选用一些雅致、意义深刻的字眼为名,如"彬、凯、慧、忠、杰"等字。甚至在今天,年轻的父母们为孩子取名也仍然是经常选用那些表强

---

① 萧遥天:《中国人名的研究》,153 页,北京,国际文化出版公司,1987 年。
② 王守恩:《命名习俗与近代社会》,载《山西大学学报:哲学社会科学版》,1995(4)。

壮、勇猛、爱国、有为的字眼用于男孩子,选择那些文雅、善良、温柔、美好的字眼用于女孩子之名。①

（二）长幼有序的心理

汉民族的传统观念中,尊卑有别、长幼有序的心理由来已久,根深蒂固。这种民族心理被封建统治阶级利用,成为统治者进行社会控制的有力手段。君为臣纲,父为子纲,夫为妻纲的封建礼教在将这种心理礼仪化、制度化的同时,也进一步强化了这种心理。尊卑有别、长幼有序的心理在人名中有多种表现,较为典型的有排行名和辈分名。

排行名是人名形式的一个重要类别,与其他人名形式并存、互补。在封建社会里,普通汉族妇女没有正规的名字,未出嫁前,称"大女""二女""三女""大姐""二姐""三姐"之类;出嫁后,依照丈夫的行第,称"大嫂""二嫂""三嫂""大娘""二娘""三娘"之类。② 其实,在汉族男子中,也通行排行名,且方式很多。一是用伯、仲、叔、季或长、元、次、少、幼等表示长幼顺序的字来表示排行。例如,孔子名丘,字仲尼,可见他排行老二;司马相如,字长卿,表明他是家中的老大。二是直接以数字入名,表示长幼,如《水浒》里的阮氏三兄弟,分别叫阮小二、阮小五、阮小七。③ 以数字排行称人的习俗,唐代最为盛行。在唐代诗文标题中,这样的例证不胜枚举:岑参《送王大昌龄赴江宁》;高适《赠杜二拾遗》;李商隐《赠司勋李十三员外》;王昌龄《巴陵送李十二》等。这种习俗对唐以后也有影响。宋代陆游《老学庵笔记》卷五有:"今吴人子弟,稍长,便不欲人呼其小名,虽尊者,亦以行第呼之矣。"

---

① 王建华:《人名现象与社会心理》,载《汉语学习》,1988(6)。
② 李锡厚:《汉族》,见张联芳主编:《中国人的姓名》。
③ 何晓明:《姓名与中国文化》,215页,北京,人民出版社,2001年。

第五章 人名与文化

人名中最能反映尊卑有别、长幼有序的民族心理的，是行辈名。行辈名采用的是按字排辈的命名方式，同宗同辈者，在名字中使用一个固定的字或偏旁；同宗不同辈者，则使用不同的字或偏旁取名，世代相传。这种人名能标明一个人在家族中的尊卑、长幼身份，进而能体现一个人在家族中的地位和权利。这种排名制的功能表现为修族谱、定亲疏、明义务、传家教、授族训，是一种社会控制性的符号资本，[①]是封建礼教在家族中的一种表现。

（三）趋同从众的心理

汉族人名系统中存在着一种"从众"的普遍现象，这是趋同的社会心理在起作用，东汉末至魏晋二百多年间，单名的比例特别高。《后汉书》和《三国志》中的人名，单名者占百分之九十多。[②]这显然与当时的社会心理有密切关系。据《汉书·王莽传》记载，这种单名制的风行，与王莽的倡导有关。

王莽当权时曾下诏令禁止双名。由于统治者的倡行具有较大的社会影响和作用，慢慢地形成了一定的社会氛围，凝聚成一种社会心理，因而对当时人的命名行为起着潜在的影响和约束作用。到魏晋南北朝，渐取双名。至此，双名打破单名一统天下的格局，逐渐在人名中占据主流地位。[③]新中国成立以后，单名又有逐渐增多的趋势。这种现象也与趋同从众心理有关。当时人们熟知的大批作家、艺术家大都是单名，如鲁迅、巴金、老舍、茅盾、曹禺、艾青、夏衍、白扬、杨沫、赵丹、周璇、聂耳、胡适、柳青、李准、杨朔、秦牧、王蒙、陈冲、张瑜、潘虹、龚雪、姜文等。这些名字高雅、脱俗，在一定程度上被看成是文化水平、社会地位较高的象

---

① 纳日碧力戈：《姓名论》，42 页，北京，社会科学文献出版社，2002 年。
② 王建华：《人名现象与社会心理》，载《汉语学习》，1988（6）。
③ 石云孙：《魏晋南北朝人名字》，载《皖西学院学报》，2003（3）。

征。人们纷纷群起仿效,导致了单名比例上升的现象,其直接结果是同名率的增加。

人们关于名字的看法和认识,不但能体现向善求美、长幼有序、趋同从众的民族文化心理,也能反映人名态度和人名观念。在当代人名调查中,我们对人名态度和影响人名的因素进行了测量,具体情况见下表。

人名态度的统计

名字是否重要(%)			你对自己的名字是否满意(%)		
	男(N=99)	女(N=146)		男(N=99)	女(N=146)
重要	32.3	44.5	满意	38.4	33.6
比较重要	45.5	40.4	比较满意	47.5	51.2
无所谓	10.1	4.8	无所谓	10.1	2.1
不重要	12.1	10.3	不满意	4	13.0

影响人名的因素统计

	文化(%)	性别(%)	时代(%)	血缘(%)	风俗(%)	地域(%)
男(N=99)	43.4	32.3	24.2	17.2	16.2	11.1
女(N=146)	63.7	47.9	22.6	21.2	12.3	11.6
综合排名	1	2	3	4	5	6

调查结果说明,现代人对自己的名字是相当重视的,对人名的认识和看法也是基本一致的。表中显示,认为名字重要或比较重要的,男性占77.8%,女性占84.9%,占了绝大多数。认为名字不重要或对名字无所谓的,男性占22.2%,女性占15.1%,比例很小。调查对象中,对自己的名字满意或比较满意的,男性占85.9%,女性占84.8%;对自己的名字不满意或无所谓的,男性占

第五章 人名与文化

14.1%,女性占 15.1%。值得注意的是,对名字是否如意无所谓的,男性所占比例远远高于女性,而对名字不满意的,女性所占比例大大高于男性。可见,与男性相比,女性更重视自己的名字,对名字的满意度要求更高。

在调查问卷中,我们列出了 10 项对人名影响较大的因素,调查对象可以进行多项选择,表中就是按照调查对象的选择作的统计。由上表可见,排名前 6 位的因素依次是文化、性别、时代、血缘、风俗、地域,这些因素是人们在取名时会优先考虑、重点考虑的。虽然男性、女性在选择的比例上略有不同,但认识却惊人的一致,从中我们不难看出,民族文化和民族心理对当代人所产生的深远影响。

三、人名与风俗礼仪

名字虽属于个人,却是个人参与社会交往的必要符号。命名取字,是一个人踏入社会之门的开始。在汉族的传统文化中,命名取字的风俗和礼仪是非常有特色的。

作为儒家经典之一,《礼记·内侧》载有为婴儿命名的礼仪:"世子生,则君沐浴朝服,夫人亦如之,皆立于阼阶西乡,世妇抱子升自西阶,君名之,乃降。……"这里讲的,是王室贵族的命名礼仪,因而格外注重身份、等级的差别。一般的老百姓,这方面的讲究相对简单一些。但是,在孩子满三个月时命名这一点上,则没有区别。因为满三个月的孩子已能左顾右盼,与人交流,所以,"子生三月,则父名之于祖庙","故因其始有知而名之。"[1]根据古制,出生时只取名,成年后再取字。《周礼·檀弓》称:"幼名,冠字。"说的就是这个意思。

---

[1] 《白虎通·姓名》

与命名有关的礼俗还有抓周、卜名、寄名、撞名等。抓周，有的地方又叫"试周""试儿"，指父母在儿女周岁时，陈列各种物品，任其抓取，以预测将来的爱好、志向的风俗习惯。有时，父母会根据孩子抓周时的表现来为孩子命名。大学者钱钟书的名字，就是据此而来。钱钟书出生那天，有人送来一部《常州先哲遗书》，大伯父取"仰望先哲"之意，为他取名"仰先"，小名"阿先"，昵称"先哥""先儿"。因这种叫法容易使人联想到"亡哥""亡儿"之类不吉利的意思，后改"先"为"宣"，称为"阿宣""宣儿"，抓周时，钱钟书抓住书本不放，另外一概不取，他祖父、伯父和父亲都很高兴，父亲为他正式取名"钟书"。①

卜名，是一种更为古老的命名习俗。上古时代，王族生子，一般要请卜官取名，并让他们占卜吉凶。《大戴礼·保傅》记载："太子生而泣。太师吹铜曰：'声中某律'。太宰曰：'滋味上某'。然后卜名。"关于屈原的名字，有的认为是由卜名而来。屈原《离骚》"皇览揆余初度兮，肇锡余以嘉名"两名，据闻一多先生解释，其中的"肇"是"兆"的通假字，也是说根据占卜的兆象，来给孩子命名。刘向《九叹·离世》里，有"兆出名曰正则兮，卦发字曰灵均"之句，持的也是这种观点。后来依据生辰八字命名的方式，实际上就是卜名这一习俗的进一步系统化和理论化。②

寄名，是将孩子舍给庙宇、道观，让孩子拜和尚、道士为师，象征性地出家，以借助神佛僧道的法力来保佑孩子长命。《苏州风俗》中说："或寄名神佛，藉神威佛法护持，或寄名于子息众多之家，托其荫庇得以长成……红绸品袋一口，中藏寄儿庚帖，以万年青叶副之，悬于厅堂，曰寄名袋。"《红楼梦》《金瓶梅》等小说中，

---

① 孔庆茂：《钱钟书传》，15页，南京，江苏文艺出版社，1992年。
② 李明生、李浩：《姓名与中华神秘文化关系初探》，载《西北大学学报》，1990(3)。

第五章 人名与文化

都有对寄名的描写。鲁迅先生在《我的第一个师傅》里,也记述了自己幼年时寄名的经历。鲁迅不到一岁,便由父母寄名于寺院,得法名"长庚"。还得到一件用各色小绸片缝制的"百衲衣"和一条"牛绳",上挂历本、镜子、银筛之类的零星小件,据说可以避邪。这种仪式一直到小孩成年完婚后才算结束,到时候要从寺院或寄名家取回所寄的红布袋,俗称"拔袋"。

撞名是采取突发性的方式来获取命名的一种民间风俗。具体做法是:择黄道吉日,在大路旁陈列果品,焚香烧钱,静候行人路过。第一个经过的人,便被认为是小孩的干爹或干妈,奉上果品,求其认继。此人无论如何不能推却,只得承认为干父母,并同意小孩随己之姓,还要另取一名。据鲁迅之弟周作人回忆,他们弟兄俩的小名都是由祖父介孚公取的。介孚公接到家中来信报告孙子出生的那一日,恰好碰上姓张的、姓魁的客人来访,于是就以客人之姓为兄弟俩分别取名阿张、阿魁。[①] 这实际上也是一种撞名法。

第四节 人名的发展变化及其规范

语言既是静态的又是动态的。静态,指的是语言在某个时期会呈现出相对稳定的样貌。动态,指的是语言会随着社会的发展变化而不断发展变化。作为语言现象之一的人名,也会有同样的表现。同一时期的人名,会呈现出大致相同的状况和特征。不同时期的人名,在观念、结构、用字上都会存在或大或小或隐或显的区别和差异。对人名的发展变化进行观察和分析,对人名中存在

[①] 李明生、李浩:《姓名与中华神秘文化关系初探》,载《西北大学学报》,1990(3)。

的问题进行规范化管理,是一件很有意义的事情。

一、人名结构的变化

人名的结构,历来为学者所关注,在历史长河中,汉族形成了独特的人名结构要件和结构形式。不过,时至今日,有的已经消失,有的也发生了重大变化。总体来说,古今人名结构的变化可以用由繁到简、由多到少来概括。

在漫长的中国历史上,人名的结构都发生过诸多变化。中国先秦时期人名的结构,与秦汉以后不同之处颇多。先秦人名有姓、氏,有号、字,有的有爵,死后还有谥。[1] 此外,"文献和古文字材料所见的人名,不少还附有职官,或有亲称(亲属称谓)。"[2] 这八项可以作为分析人名的结构要件。有学者分析,商周人名结构有24种,其中男子人名结构18种,女子人名结构6种。[3] 西周铜器铭文中人名的结构形式更是多达32种,其中男子人名结构19种,女子人名结构13种。[4] 秦汉及以后各代,人名的结构形式相对简单一些,如《史记》中人名的结构只有八种。即使到后来,"号"的使用增多,人名的结构形式也只有十种左右。[5] 综合起来看,传统的汉族人名结构形式繁复,但结构要件却不是太多。按照在社会交往中的重要性和使用的广泛性大致分类排列,结构要件归纳起来有:姓、氏、名、字、号;庙号、谥号、尊号、年号;身份、爵

---

[1] 李学勤:《考古发现与古代姓氏制度》,见《古文献论丛》,116页,上海,上海远东出版社,1996年。

[2] 李学勤:《先秦人名的几个问题》,见《古文献论丛》,128页,上海,上海远东出版社,1996年。

[3] 李学勤:《考古发现与古代姓名制度》,见《古文献论丛》,116页,上海,上海远东出版社,1996年。

[4] 盛冬铃:《西周铜器铭文中的人名及其对断代的意义》,见《文史》第十七辑,北京,中华书局,1983年。

[5] 何晓明:《姓名与中国文化》,42—43页,北京,人民出版社,2001年。

第五章 人名与文化

称、职官；国名、封地名、地望；亲属称谓、行第；美称、尊称。① 这些要件是用来分析古代人名的，其中不少现在已经消失，有的也发生了一些变化。除姓、氏外，其中较为常见并为后世所知的有名、字、别号、官号、室名、故里名、绰号、庙号、谥号、年号等。

名和字是传统汉族人名中最为重要、使用最为广泛的形式。大约从周代开始，人们在名以外，又另取字。从功能上看，名和字是有区别的。区别之一，古人的名主要用于自称，古人的字主要用于他称。区别之二，"古者，名以正体，字以表德"②后来这种规则有所松动，也有人在出生时，长辈就为其取好了名和字。但"名以正体，字以表德"的区分功能依然十分明确。进入20世纪以后，随着社会的进步和发展，人名观念、人名形式都发生了变化。名和字的区分功能已经丧失，名字成了一个不可分割的整体。现代人的名字，只相当于古代人的名。

现代人取字的，可谓罕见。古代人有名，有字，还有号。根据确切的文献资料，直到晋宋之时，才出现与名、字同时使用的号，如陶潜自号五柳先生，葛洪自号抱朴子。这些名人有号，对当时及后世产生了影响。唐代文人有号的渐多，到了宋代，起号蔚然成风。③ 通常所说的号，包括别号、官号、室名、故里名等，或表明官职、收藏、故里，或寄托情志、希望，或描述处境、居室。例如，诸葛亮以其所居卧龙岗自称"卧龙先生"，又以其封武侯乡，称诸葛武侯；杜甫以其居地杜陵自号"杜陵布衣"，又以其曾任工部员外郎，被称为"杜工部"；唐代文学家柳宗元，祖籍河东（今山西运城市境内），故称"柳河东"；清代学者钱大昕，一生治学潜心钻研细心考订，室名"潜研堂"；清代金石学家陈介祺，在家乡建"万印

---

① 何晓明：《姓名与中国文化》，42—43页，北京，人民出版社，2001年。
② 颜之推：《颜氏家训·风操篇》。
③ 吉常宏：《中国人的名字别号》，171页，北京，商务印书馆，1997年。

楼"收藏古印7000余方,号万印楼;当代哲学家冯友兰,室名"三松堂"来源千位所院内的三棵松树。进入20世纪后,社会风气大变,人们一般不再于名字之外另取号。但在某些文人雅士中间,仍保留了名外取号的雅好。年号、庙号是属于皇帝专用的人名形式。年号是帝王纪年的名称,如"贞观""万历""康熙""雍正""乾隆"。庙号是皇帝死后,在太庙立室奉祀时特起的名号,如"高祖""太宗"。帝王、大臣、贵族死后有谥号,表示朝廷对他们生前事迹的评价,如西周的"文王"、"武王",宋神宗谥号为"神宗绍天法古运德建功英文烈武钦仁圣孝皇帝",清代曾国藩谥"文正",左宗棠谥"文襄"。这些形式随着封建制度的消亡已经退出汉族人名的历史舞台。

在汉族人名体系中,绰号与一般的名、字、号不同。名、字、号多为自取、自定、自认,而"绰号则由别人凭其认识印象所加,不一定为自己所满意与承认"。① 如唐代酷吏来俊臣绰号"肉雷",宋代皇帝宋仁宗因不喜欢穿鞋袜而得绰号"赤脚大仙"。古典文学名著《水浒传》里的英雄好汉几乎个个都有绰号,如及时雨宋江、黑旋风李逵、浪里白条张顺等。现代人也常根据形貌、特征、疾患等为他人取绰号,因此,绰号在现代并不鲜见。

为了更清楚地反映古今人名结构形式的变化,我们对1979年版《辞海》中的汉族人名进行了统计。我们选择李、王、张三姓的汉族人名作为分析样本,时间上以1911年为古今分界。选择李、王、张三姓,是因为这三个姓是大姓,样本相对较多,结论应该更为客观、真实。以1911年为古今分界,因为这一年孙中山领导的辛亥革命结束了中国长达两千多年的封建专制制度,这种剧变必然在人名中有所体现。见下表。

---

① 萧遥天:《中国人名的研究》,96页,北京,国际文化出版公司,1987年。

第五章 人名与文化

古代人有字、号的情况统计

	总人数	有字		有号		有字又有号		有多个字或号	
		人数	比例	人数	比例	人数	比例	人数	比例
李姓	214	122	57%	44	20.6%	35	16.4%	17	7.9%
王姓	241	152	63.1%	63	26.1%	49	20.3%	29	12%
张姓	197	122	61.9%	39	19.8%	36	18.3%	16	8.1%
合计	652	396	60.7%	146	22.4%	120	18.4%	62	9.5%

现代人有字、号的情况统计

	总人数	有字	有号	即有字又有号	有多个字或号
李姓	2	0	0	0	0
王姓	3	1	0	0	0
张姓	5	0	0	0	0
合计	10	1	0	0	0

表中显示,古代人取字、取号极为普遍,有字、有号的分别占总数的 60.7% 和 22.4%,既有字又有号的占总数的 18.4%,有多个字或号的占总数的 9.5%。因为《辞海》并非专门的人名词典,有些人的字或号没有标明,因此,实际情况可能比我们统计的比例更高。两表中显示的情况截然不同,说明现代已经很少有人取字、取号了。由此可见古今人名结构的巨大变化。

二、人名用字的变化

在姓名文化中,人名用字的时代特征最为明显。汉族的人名在不同历史时期,有不同的命名风格,体现为不同的主题意义和人名用字。这些命名用字的变化,本身构成了汉族人名的历史内

容(参见下表)。

汉族命名风格及命名用字的历史演进①

时代	命名风格	命名用字及人名例子
殷代	多以干支命名	报丙、天乙、主壬、武丁、父甲、父癸、午、卯、弓父庚
周秦	多用干支五行,或单以天干,或兼用干支相配	午,字子庚;壬夫,字子辛;白丙,字乙;夏戊,字丁;石癸,字甲父
汉代及汉代以降	人名常用尊老字:新兴美辞:君、士、大、灵、德、孔、孝、慈	郭翁伯、杜君公、陆士龙、张翼德、周大明、王灵龟、陈孔璋、庆孝公
晋代以降	命名的以名加辞	谢安,字安石;郭显,字季显;杨达,字士达;苏绰,字令绰;颜延之,字延年
魏晋六朝	二名盛用"之"字,称名喜加阿字	孔琳之、褚淡之、刘虑之;曹操,小名阿瞒;周谟,小名阿奴
南北朝	名字的宗教气氛	夜叉、宋金钢、高力士、钟葵、迦叶
唐代及唐代以降	一言之字的复古:标榜排行,新兴美辞:己、予、臣……	张德,字文;白居易称白二十二舍有;冯正中,字延己;钱载,字子予;裴贽,字敬臣
五代	多以彦为名	刘彦瑶、王彦章、姚彦晖、史彦超
宋代	名字的老态;喜用五行序辈	徐荣叟、赵学老、王同老、家坤翁、秦桧—秦炜、朱松—朱熹
元代	汉人多作蒙古名	张巴图、贾塔尔珲、杨朵尔济、塔失不花、刘哈喇布哈、迈里古斯

在具体的用字方面,春秋时代人们命名喜用俗字,多古朴之风;而西汉以后,人们命名多用典雅之字;魏晋时期崇尚老、庄,"玄学"意味浓郁的道、玄、真等字,在人名中多得惊人;明清时代

---
① 萧遥天,《中国人名的研究》,北京,国际文化出版公司,1987年。

第五章　人名与文化

人名用字的特点是,斋、堂、庵、轩、亭、台等建筑屋名大量入名。[①]

命名风格及其主题意义,在不同时代有不同的取向,而这种取向与社会运动、社会思潮、社会风尚息息相关。这样生动的例证不仅在古代的不同时代可以看到,即使在现代不同时期的人名中,也很容易发现十分明显的阶段性标记。最为典型的是刊载在《讽刺与幽默》上的现代汉族人名变化情况[②]:

出生年代	姓名
1948年以前	贾得宝、张发财、姚有禄、庞天佑
1949—1950	郑解放、叶南下、秦建国、白天明
1951—1953	司卫国、邓援朝、朱抗美、靳停战
1954—1957	刘建设、申互助、童和平、时志方
1958—1959	孟跃进、潘胜天、戴红花、王铁汉
1960—1963	任坚强、冯抗洪、齐移山、赵向党
1964—1965	高学锋、钱志农、艾学雷、方永进
1966—1975	董文革、张爱武、房永红、邢卫国

新中国成立后人名常用字的统计资料,也为我们提供了关于人名时代特征的准确信息:1949年10月新中国建立以前,我国人名常用字的前六位是英、秀、玉、珍、华、兰;1949年10月至1966年5月,即新中国成立后17年,人名常用字的前六位是华、英、玉、明、秀、国;1966年6月至1976年10月,"文化大革命"期间,人名常用字的前六位是红、华、军、文、英、明;1976年11月至1982年6月,"文化大革命"结束后,人名常用字的前六位是华、丽、春、小、燕、红。[③] 不同时期人名用字的选择和使用频率的高低,显然

[①] 吉常宏:《中国人的名字别号》,北京,商务印书馆1997年。
[②] 《讽刺与幽默》1983年6月5日。
[③] 陈章太:《汉语的人名和人名用字》,载《语文导报》,1985(7)。

与时代特征密切相关。

我们也进行了一次问卷调查,将人名用字尤其是常用字作为观察社会变化的一个窗口。具体情况见下表。

20世纪50年代—60年代人名常用字统计

男 (N=99)	人名 用字	建	文	华	国	清	平	成	良	志	明	出现 概率
	出现 次数	13	12	11	10	10	9	9	8	8	8	40%
女 (N=146)	人名 用字	英	玉	美	秀	菊	兰	凤	华	娥	香	出现 概率
	出现 次数	33	19	14	14	14	13	13	12	11	11	62.9%

20世纪80年代人名常用字统计

男 (N=245)	人名 用字	军	超	松	杰	辉	志	强	建	毕	伟	出现 概率
	出现 次数	6	5	4	4	4	3	3	3	3	3	38.4%
女 (N=245)	人名 用字	丽	艳	娟	芳	红	梅	霞	燕	晓	萍	出现 概率
	出现 次数	14	8	8	8	8	7	5	5	5	4	50.7%

在表中,我们统计出50年代—60年代20个(男性和女性各10个)取名常用字。其中,男性取名常用建、文、华、国、清、平、成、良、志、明等字,出现概率达40%;女性取名常用英、玉、美、秀、菊、兰、凤、华、娥、香等字,出现概率达62.9%。可见,当时人名用字相当集中。在表中,我们同样统计出80年代20个(男性和女性各10个)取名常见字。其中,男性取名常用字为军、超、松、杰、辉、志、强、建、华、伟等,出现概率达38.4%;女性取名常用字为

丽、艳、娟、芳、红、梅、霞、燕、晓、萍等,出现概率达 50.7%。两个表中的统计结果均反映出当代人名用字高度集中这一社会现状,同时也与前文所述的新中国成立后人名常用字的统计资料基本吻合。

三、人名的规范

姓名是个人社会生活和社会交际的符号,其最为重要的社会功能是区分功能。随着社会及社会交际的发展,作为个体的人的地位凸显,姓名的社会功能也从区分群体逐渐转化为区分个体。但区分个体的需求仍然要服从标准化的社会交际原则,即"要有统一的模式,易于辨认,易于称呼,易于拼写,易于信息处理,还要服从现代国家的主权观念和一体化格局以及社会整合需要。"[1]这种社会需求要求人名更加规范,而人名的规范主要取决于两个方面:一是降低同名率,二是加强人名管理和研究。

(一)同名及其调整

在现代化社会,姓名的主要作用是区分个体,适应社会的需要。而实现这个功能,必须在保证传统姓名文化及其相应民族心理、礼仪风俗的前提下,借助一定的语言形式来体现。但是,由于人类普遍存在的趋同心理、求善心理,各个社会、不同阶段都会存在大量的同名现象。而同名违背了命名的零度原则,不符合区别性强这一命名的基本特征。[2] 同名会导致户政管理、社会交往、大众传媒、学校教育等方面的紊乱,严重的还会影响社会交际,甚至引起法律纠纷。例如,过去几乎 1/3 的瑞典人姓安德森,有 50 万人姓约翰森。这一严重的同姓问题,使只有 700 万人的瑞典在社

---

[1] 纳日碧力戈:《姓名论》,147 页,北京,社会科学文献出版社,2002 年。
[2] 张大英:《命名中的零度原则》,载《术语标准化与信息技术》,2004(1)。

会交际中遇到许多困难。为此,政府专门向人们提供近10万个姓氏,要求他们选择。结果,当时每年都有1.5万到2万人改姓换名。①

在我国,同名现象古已有之。古人很早就注意到这个问题,并留意搜集整理,编撰成册,以便查找甄别。例如,南北朝的梁元帝萧绎,撰《古今同姓名录》;明朝人余寅撰《同姓名录》13卷,收录同姓名1 608人,涉及2 750人;清乾隆年间的汪祖辉撰《九史同姓名录》,收录从《旧唐书》到《明史》共9部正史中的同姓名10 812个,涉及30 000人;民国年间的彭作桢撰《古今同姓名大词典》,共收录从先秦至现代的同姓名16 000人,涉及56 700人。②

汉族的同名率一直比较高。究其原因,主要和少数姓氏使用率过高、人名用字过于集中、单名增加等因素有关。随着社会的发展,现代汉族常用姓氏的数量大大减少。据统计,李、王、张、刘、陈五姓,分别占汉族人口的7.9%、7.4%、7.1%、5.4%、4.5%,五姓合计人口超过三亿五千多万,③是名副其实的大姓。另据统计,王、李、张、刘、陈、杨、周、黄、赵、吴、孙、徐、林、胡、朱这十五个大姓,占了汉族近一半的人口。④ 另外,人名用字过于集中,也会导致同名增多。我国汉字的数量虽然庞大,如《康熙字典》收字47 043个,《汉语大字典》收字56 000左右,但常用字并不多。国家语言文字工作委员会和国家教育委员会于1988年发布的《现代汉语常用字表》,收字3 500个,覆盖率达99.48%。同年,国家新闻出版署、国家语委发布的《现代汉语通用字表》,收字

---

① 徐一青、张鹤仙:《姓名趣谈》,42—43页,上海,上海文艺出版社,1987年。
② 张书岩、王保福:《起名指南》,35页,北京,群众出版社,1991年。
③ 《中国姓氏研究有新发现》,新华社北京10月3日电,载《成都晚报》1992年10月5日第2版,转引自江泽树《姓氏、别号、别称》,第112页。
④ 张书岩、王保福:《起名指南》,37页,北京,群众出版社,1991年。

第五章 人名与文化

7 000 个,覆盖率达 99.48%。即使这些字都能用作人名,由于上述超级大姓的缘故,重名的出现也是不可避免的。何况,受汉族传统文化和民族心理的制约和影响,人名对用字的选择有诸多讲究,这就意味着能进入人名的字更少。据分析,目前人们取名大部分只在 400 个字左右徘徊反复。这 400 字中,女性常用字 160 个,占 40%;男性常用字 240 个,占 60%。① 国家语言文字工作委员会根据第三次全国人口普查资料中的 175 000 人,用计算机统计出 30 个使用频率最高的人名常用字。其中男性 30 个人名常用字是:

明、国、文、华、德、建、志、永、林、成、军、平、福、荣、生、海、金、忠、伟、玉、兴、祥、强、清、春、庆、宝、新、东、光。

女性 30 个人名常用字是:

英、秀、玉、华、珍、兰、芳、丽、淑、桂、凤、素、梅、美、玲、红、春、云、琴、惠、霞、金、萍、荣、清、燕、小、艳、文、娟。②

单名比例的增加,也是导致同名率居高不下的因素之一。据有关资料,新中国成立以后,单名呈现逐渐增多的趋势。1949 年 9 月 30 日以前出生者与 1976 年 11 月 1 日至 1982 年 6 月 30 日出生者相比,单名的比例已由 6.502% 增至 32.494%。③ 最近十年,有增无减。以天津市为例,"张颖"之名,1955 年全市只有 54 人,1971 年已增至 191 人,1990 年已达 2 850 人,比 50 年代猛增 50 多倍。其他常用人名的同名增长率可见一斑。天津市现有 2 000 多个"张力",广州市现有 2 400 多个"陈妹",沈阳市现有 3 000 多个"王伟""李达",兰州市现有 3 000 多个"马英"。④ 单名的上

---

① 吴崇厚:《"同名"成灾探源》,载《社会》,1994(4)。
② 张书岩、王保福:《起名指南》,37—38 页,北京,群众出版社,1991 年。
③ 张书岩:《现代人用字面面观》,载《文字改革》,1985(4)。
④ 吴崇厚:《"同名"成灾探源》,载《社会》,1994(4)。

— 215 —

升,使为数有限的姓氏和人名用字搭配概率降低,从而进一步加大了人名重复的可能性。

我们对问卷调查中得到的两代人共 735 个人名进行了单双名及同名率的统计,统计结果见下表。

当代人名单双名情况统计

	50 年代—60 年代					80 年代			
	单名	几率	双名	几率		单名	几率	双名	几率
男(N=245)	4	1.6%	241	98.4	男(N=99)	40	40.4%	59	59.6%
女(N=245)	5	2.0%	240	98.0%	女(N=146)	50	34.2%	96	65.8%
总计(N=490)	9	1.8%	481	98.2%	总计(N=245)	90	36.7%	155	63.3%

当代人名同名率统计

	50 年代—60 年代					80 年代			
人数	单名	几率	双名	几率	人数	单名	几率	双名	几率
男(N=245)	—	—	2	0.8%	男(N=99)	13	13%	4	4%
女(N=245)	—	—	4	1.6%	女(N=149)	19	13%	2	1.4%
总计(N=490)	—	—	6	1.2%	总计(N=245)	32	13%	6	2.4%

表中的统计数据显示,20 世纪 50—60 年代单名的比例很小,仅占 1.8%,调查中女性单名仅见 5 例,男性单名仅见 4 例,双名则占了绝大多数,比例高达 98.2%,其中女性双名达 240 例,男性双名达 241 例。而到 20 世纪 80 年代,单名的比例占总数的 36.7%,与 50—60 年代相比,上升幅度大,速度快,但双名仍占优势,

第五章 人名与文化

从发展趋势看,可以预测,单名的比例还会上升。

通过观察不同时代的同名情况,我们不难发现,随着单名比例的上升,同名(我们这里所说的同名,包括同名同姓和同名不同姓两种情况)现象也变得更为常见。由表中可见,在50—60年代的490个人名中,同名的仅见6例,同名率为1.2%。6例均为双名,其中男名2例,女名4例。男名"建国"涉及2人,女名"兰英""春梅"各涉及2人。9例单名中未见1例同名。尽管这样的结果可能与我们的调查样本中双名多单名少有关,但不影响我们得出这个时期同名率相当低的结论。而在80年代,同名率大幅上升,245个人名中有同名38例,其中男名17例,女名21例,单名32例,双名6例,单名的同名率明显高于双名。32例单名中,以"丽、艳、超"为名的各4人,以"芳、佳"为名的各3人,以"杰、威、伟、燕、静、婷、敏"为名的各2人;6例双名中,以"建军、向荣、艳红"为名的各2人。显而易见,单名比双名更容易产生同名。

对于同名问题,应该实施相应的制约和引导。对此,不少学者提出了一些办法和对策。有的设想用回避、参照引导、加字、复姓、姓氏改革、现代化立档管理等方法,降低姓名的重复率。[1] 有的则提出宣传引导、研讨指南、更改同姓名、生衍姓氏、用字用词广泛化、内涵蕴意的多样化、采用四字姓名制、启用字号等建议和对策,来解决同姓名问题。[2] 这些研究为同名问题的处理提供了有益的思路。

我们认为,采用复姓制、提高双名率是解决同名问题行之有效的方法。复姓制里的复姓,不同于人们通常所说的复姓。通常说的复姓指欧阳、上官、诸葛、司马、夏侯、端木、司徒、令狐等。而

---

[1] 车安宁:《中国汉族人口姓名重复问题探析》,载《兰州大学学报:社会科学版》,1991(2)。

[2] 田由甲:《姓名雷同的成因与出路》,载《社会》,1995(10)。

复姓制里的复姓,指的是父姓和母姓。"在同名率很高的中国,采用复姓制既能提高姓名区分个体的功能,也可以增加男女平等的意识。"①这种方法具备很强的可操作性,也容易被现代人接受。目前,我们在个别人名中已经可以看到这种命名法的例证。此外,提高双名率也能有效地降低同名率。我们仍以1979年版《辞海》中的李、王、张三姓为例(参见下表)。

古代汉族同名情况统计

	总人数	单名 人数	单名 同名	单名 几率	单名 人数	单名 同名	单名 几率
李姓	214	84	10	11.9%	130	2	1.5%
王姓	241	110	19	17.3%	131	0	0
张姓	197	91	5	5.5%	106	2	1.9%
合计	652	285	34	11.9%	367	4	1.1%

《辞海》中,李姓同名有李晔、李白、李成、李治、李密、李延珪6个,涉及12人;王姓同名有王褒、王铎、王凤、王匡、王建、王景、王伦、王肃、王佐9个,涉及19人;张姓同名有张载、张陵、张德成3个,涉及7人。统计显示,单名的同名率达11.9%,而双名的同名率仅1.1%,大大低于单名。

(二)加强人名管理和研究

随着现代化进程的不断深入,人际交往、社会管理等方面也对人名提出了法制化、规范化的要求。

1986年4月12日,第六届全国人民代表大会第四次会议通过了《中华人民共和国民法通则》,并于1987年1月1日起开始在全国施行。《民法通则》第99条规定:"公民享有姓名权,有权

---

① 纳日碧力戈:《姓名论》,152页,北京,社会科学文献出版社,2002年。

第五章 人名与文化

决定、使用和依照规定改变自己的姓名,禁止他人干涉、盗用、假冒。"第 120 条规定:"公民的姓名权、肖像权、名誉权、荣誉权受到侵害的,有权要求停止侵害,恢复名誉,消除影响,赔礼道歉,并可以要求赔偿损失。"这些法规的实施,充分保障了公民享有的姓名权。

人名的规范化管理,涉及的问题比较多,如同名问题、长名问题、生僻名问题、怪名问题等。同名问题前面已专门论及,这里不再赘述。2000 年 7 月 29 日《武汉晨报》头条新闻"新一代武汉人取名有点怪",文中提到,吴太婆有个孙子,名叫"小 A"。太婆对人解释,"A"就是扑克牌里的"尖子"。还有人取江胡一朗、柳生卉子、周荷惠子等类似日本人的名字。2000 年 11 月 11 日《楚天都市报》报道,一位姓欧阳的市民到邮局为女儿订杂志,因女儿的姓名共有五个字,无法输电脑,结果没订成。① 可见,人名不规范给社会和个人带来的不便和烦恼。

面对诸如此类的问题,提倡"汉语人名规范化"②很有必要。人名用生僻字、用不规范字、用不雅字的现象,既影响社会交际,也给公安、邮电、人事等部门的工作带来麻烦。为此,可以制订《人名用字表》,科学处理人名用字与一般常用字的关系,对人名用字加以强制规范。③ 也可以在规范汉字表中增设人名用字专用字符集,收入切合取名字的汉字,以为今后取名字的使用范围。④ 诚然,规范人名用字政策性强、涉及面广、影响力大,既要遵循科学规律,又要顾及社会应用,需要深入细致的调查、严谨周密的考虑和切实可行的措施,切忌草率行事。

---

① 以上例证均转引自何晓明:《姓名与中国文化》,454—455 页,北京,人民出版社,2001 年。
② 侯一麟、等:《汉语人名规范化说略》,载《清华大学学报:哲学社会科学版》,1996(4)。
③ 张书岩:《关于制订〈人名用字表〉的一些设想》,载《语文建设》,1997(2)。
④ 王宁:《再论汉字规范的科学性与社会性》,载《语言文字应用》,2006(4)。

第六章 "的"字短语[①]

第一节 "的"字短语概述

一、"的"字短语的界定

"的"字短语(又称"的"字结构,"的"字词组),是现代汉语所特有的常用短语。关于什么是"的"字短语,目前语法学界还没有一致的看法。我们把本章中探讨的"的"字短语进行如下界定:

A. 具备"X + 的"的形式,后面的中心语不出现;

B. "X + 的"为名词性短语,一般作为主语和宾语。[②]

例如:

(1)<u>进口的</u>比较贵。

(2)他是<u>这个工厂的</u>。

例(1)中,"进口的"具备"X + 的"的形式,后面的中心语可以是"东西""产品""药物""汽车"等,这个中心语没有出现;"进口

[①] 本章作者简介:张时阳,男,副教授,主要研究方向汉语语法学。

[②] 杨颖泓:《"的"字结构可以作定语》,载《苏州大学学报:哲社版》,1983(3)。"的字短语"极少数情况下能作为定语,杨颖泓注意过这个问题。例如:他又看了大家一眼:"哎,劳诸位的驾!"说得非常的温柔亲切,决不像是由那个胡子拉碴的口中说出来的。(老舍《骆驼祥子》)有时"的"字短语还能作为谓语,一般是省略判断动词"是"的结果。例如:他四川的。

第六章 "的"字短语

的"是名词性的,在句中作为主语:符合条件 A 和条件 B,是"的"字短语。例(2)中,"这个工厂的"具备"X+的"的形式,后面的中心语可以是"工人""职工"等,这个中心语没有出现;"这个工厂的"是名词性的,在句中作为宾语:符合条件 A 和条件 B,是"的"字短语。

下列句子中的画横线结构,我们不把它们看成"的"字短语。

(1)我看他一喜欢,就弄点<u>酒什么的</u>,让他喝个痛快。(老舍《骆驼祥子》)

(2)他<u>会来的</u>。

(3)<u>小张的</u>爸爸来了。

例(1),"酒什么的"不符合条件 A,不具备"X+的"的形式,而是"X+什么的"的形式;例(2),"会来的"不是名词性的,其中的"的"是语气助词,可以去掉,意义基本不变,不符合条件 B;例(3),"小张的"后面的中心语出现了,不符合条件 A。

朱德熙(2001)把"的"字分为"的$_1$""的$_2$""的$_3$"三个。我们探讨的"的"短语中的"的"字属于"的$_3$"[①],相当于朱德熙(1999)的作为主宾语的转指的"的"。[②]

二、"的"字短语研究

对"的"字短语的探讨始于 20 世纪 30 年代[③],至 70 年代末 80

[①] 朱德熙:《说"的"》,见《现代汉语语法研究》,北京,商务印书馆,2001 年。朱德熙的"的$_3$"附在词语的后面,能一起作为主语、宾语、定语和谓语,我们这里的"的"字短语中的"的",只是朱的"的$_3$"中的一部分,即作为主宾语的"的$_3$",不包括朱的作为定语谓语的"的$_3$"。

[②] 朱德熙:《自指和转指——汉语名词化标记"的、者、所、之"的语法功能和语义功能》,见《朱德熙文集(第三卷)》,16—47 页,北京,商务印书馆,1999 年。

[③] 周明强:《"的"字短语的界定及其主要特点》,载《内蒙古师大学报:哲社版》,1999(3)。

年代初,有了迅速的发展。前人对"的"字短语的研究,概括起来,主要有三个方面:"的"字短语生成法则、"的"字短语的本质和"的"字短语的特点。

(一)"的"字短语生成法则

关于"的"字短语生成法则,从研究角度看,可以分成两类。

1. 从语法语义的角度去探求"的"字短语的称代规律

这种研究重在分析"X+的+中心语"结构中的 X 和中心语的性质及其之间的语法语义关系,从而总结出"X+的"称代"X+的+中心语"的规律。我们从语法和意义两个角度来总结。

其一,从语法角度去探求"的"字短语的称代规律。

吕叔湘(1980)认为:"动+的[+名]。中心名词能作为前面动词主语或宾语的,可省;否则不能。"①例如:"游泳的人"可说成"游泳的",而"唱的声音"不能说成"唱的"。因为前者"人"可作为"游泳"的主语,后者"声音"不能作为"唱"的主语或宾语:《中学语法教学系统提要(试行)》采用了这一观点。②朱德熙(2001)也有类似的看法,他在讨论"DJ 的+M"结构,由"DJ 的"代替整个偏正结构时指出:M 的省略条件是:"M 是前边动词的潜主语或潜宾语。"③朱先生的 DJ 指的是动词性词语;M 是中心语。黄国营指出,"形+的+名"结构省略中心语,必须适用"谓语—修饰语变换"原则。④ 例如:

新鲜的蔬菜→蔬菜新鲜→新鲜的

---

① 吕叔湘:《现代汉语八百词》,136 页,北京,商务印书馆,1980 年。
② 人民教育出版社中学语文室:《中学语法教学系统提要(试行)》,北京,人民教育出版社,1984。
③ 朱德熙:《"的"字结构和判断句》,见《现代汉语语法研究》,北京,商务印书馆,2001 年。
④ 黄国营:《"的"字的句法、语义功能》,载《语言研究》,1982(1)。

第六章 "的"字短语

安心的时候→*时候安心→*安心的

这实质上是把中心语为 X 的主宾语这一规律从"动+的"型的"的"字短语推广到了"形+的"型。

袁毓林(1995)把中心语是 X 的主宾语这一规律从"动+的"型的"的"字短语进一步推广到 X 为动词性词语、形容词性词语和名词性词语的一般的"的"字短语,他认为:"在'X+的+Y'中,如果 Y 是从 X 中提取出来的从属成分,那'X+的'可以称代 Y"。袁先生的从属成分,既包括 X 中谓语的主宾语,也包括 X 中隐含谓词的主宾语,还包括有价名词所支配的领事格。① 例如:"我的书包→我的","我"与"书包"间隐含着一个谓词"拥有",中心语"书包"是"拥有"的宾语。

对于"动+的"的中心语,黄国营(1982)从语义类型的角度进行了进一步的细化。他认为,中心语可以是动词的施事、受事、工具和处所等。② 如:

去过的孩子→去过的(施事)

喝开水的杯子→喝开水的(工具)

喝的开水→喝的(受事)

孩子睡过的大床→孩子睡过的(处所)

朱德熙(1999)和裘荣棠(1992)都有类似的表述。朱德熙指出,表示转指的 VP+的结构,既能够提取主语,又能提取宾语;转指的意义范围很广,可以是动作的施事、受事、工具等。③ 裘荣棠认为,"动+的"指称事物是有范围的,可是施事、受事、工具和处

---

① 袁毓林:《谓词隐含及其句法后果——"的"字结构的称代规则和"的"的语法语义功能》,载《中国语文》,1995(4)。袁毓林认为在"NP+的"中,NP 内隐含着谓词,NP 是指名词性的词语。

② 黄国营:《"的"字的句法、语义功能》,载《语言研究》,1982(1)。

③ 朱德熙:《自指和转指——汉语名词化标记"的、者、所、之"的语法功能和语义功能》,见《朱德熙文集(第三卷)》,16—47 页,北京,商务印书馆,1999 年。

所等。①

其二,从语法语义的角度去探求"的"字短语的称代规律。

吕叔湘(1980)认为:"名+的[+名]。中心名词泛指人或具体物品,可省;指人的称谓或抽象事物,不可省。"②例如:"我的行李"可说成"我的";而"我的意见""我的老师"不能用"我的"称代。范继淹(1986)对这条规律进行了进一步的补充说明:当 X 表示领属时,中心名词是可转让的,可省;是不可转让的,不可省。③例如:

  我的书 → 我的   上海的产品 → 上海的
  我的眼睛 → *我的   老汪的性子 → *老汪的

前两例中的"书""产品"可以转让;而后两例中的"眼睛""性子"不能转让。

黄国营(1982)、孔令达(1992)等改"可转让"和"不可转让"为"非固有关系"和"固有关系"。④

陆俭明(1983)认为:对于"名+的"这种结构,X 可以为"质料","领有者""处所""时间"等。⑤ 这是着眼于 X 与中心语间的语义关系。孔令达(1992)把这种语义关系进行了更为细致的区分。他认为,对于"名$_1$+的+名$_2$"结构,名$_1$ 与名$_2$ 间具有下列关系时,名$_2$ 可以省略,构成"的"字短语。⑥

---

 ① 裘荣棠:《谈"动+的"短语的几个问题》,载《中国语文》,1992(3)。
 ② 吕叔湘:《现代汉语八百词》,135 页,北京,商务印书馆,1980。
 ③ 范继淹:《"的"字短语代替名词的语义规则》,见《范继淹语言论文集》,123 页,北京,语文出版社,1986 年。
 ④ 黄国营:《"的"字的句法、语义功能》,载《语言研究》,1982(1)。孔令达:《"名$_1$+的+名$_2$"结构中心词省略的语义规则》,载《安徽师大学报》,1992(1)。
 ⑤ 陆俭明:《"的"字结构和所字结构》,见吕叔湘、朱德熙,等《语法研究和探索(一)》,57—58 页,北京,北京大学出版社,1983 年。
 ⑥ 孔令达:《"名$_1$+的+名$_2$"结构中心词省略的语义规则》,载《安徽师大学报》,1992(1)。

第六章 "的"字短语

表领属(非固有关系):小王的[书包]
表处所:街口的[茶馆]　　表时间:今天的[报纸]
表特征:铜纽子的[制服]　表质料:红木的[沙发]
表来源:浙江的[榨菜]　　表工具:大门的[锁]

名₁与名₂间具有下列关系时,名₂不能省略,不能构成"的"字短语。例如:

表领属(固有关系):*大海的[中间]
表范围:*朋友中的[重要人物]　*表相关:大会的[消息]
表属性:*敌意的[目光]　表同一:*一年的[时间]
表比喻:*铁的[纪律]　表成数:*一半的[收入]
表举例:*"尘土"的["尘"字]

黄国营(1982)有类似的看法。①

吕叔湘(1980)认为:"形+的[+名]。修饰语是限制性或分类性的,中心名词可省。""修饰语是描写性或带感情色彩的,中心名词不能省。"②例如:"粉红的花儿"可说成"粉红的",而"美丽的花朵"不能说成"美丽的"。范继淹(1986)把"分类性"改成"区别性",并指出不单 X 为形容词时,而且 X 为名词,为动词时也适用。对于所有的"X+的+中心名词"这种结构,"凡修饰语是区别性的,中心名词可以省略;凡修饰语是非区别性的,中心语不能省略"。③ 关于 X 具有区别性特征,袁毓林、陆丙甫也有类似的表述。袁毓林(1995)说:"在 X+的+Y 中,如果 'X+的' 是 Y 的区别性定语,那么 'X+的' 可以指代 Y。"④陆丙甫(2003)指出,"只

---

① 黄国营:《"的"字的句法、语义功能》,载《语言研究》,1982(1)。
② 吕叔湘:《现代汉语八百词》,北京,商务印书馆,1980。
③ 范继淹:《"的"字短语代替名词的语义规则》,见《范继淹语言论文集》,北京,语文出版社,1986。
④ 袁毓林:《谓词隐含及其句法后果——"的"字结构的称代规则和"的"的语法语义功能》,载《中国语文》,1995(4)。

有当定语的区别性足以使名词显得冗余或容易恢复时,核心名词才能省略"①。黄国营(1982)、孔令达(1992)还分别对"形+的+中心语"和"名+的+中心语"中的定语是否具有区别性设计了一种形式上的鉴别方法。②

2. 从认知功能角度去解释"的"字短语生成机制

沈家煊(1999)认为:"的"字短语的转指适合转喻的认知模型,"概念A指代B,A和B须同在一个认知框架内","A附带激活B,A在认知上的'显著度'必须高于B"。③例如:"开车的人"可说成"开车的",而"到站的时间"不能说成"到站的"。原因在于前者"人"在"施事——动作——受事"这个认知框架内,而后者"时间"不在"施事——动作——受事"这个认知框内。再如:"北京的老百姓"可说成"北京的",而"老百姓的北京"不能说成"老百姓的",是因为"北京"的显著度高于"老百姓"。沈家煊(1999)还进一步明确指出,"X的"转指中心语的条件是:中心语代表的概念一方面要有一定的显著度(处在认知框架内),一方面其显著度不得超过X所代表的概念。④

石毓智(2000)认为:"'的'字与量词在功能上具有相似性,量词代表的是典型的物质空间的离散量,相应地,'的'字短语的一个重要语义特征是有离散量的性质,转喻要求转指对象和被转指对象在数量特征上必须相配。""转指的限制不是来自于有没有量的观念,而是来自是否有离散性的数量特点。"⑤例如:"*是的""*高高的"。"是"不能构成"的"字短语,是因为它不表示

---

① 陆丙甫:《"的"的基本功能和派生功能》,载《世界汉语教学》,2003(1)。
② 黄国营:《"的"字的句法、语义功能》,载《语言研究》,1982(1)。孔令达:《"名₁+的+名₂"结构中心词省略的语义规则》,载《安徽师大学报》,1992(1)。
③ 沈家煊:《转指和转喻》,载《当代语言学》,1999(1)。
④ 沈家煊:《转指和转喻》,载《当代语言学》,1999(1)。
⑤ 石毓智:《论"的"的语法功能的同一性》,载《世界汉语教学》,2000(1)。

第六章 "的"字短语

在时轴上有明确起讫点的完整行为,即没有离散性。"高高"所代表的程度也相当模糊,不具有离散性,所以不能构成"的"字短语。

孔令达(1992:106)认为:对于"名$_1$+的+名$_2$"这种结构,"'名$_2$'省略的可能性与'名$_2$'的语义联想难度成反比。"①

周国光(1997)对儿童掌握"的"字结构的状况进行了考察,他认为,"NP+的"和"VP+的"结构转指中心语用法出现的顺序分别是:领有者+的→颜色+的→方位处所+的→质料+的;转指施事、工具→转指受事、结果→转指范围。并主要从儿童的认知能力上解释了这个结论。②

(二)"的"字短语的本质

关于"的"字短语本质的研究,主要的观点有如下两种。

一种是"省略说"。这种观点认为"的"字短语是由定中结构"X+的+Y"省略中心词Y而成。吕叔湘(1980)说:"修饰名词的'的'字短语,在句子里往往可以代替整个组合。"③范继淹(1986)说:"'的'字短语代替名词,指的是'的'字短语有时可以代替整个名词性组合。就是说'A+的+名'这种组合,有时可以省去中心词而语义不变。"④吕先生、范先生在此的意思,就是说"的"字结构实质上就是由定中结构省略而来。史锡尧(1990)说得更明白,"'的'字短语是各种作为名词定语的词语加上助词'的'后省略了中心语而形成的。"⑤郭锐(2000)提出:"'的'字结

---

① 孔令达:《"名$_1$+的+名$_2$"结构中心词省略的语义规则》,载《安徽师大学报》,1992(1)。
② 周国光:《汉语句法结构习得研究》,166—193页,合肥,安徽大学出版社,1997年。
③ 吕叔湘:《现代汉语八百词》,135页,北京,商务印书馆,1980年。
④ 范继淹:《"的"字短语代替名词的语义规则》,见《范继淹语言论文集》,123页,北京,语文出版社,1986年。
⑤ 史锡尧:《名词短语》,13页,北京,人民教育出版社,1990年。

构作为主宾语是饰词成分的零标记转指,是句法层面的名词化。"①究其实质,郭锐的观点也是"省略说"。

另一种是"附着说"。这种观点认为"的"字短语是由助词"的"附在实词或词组后边构成的,它用来指称事物。胡裕树等(1979)认为"助词'的'也可以附在词或词组后边,合起来成为具有名词功能的'的'字结构。"②许多现代汉语教材,都采用"附着说"这一观点。③朱德熙(1999)认为,"VP+的"结构转指主宾语,是由于"的"字具有转指功能。④因此,转指理论,究其实质,也是"附着说"。

(三)"的"字短语的特点

张博(1981)认为:"的"字短语的表达作用可概括为两个方面:"一是言简意赅","二是形象具体"。⑤刘公望(1990)认为,"的"字短语具有是"概括性"和分类作用。⑥姚锡远认为(1998)"的"字短语具有简易性和指代性。⑦周明强(1999)认为:从语上看,"的"字短语具有"附着说""概括说""指称说""对等性"和"独立性"的特点。⑧李芳杰与冯雪梅(1999)从表达功能着眼,认为表称谓的"的"字短语或是用来强调责任和义务,或是用来表贬

---

① 郭锐:《表达功能的转化和"的"字的作用》,载《当代语言学》,2000(1)。
② 胡裕树,等:《现代汉语(增订本)》,336页,上海,上海出版社,1979年。
③ 黄伯荣和廖序东主编的《现代汉语》(下)(2002:66),林祥楣主编的《现代汉语》(1995:223),徐青主编的《现代汉语》(1990:320),吴启主主编的《现代汉语教程》(1990:394)等都采用"附着说"的观点。
④ 朱德熙:《自指和转指——汉语名词化标记"的、者、所、之"的语法功能和语义功能》,见《朱德熙文集(第三卷)》,16—47页,北京,商务印书馆,1999年。
⑤ 张博:《"的"字结构说略》,载《河北师范大学学报》,1981(4)。
⑥ 刘公望:《名助词"的"与"的"字短语》,载《北京师范学院学报:社科版》,1990(4)。
⑦ 姚锡远:《"的"字短语研究拾遗》,载《语文研究》,1998(2)。
⑧ 周明强:《"的"字短语的界定及其主要特点》,载《内蒙古师大学报:哲社版》,1999(3)。

义,或是用来表轻视或自谦等。[①]

三、"的"字短语研究的特点

从以上所述可以看出"的"字短语的研究呈现如下几个特点:

第一,研究的时间上不平衡。30年代至70年代末对"的"字短语的研究很少,正式而系统地专门对它进行研究几乎没有。70年代末开始,对"的"字短语的研究有了突出的发展,并取得了许多可喜成绩。

第二,研究的对象不平衡。重在对"的"字短语的生成法则进行研究,对"的"字短语的特点的研究较零散,不成系统。

第三,研究的方法和角度不平衡。重在短语平面上的静态研究,句子平面上的动态的研究很少。重在分析"的"字短语本身,对短语以外的语境因素的影响重视不够。

第四,研究成果的解释力的范围不平衡。许多研究成果,对静态的短语平面上的"的"字短语有很强的解释力,但对于动态的句子平面上的"的"字短语,可能会遇到不少麻烦。例如:

(1)可是,希望多半落空,祥子的也非例外。(老舍《骆驼祥子》)

(2)"别装傻!"孙侦探的眼盯住祥子的:"大概你也有点积蓄,拿出来买条命!……"(老舍《骆驼祥子》)

按静态研究的理论和观点,"祥子的"不能指代"祥子的希望","祥子的眼",因为对于"名+的[+名]",中心名词指抽象事

[①] 李芳杰、冯雪梅:《指代称谓的"的"字结构的表达功能》,载《汉语学习》,1999(5)。

物时,中心名词不能省;①中心名词是不可转让的,不可省。② 而"希望"是抽象事物,"眼睛"是不可转让的事物。但在实际语篇中,这类"的"字短语的确能成立,而且很富表现力,在实际运用中例子不少。有些学者会注意到了这类"的"字短语,但只是简单地指出是由于语境的影响,而没有深入地挖掘语境是如何影响的,给出有说服力的解释。如果把"的"字短语放到动态语篇中去研究,而不局限于"的"字短语本身,把"的"字短语内部构造与外部语境因素结合起来进行研究,而不是孤立地讨论一个方面。也许会有助于解释句子平面上的这类动态的"的"字短语,有助于我们更好地更全面地把握"的"字短语。

第二节 "的"字短语的类型

"的"字短语的分类,可以从不同的角度进行。本节我们从结构和意义两个角度对"的"字短语进行分类。

一、"的"字短语的结构类型

"的"字短语的结构类型,实质上是指"X+的"中X部分的结构类型。③ 具体一点说,就是指X能由什么样的词和短语充担。我们把"的"字短语的结构类型放在实际语篇中考察,结果发现"的"字短语的结构类型非常复杂且具有规律性。

概括来讲,"的"字短语的结构类型可分为两类:"词+的"型

---

① 吕叔湘:《现代汉语八百词》,135页,北京,商务印书馆,1980年。
② 范继淹:《"的"字短语代替名词的语义规则》,见《范继淹语言论文集》,123页,北京,语文出版社,1986。
③ "X+的"中"的"字部分,由于它在形态、意义和功能上没有变化,因此,它对"的"字短语的结构类型不造成影响。

第六章 "的"字短语

和"短语+的"型。

(一)"词+的"型

"词+的"型"的"字短语,是指 X 由词充当的"的"字短语。这类"的"字短语又可以分为下面的小类。

1."名词+的"型

"名词+的"型,是指 X 由名词充当的"的"字短语。例如:

(1)给你钱,先去买扫帚,要竹子的,好扫雪。(老舍《骆驼祥子》)

2."动词+的"型

"动词+的"型,是指 X 由动词充当的"的"字短语。例如:

(2)脸蛋上,他以为流的是汗,原来是血。(老舍《骆驼祥子》)

3."形容词+的"型

"形容词+的"型,是指 X 由形容词充当的"的"字短语。例如:

(3)大学里有的是女孩子。那么多女孩子中漂亮的不少。很快我又爱上了。(王大进《不荣誉的父亲》)

4."代词+的"型

"代词+的"型,是指 X 由代词充当的"的"字短语。例如:

(4)这张票和我们的不是同一航班,同日下一班。(王朔《橡皮人》)

5."数词+的"型

"数词+的"型,是指 X 由数词充当的"的"字短语。例如:

(5)我们几个人中,五十的只有两个人。(张博的用例)[①]

[①] 张博:《"的"字结构说略》,载《河北师范大学学报》,1981(4)。

(二)"短语+的"型

"短语+的"型"的"字短语,是指 X 由短语充当的"的"字短语。这类"的"字短语又可以分为下面的小类。

1."定中短语+的"型

"定中短语+的"型,是指 X 由定中短语充当的"的"字短语。例如:

(1)"好,到底显出庐山真面貌来了,"孙大盛说,"怪不得人说酒场上有三个不可轻视,'<u>红脸蛋的吃药片的梳小辫子的</u>'。"(莫言《倒立》)

2."状中短语+的"型

"状中短语+的"型,是指 X 由状中短语充当的"的"字短语。例如:

(2)"<u>不结婚的</u>能不能去?"董延平嚷。

"不能,"小刘远远地说,"只能是预备役新郎新娘"。(王朔《永失我爱》)[状+动词+的]

(3)你要待我好些,我可以继续给你批发美人,我是胖了点,我的女朋友却没有<u>不漂亮的</u>!(贾平凹《猎人》)[状+形容词+的]

3."动宾短语+的"型

"动宾短语+的"型,是指 X 由动宾短语充当的"的"字短语。例如:

(4)你说<u>当农民的</u>,除了这,还能有啥办法?(田东照《还乡,还乡》)

4."中补短语+的"型

"中补短语+的"型,是指 X 由中补短语充当的"的"字短语。例如:

第六章 "的"字短语

(5)他轻轻地把<u>黄透了的</u>全掐下来,就手来把玫瑰的冗条子也打了打。(老舍《二马》)[形补短语+的]

(6)那<u>长得丑的</u>,将来承袭她们妈妈的一切;那长得有个模样的,连自己也不知道,早晚是被父母卖出,"享福去"!(老舍《骆驼祥子》)[动补+的]

5."主谓短语+的"型

"主谓短语+的"型,是指 X 由主谓短语充当的"的"字短语。例如:

(7)<u>张璐找的</u>是一个同学的母亲,客运室的负责人。(王朔《橡皮人》)

6."兼语短语+的"型

"兼语短语+的"型,是指 X 由兼语短语充当的"的"字短语。例如:

(8)<u>更使他难堪的</u>是他琢磨出点意思来:她不许他去拉车,而每天好菜好饭地养着他,正好像养肥了牛好往外挤牛奶!(老舍《骆驼祥子》)

7."连谓短语+的"型

"连谓短语+的"型,是指 X 由连谓短语充当的"的"字短语。例如:

(9)<u>紧挨孙应宽站着的</u>是一位十一二岁的女孩,叫丹丹,是丁国义要去住的第四家马吉祥的孙女。(田东照《还乡,还乡》)

8."联合短语+的"型

"联合短语+的"型,是指 X 由联合短语充当的"的"字短语。例如:

(10)一切人,包括<u>白脸蓝眼珠的</u>,都天生的比他低着一等或

好几等。(老舍《正红旗下》)[名+名+的①]

(11)妈,不用老护着中国人,他们要是不讨人嫌,为什么电影上,戏里,小说上的中国人老是些<u>杀人放火抢女人的</u>呢?(老舍《二马》)[动+动+的]

(12)因此,胡同里的人有时候对祁老人不能不敬而远之,而对老李夫妇便永远热诚的爱戴;他们有什么委屈都向李四妈陈诉,李四妈便马上督促李四爷去帮忙,而且李四妈同情的眼泪是<u>既真诚又丰富的</u>。(老舍《四世同堂》)[形+形+的]

(13)吃个年夜饭,<u>岁数大身体好的</u>,就早点儿睡了,其他人起码得熬到第二个火塔子。(田东照《还乡,还乡》))[主谓+主谓+的]

9."方位短语+的"型

"方位短语+的"型,是指 X 由方位短语充当的"的"字短语。例如:

(14)街上的雪已不那么白了,<u>马路上的</u>被车轮轧下去,露出点冰的颜色来。(老舍《骆驼祥子》)

10."介宾短语+的"型

"介宾短语+的"型,是指 X 由介宾短语充当的"的"字短语。例如:

(15)<u>关于战争的</u>,正是因为根本没有正确消息,谣言反倒能立竿见影。(老舍《骆驼祥子》)

从以上分析可以得出:能充当 X 的词为名词、动词、形容词、

---

① 此处的"名+名+的"和下两例中[ ]中的"动+动+的""形+形+的"中的"名""动""形"分别指名词性的词语、动词性的词语和形容词性的词语。

第六章 "的"字短语

代词、数词。① 能充当 X 的短语可为定中短语②、状中短语、动宾短语、中补短语、主谓短语、连动短语、兼语短语、形补短语、联合短语、方位短语、介宾短语。但是副词、介词、连词、助词、叹词、拟声词、量词不能充当 X;X 也不能是比况短语和"的"字短语。

二、"的"字短语的语义类型

我们把"的"字短语的语义类型放在实际语篇中考察,结果发现"的"字短语的语义类型也非常复杂,比如从结构内部考察,一般认为"祥子的眼"不能说成"祥子的",因为"眼"是不可转让的、固有的(范继淹 1986、黄国营 1982、孔令达 1992),是表示部件的一价名词(袁毓林 1994),③但是在实际语篇中,"祥子的眼"就可以说成"祥子的"。例如:"别装傻!"孙侦探的眼盯住祥子的:"大概你也有点积蓄,拿出来买条命!……"(老舍《骆驼祥子》)这就暗示了要把"的"字短语的语义类型放在实际语篇中考察的重要性。

"的"的语义类型是根据"的"字短语中的 X 与"的"字短语的隐性中心语(为了方便叙述,我们把它记作 Y)的语义关系划分出来的类型,可大致概括成下列类型。

(一)X 表相关的动作行为,Y 为施事或受事

(1)马先生一天到晚嘱咐他,别和别人打架,遇到街上有打架

---

① 张博:《"的"字结构说略》,载《河北师范大学学报》,1981(4)。此结论与张博的结论相同。
② 朱德熙:《语法讲义》,144 页,北京,商务出版社,1982 年。朱德熙把同位短语视为定中短语,我们这里的定中短语包括同位短语。
③ 范继淹:《"的"字短语代替名词的语义规则》,见《范继淹语言论文集》,北京,语文出版社,1986 年。黄国营:《"的"字的句法、语义功能》,载《语言研究》,1982(1)。孔令达:《"名$_1$+的+名$_2$"结构中心语省略的语义规则》,载《安徽师大学报》,1992(1)。袁毓林:《一价名词的认知研究》,载《中国语文》,1994(4)。

的,躲远着点!(老舍《二马》)

(2)家属到了中午工厂下班时间,依然去胜利桥头卖猪头肉了,他就和丁辉和小姬在屋子里喝酒,<u>吃</u>的是新出锅的猪头肉。(衣向东《我们的战友遍天下》)

(二)X 表性质属性①,Y 为主体

(3)学校不同,年纪不同,长相不同,可是都一样的讨厌,特别是坐在车上,<u>至老实</u>的也比猴子多着两手儿。(老舍《骆驼祥子》)

(4)我这么干是很没有原则的,应该受到谴责。<u>正确</u>的是你妈妈的态度。(王朔《刘慧芳》)

(三)X 表领有者,Y 为个体

(5)钱是<u>我</u>的,我爱给谁才给!(老舍《骆驼祥子》)

(6)如果不出意外,她一定是<u>我</u>的。(王大进《不荣誉的父亲》)

(四)X 表环境因素,Y 为主体

环境因素包括时间与处所:

(7)那时候的花一定比<u>现在</u>的香!(老舍《二马》)

(8)祥子明白了,<u>车上</u>的是刘四爷!(老舍《骆驼祥子》)

(五)X 表个体,Y 为部件

(9)"别装傻!"孙侦探的眼盯住祥子的:"大概你也有点积蓄,拿出来买条命!……"(老舍《骆驼祥子》)

(10)所不同的是,西洋妇女的鼻子比<u>中国老娘们</u>的高一点罢了。(老舍《二马》)

---

① 表性质属性类中,包括许多小类,如表示人的年龄、性别、职业、身份、姓氏、外貌穿着、性格、品德、兴趣、爱好、习惯、思想态度、经济状况、健康状况、智力状况、心理状态、综合素质等,表示物的材料、颜色、味道、形状、作用、体积、价钱、型号、温度、硬度、包装等。

第六章 "的"字短语

有时,X 与 Y 有多种语义关系。例如:

(11)<u>站在台阶上的</u>是本街派出所的民警小丁和一个有着胖嘟嘟脸蛋的老警官,小丁向周瑶介绍他姓单。(王朔《我是"狼"》)

(12)男人烧的菜有时比<u>女人烧的</u>不知香多少,虽然烧菜往往视为女人拿手,但大师傅十有八九是男的。(王朔《我是"狼"》)

例(11),X 中的"站"表 Y 的动作,X 中的"台阶上"表示 Y 的处所。例(12),X 中的"女人"与 Y"菜"有施事受事语义关系,X 中的"烧"与 Y"菜"有动作与受事关系。

第三节 "的"字短语的语义特点

从结构上看,"'的'字短语可以表示成'X + 的 + [Y]'的形式。X 是'的'字短语中'的'字前面的部分,它是显现的,有直观的视觉形式和声音形式;Y 是'的'字短语中'的'字后面的中心语,它是隐性的,没有视听形式,但从理解的角度看,可感觉到它的存在。"如:

(1)祥子明白,<u>车上的</u>是刘四爷。(老舍《骆驼祥子》)

横线部分"车上的"是"的"字短语,X 是"车上",它有视觉形式和声音形式;而 Y 在文本里,既看不见,也听不着,但我们从理解的角度看,可感觉到它的存在,它可以是"人"。

"的"字短语的结构可分为"X""Y"和"X + 的"三个部分,从语义的角度来看,这三部分各有什么特点呢?相互间有什么关系呢?这是本节将探讨的问题。

一、"的"字短语的分类属性

人们在认识世界和改造世界的过程中,要对各种各样的事物

动作行为状态进行分类。"的"字短语就是人们对事物进行分类在语言上的表现。

先看下列例子。

(2) 红的苹果→红的①

(3) 木头的沙发→木头的

例(2)中,"的"字短语"红的",我们可视为以"颜色"为分类角度,对"苹果"进行分类的结果。说得更具体一点,就是以"红"的语义类别"颜色"为分类角度,对"苹果"进行分类,"红的"表示分类结果中的一类。同样,例(3)中的"的"字短语"木头的",可看成以"木头"语义类别"材料"为分类的角度,对"沙发"进行分类,"木头的"表示其中的一类。

因此可以说,对于"的"字短语"X+的",可视为以 X 的语义类别为分类角度,对 Y 进行分类,"X+的"表示分类结果中的一类。也就是说,"X+的"的实质是对 Y 进行分类的结果。从逻辑的角度来看,对事物进行分类要具有母项、子项和划分标准三个因素。②"的"字短语中的 X 的语义类别就是划分标准,Y 是母项,"X+的"是一个子项。关于"的"字短语有分类属性,刘公望(1990)也有类似的观点。他说"的"字短语"所指称的事物有较大概括性,往往指具有某种特性的一类事物,因此它具有明显的分类作用"。③"的"短语分类实质来自于"的"的语法功能。石毓智(2000)说:"的"的语法功能就是"从一个认知域中确定出成员(一个或多个)"用通俗一点说法,即"的"有分类的功能。④

---

① "红的苹果→红的"表示"红的苹果"能用"的"字短语"红的"来指称。
② 彭漪涟,等:《逻辑学教程》,36—37 页,上海,华东师范大学出版社,2009 年。
③ 刘公望:《名助词"的"与"的"字短语》,载《北京师范学院学报:社科版》,1990(4)。
④ 石毓智:《论"的"的语法功能的同一性》,载《世界汉语教学》,2000(1)。

第六章 "的"字短语

由于"的"字短语"X+的"的实质是对Y进行分类,因此,一个合格的"的"字短语"X+的",从语义角度看,必须满足两个条件:第一,Y具有可分类性;第二,X能对Y进行分类。X能对Y进行分类,具体表现为三个方面:X具有分类功能;X的语义类别是对Y分类的角度;"X+的"是分类结果中的一类。

二、Y具有可分类性

Y作为被分类的事物,作为分类的母项,必须能够被分类,具有可以分类的属性,能够从某个角度按照一定标准被分成小类。如果Y不具备可分类性,就不能构成合格的"的"字短语。

袁毓林(1995)说,在NP_1+的+NP_2结构中,当NP_2是专有名词时,"NP_1+的"不能称代专有名词。[①] 例如:

(4)中国的长江→*中国的[②]

(5)苏州的虎丘→*苏州的

(6)汉白玉的人民英雄纪念碑→*汉白玉的

袁毓林的NP_2就是我们说的Y,即Y不能为专有名词。为什么Y不能为专有名词呢?原因在于专有名词不具有可分类性,其外延成员只有一个,不能被分类。

有时,表达者为了特殊的表达需要,使用一定手段,使本身不可分类的事物,在表达者的主观意思里具备了可分类性,从而也能充当"的"字短语后的Y。例如:

(7)这么一想,他心中给自己另画出一条路来,在这条路上的祥子,与以前他所希望的完全不同了。(老舍《骆驼祥子》)

[①] 袁毓林:《谓词隐含及其句法后果——"的"字结构的称代规则和"的"的语法语义功能》,载《中国语文》,1995(4)。

[②] "中国的长江→*中国的"表示"中国的长江"不能用"的"字短语"中国的"来指称,"中国的"在此不能构成合格的"的"字短语。后面的例句同。

239

"以前他所希望的"中的Y是"祥子","祥子"本身是一个专有名词,具有不可分类性。但在此处作者的主观意思里,把它视为能够被分类、具有可分类性的事物,即把"祥子"分为一个"现实的祥子",一个"以前所希望的祥子"。这种将事物的不可分类性转变为主观上的可分类性,主要是通过对比的手段来实现的。

三、X具有分类功能

X能对Y进行分类的前提条件是X具有能对事物进行分类的功能。不能对事物进分类的词语,不能充当X。

裴荣棠(1992)认为,关系动词、动词的重叠形式和动词肯定否定相叠形式不能构成"的"字短语。① 例如:

(8) *是的 *姓的 *当作的 *成为的

(9) *洗洗的 *吃不吃的 *考虑考虑的 *写不写的 *打扫打扫的

为什么这些词语不能构成"的"字短语呢?原因就在于它们对事物不具有分类功能。

我们曾对约85万字的语料(老舍小说《骆驼祥子》《正红旗下》《二马》;王朔小说《王朔文集·橡皮人》;2004年第3期小说月报)中的"的"字短语中的X从结构上进行过统计考察,考察的结果是:"的"字短语中的X没有副词、介词、助词、连词、语气词、叹词、拟声词、量词这几类词。这个结果与张博的观点一致。张博(1981)说:"'的'字只能附在某些实词之后构成'的'字结构,不能附在虚词之后构成'的'字结构。"② 其中的"某些实词"不包括副词和量词;其中的虚词是指介词、助词、连词、语气词、叹词、

---

① 裴荣棠:《谈"动+的"短语的几个问题》,载《中国语文》,1992(3)。
② 张博:《"的"字结构说略》,载《河北师范大学学报》,1981(4)。

第六章 "的"字短语

拟声词。如"＊很的""＊个的""＊从的""＊着的""＊和的""＊吗的""＊哎哟的""＊叮当的"等都不能构成合格的"的"字短语。为什么会这样？原因就是因为这些词对事物没有分类功能。

对事物不具备分类功能的词语，有个特点，或者没有实在的词汇意义，或者没有数量上的离散性。助词、连词、语气词、介词等，没有词汇意义；副词与量词，词汇意义不够实在；"是""姓"等关系动词和"洗洗""吃不吃"等词语，没有离散性。[①] 由此可见，X 具有分类功能的一个重要条件是：X 具有实在的词汇意义和数量上的离散性。

四、X 的语义类别是对 Y 分类的角度

从理论上讲，给事物分类的角度是无穷的，作为 Y 的分类角度——X 的语义类别也这样，是一个开放的类。X 的语义类别，常见的有下列几种：

表示领有者：如我的[苹果]，祥子的[车]。

表示动作：如跑步的[人]，吃的[东西]。

表示处所：如桌子上的[书]，车上的[人]。

表示性质：如聪明的[孩子]，重要的[事情]。

表示时间：如昨天的[票]，明年的[计划]。

复合语义类别：如站在门口的[人]，昨天买的[玩具]。前者表示动作和处所的；后者表示时间和动作。

如果某 X 的语义类别不能作为 Y 的分类角度，则 X 不能对 Y 进行分类，不能构成"的"字短语。例如：

[①] 石毓智：《论"的"的语法功能的同一性》，载《世界汉语教学》，2000(1)。石毓智认为：在时间轴上具有起讫点，边界明确的动词，具有离散性的数量特征。在时间轴上没有明确起讫点的动词，没有离散性或离散性弱。"是""姓""洗洗""吃不吃"等，在时间轴上没有明确起讫点，没有离散性。

例(10)热的时候→＊热的

(11)铁的纪律→＊铁的

(12)历史的车轮→＊历史的

例(10)中,"热"的语义类别是"温度","温度"不能作为"时候"的分类角度。也就是说,"时候"不能从"温度"的角度进行分类。因此,"热"对"时候"没有分类功能,"热的"在此不能构成"的"字短语。同样,例(11)、例(12)中的"铁的""历史的"之所以在此不能构成"的"字短语,是因为"铁"是材料,不能作为"纪律"的分类角度,"历史"表时间,不能作为"车轮"的分类角度。

Y的分类角度有个惯用角度和非惯用角度的问题。

对于某个或某类具体的事物,可以从多个角度进行分类。其中有些分类角度,是人们习惯上喜欢用的,经常用的,我们称之为惯用角度;而有些角度,习惯上人们一般不用,或者一般不大用,我们称之为非惯用角度。例如:"问题""情况""意见""观点"。如从从性质上对其进行分类,属于惯用角度。如从"领有者"或时间的角度对其进行分类,属于非惯用角度。X的语义类别属于Y分类的惯用角度的,易于构成"的"字短语;X的语义类别属于Y分类的非惯用角度的,难于构成"的"字短语。例如:

(13)Y →惯用角度 → 非惯用角度

　　问题 →重要的 →＊你的 ＊昨天的

　　情况 →详细的 →＊我的 ＊昨天的

　　意见 →正确的 →＊你的 ＊昨天的

　　观点 →错误的 →＊我的 ＊昨天的

惯用角度和非惯用角度的理论可解释下列语言规律。

吕叔湘(1981)认为:对于"名＋的[＋名]"结构,中心名词泛

第六章 "的"字短语

指人或具体物品,可省;指抽象事物,不能省。[①] 吕先生此处的第一个"名"是 X,第二个"名"(即中心名词)是 Y。也就是说,在 X 为名词性词语时,对于"X+的+Y"结构,当 Y 泛指人或具体物品时,可以用"的"字短语"X+的"来代替,即"X+的"是合格的"的"字短语;当 Y 指抽象事物时,不能用"的"字短语"X+的"来代替,即"X+的"不能构成合格的"的"字短语。

为什么会有这种现象呢?因为当 X 为名词性词语时,其语义类别一般表示"领有者""时间""处所""材料"等。例如:你的;今年的;车上的;木头的。在 Y 是抽象事物时,这些语义类别是 Y 分类的非惯用角度,此时,"X+的"难于构成合格的"的"字短语。例如:对于"声音""力气",人们一般不从或很少从"领有者""时间""处所""材料"的角度对它们分类。在 Y 为人或具体事物时,这些语义类别是 Y 分类的惯用角度,此时,"X+的"易于构成合格的"的"字短语。

范继淹(1986)指出,表示领属的"名+的+名",中心名词是表示身体的一部分,中心名词不能省略。[②] 例如:

(14) 我的眼睛→*我的

(15) 她的鼻子→*她的

(16) 小王的身子→*小王的

产生这种现象的内在原因是:"眼睛""鼻子""身子"等身体部位,一般不从"领有者"角度对其分类。因为对于某个具体的"眼睛""鼻子""身子",或其他部位而言,它的领有者已是固定的,且不会变化,没有必要从"领有者"角度对它分类。"领有者"角度对身体部位而言属非惯用角度。所以,表领属关系的 X,难

[①] 吕叔湘:《现代汉语八百词》,135 页,北京,商务印书馆,1980 年。
[②] 范继淹:《"的"字短语代替名词的语义规则》,见《范继淹语言论文集》,123 页,北京,语文出版社,1986 年。

以用"的"字构成来指称身体的部位。

当X的语义类别为非惯用角度时,X难于构成"的"字短语。但在一定条件下,也可以构成"的"字结构。例如:

(17)凯萨的思想和保罗的相差至少有一百年;她的是和平自由;要破婚姻,宗教;不要窄狭的爱国;不要贵族式的代议政治。保罗的呢?战争爱国,连婚姻与宗教的形式都要保存着。(老舍《二马》)

(18)那个人头说了话,语音可不像虎妞的。(老舍《骆驼祥子》)

(19)我们的文明比你们的,先生,老得多呀!(老舍《二马》页)

(20)所不同的,是西洋妇女的鼻子比中国老娘们儿的高一点罢了。(老舍《二马》)

(21)十成的眼对准了二哥的,二哥赶紧假装地看着枣树叶上的一个"花布手巾"。(老舍《正红旗下》)

横线部分都是分类角度为非惯用的"的"字短语。黄国营(1982)说,这类"的"字短语具有对比特点;①袁毓林(1995)说,这类"的"字短语大都是表示对比的格式。② 也就是说,这类"的"字短语经常出现在对比比较句式中。另外,它们也常出现在判断句中。例如:

(22)命是自己的,可是教别人管着。(老舍《骆驼祥子》)

(23)他是这么想,反正自己的力气是自己的。(老舍《骆驼祥子》)

(24)看着自己的大手大脚,明明是自己的,可是又像忽然由

---

① 黄国营:《"的"字的句法、语义功能》,载《语言研究》,1982(1)。
② 袁毓林:《谓词隐含及其句法后果——"的"字结构的称代规则和"的"的语法语义功能》,载《中国语文》,1995(4)。

第六章 "的"字短语

什么地方找到的。(老舍《骆驼祥子》)

语义类别为非惯用角度的 X,一般情况下难以构成"的"字短语,为什么在对比句式和判断句中却能构成呢?原因在于:"对比"的前提是先要区分出两个以上的对比对象,而这实质上已是分类。对比的分类属性把非惯用分类角度转变为强制分类角度。"的"字短语构成的判断句中有一种表示分类。朱德熙(2001)说:"凡是指称形式在前,分析形式在后的判断句总是表示分类。"[①]表示分类的判断句,其分类属性把非惯用角度转化为强制分类角度。

五、"X+的"是分类结果中的一类

一个合格的"的"字短语,就是用 X 的语义类别对 Y 进行分类,"X+的"是分类结果中的一类。例如:我的[书包]。这是从领有者的角度对"书包"进行分类的,分类结果可以有"我的""你的""小王的"等,"我的"是分类结果中的一类。如果"X+的"不是分类结果中的一类,此时"X+的"不能构成合格的"的"字短语。例如,我们不能用"石头的"去指代"衣服"。"石头"的语义类别可视为材料,且"衣服"能从材料角度去进行分类,比如"布的""绵的"等。之所以"石头的"不能作为"的"字短语指代"衣服",就是因为"石头的"不能是分类结果中的一类。

"X+的"具有区别性的语义特征。例如:"我的[书包]"区别于"其他人的书包";"打球的[人]"区别于"进行其他活动的人";"身材苗条的[姑娘]"区别于"其他身材的姑娘"。关于"X+的"区别性语义特点,许多学者都有论述。袁毓林(1995)认为:"只有

[①] 朱德熙:《"的"字结构和判断句》,见《现代汉语语法研究》,139页,北京,商务印书馆,2001年。

区别性定语'X+的'可以称代从 X 中提取出来的中心语 Y。"①孔令达(1992)认为:"名1+的"用来直接指称事物时具有明显的区别作用。② 范继淹认为(1986)"'A+的+名'格式中,凡修饰语是区别性的,中心名词都可以省略;凡修饰语是非区别性的,中心名词不能省略。"③

"X+的"为什么会具有区别性的语义特征呢？其理据就在于"X+的"是 X 对 Y 分类结果中的一类,它与分类结果中的其他类相区别,因而具有区别性。

综上所述,从语义上看,"的"字短语"X+的+[Y]"的实质就是以 X 的语义类别为分类角度对 Y 进行分类。"的"字短语的语义特点是:Y 具有可分类性,当 Y 是专有名词时,Y 没有可分类属性。X 能对 Y 进行分类,具体表现为三个方面:其一,X 具有分类功能,具有实在的词汇意义和数量上的离散性是 X 具有分类功能的重要条件。其二,X 的语义类别是对 Y 分类的角度。X 的语义类别属于 Y 分类的惯用角度的,易于构成"的"字短语;X 的语义类别属于 Y 分类的非惯用角度的,难于构成"的"字短语。通过一定的手段,非惯用角度可转化为强制分类角度。其三,"X+的"是分类结果中的一类,"X+的"具有区别性的语义特征。

---

① 袁毓林:《谓词隐含及其句法后果——"的"字结构的称代规则和"的"的语法语义功能》,载《中国语文》,1995(4)。

② 孔令达:《"名$_1$+的+名$_2$"结构中心词省略的语义规则》,载《安徽师大学报》,1992(1)。

③ 范继淹:《"的"字短语代替名词的语义规则》,见《范继淹语言论文集》,128页,北京,语文出版社,1986 年。

第六章 "的"字短语

第四节 隐性中心语的提示方式

先看下列例子:

(1)可是,希望多半落空,<u>祥子的</u>也非例外。(老舍《骆驼祥子》)

(2)"别装傻!"孙侦探的眼盯住<u>祥子的</u>:"大概你也有点积蓄,拿出来买条命!……"(老舍《骆驼祥子》)

(3)亚历山大说话的声音比<u>乔治唱的</u>还高还足,乔治赌气不唱了,那个胖妇人也赌气不弹了,都听着亚历山大说。(老舍《二马》)

吕叔湘(1980)认为,对于"名+的[+名]",中心名词指抽象事物,不可省;对于"动+的[+名]",中心名词不能作为前面动词主语或宾语的,不可省。① 范继淹(1986)认为,对于"名+的[+名]",前一名词表示领属时,中心名词是不可转让的,不可省。② 按吕叔湘、范继淹的观点,"祥子的"不能指代"祥子的希望""祥子的眼","乔治唱的"不能指代"乔治唱的声音"。因为"希望"是抽象事物,"眼"是不可转让的,"声音"不能作为"唱"的主语或宾语。但在上面例子中却能成立。如何解释这种现象呢?

黄国营(1982)把这种现象作为反例,并指出这些反例中,删略中心名词的短语与保留中心名词的短语之间具有两个显著特点:即接近;对比。③ 这是从句式特点的角度给出的解释。袁毓林

---

① 吕叔湘:《现代汉语八百词》,135—136页,北京,商务印书馆,1980年。
② 范继淹:《"的"字短语代替名词的语义规则》,见《范继淹语言论文集》,123页,北京,语文出版社,1986年。
③ 黄国营:《"的"字的句法、语义功能》,载《语言研究》,1982(1)。

(1995)认为,这是由于语用规则具有调控作用所致。① 但是袁毓林没有说明语用规则是如何调控的。沈家煊(1999)认为,语境具有调控显著度的作用,这种现象正是这种作用的结果。② 这是从认知角度给出的回答。下面我们从另一角度来解释这一现象。

一、提示成分和提示方式

《中学教学语法系统提要(试用)》说:"可以带助词'的'作名词的定语的各种词语,许多可以省去名词,构成的字短语,用来代替名词。"③例如:看书的[人]去了操场;我看的[书]是《鲁迅选集》。这明确告诉我们,"的"字短语后面有个中心名词,由于它没有直观的视觉听觉形式,是隐现的,我们称之为"的"字短语的隐性中心语。

根据上述观点,从结构上看,"的"字短语可以表示成"X + 的 + [Y]"的形式。X 是"的"字短语中"的"字前面的部分,它是显现的,有直观的视觉形式和声音形式;Y 是"的"字短语中"的"字后面的中心语,它是隐性的,没有视听形式,但从理解的角度看,可感觉得到它的存在。

由于"的"字短语的隐性中心语 Y 是隐性的,没有直观的视觉听觉形式,只能从理解上去感知它的存在。因此,从理解的角度看,这个中心语 Y 存在一个明确性的问题。对确定 Y 有提示作用的语言成分,我们称之为提示成分。使用提示成分明确 Y 的方法,我们称之为"的"字短语隐性心中语的提示方式,简称为提示

---

① 袁毓林:《谓词隐含及其句法后果——"的"字结构的称代规则和"的"的语法语义功能》,载《中国语文》,1995(4)。
② 沈家煊:《转指和转喻》,载《当代语言学》,1999(1)。
③ 人民教育出版社中学语文室:《中学语法教学系统提要(试行)》,北京,人民教育出版社,1984 年。

方式。例如:

(1)我这么干是很没原则的,应该受到谴责的。<u>正确的</u>是你妈的态度。(王朔《刘慧芳》)

单看"的"字短语"正确的",其隐性中心语 Y 可以是"观点""态度""答案"等,而不能是"石头""空气"等,因为 Y 受到了 X "正确"的制约和提示。联系语境,Y 只能是"态度",而不能是"观点""答案"等,因为 Y 还受到了宾语中心语"态度"的提示。X "正确"和宾语中心语"态度"对明确 Y 都有提示作用,都是 Y 的提示成分。

根据提示成分所在的位置,我们把提示方式分为两类:内部提示和外部提示。内部提示是指提示成分处在"的"字短语结构体里面的提示方式。例如例(1)中的"正确"对 Y 的提示。内部提示实际上是 X 对 Y 的提示。外部提示是指提示成分处在"的"字短语结构体外面的提示方式。例如例(1)中的宾语中心语"态度"对 Y 的提示。

二、内部提示

内部提示是在"的"字短语"X+的"中,X 对 Y 的提示。X 提示的 Y 是认知域内与 X 相关的人、事、物的集合。例如:"大的",指的是与"大"相关的一类事物的集合:"人""苹果""树"等。X 对 Y 内各成员都有提示作用,只不过提示力度不尽相同。从认知角度看,内部提示的力度,实际上是通过 X,联想到 Y 的难易程度。联想难度越小,内部提示力度越强;联想难度越大,内部提示力度越弱。联想难度的大小取决于 X 和 Y 的性质。

当 X 为名词性词语时,Y 为具体事物时,联想难度小;Y 为抽象事物时,联想难度大。因为具体事物更易被感知,被联想;抽象事物难以被感知,被联想,如"我的"。我们容易把 Y 想成"书包"

"苹果""房子"等具体事物;而把 Y 想成"声音""思想"等抽象事物,难度很大。因此,对于"名+的"型"的"字短语,对具体事物的提示力度大于对抽象事物的提示力度。可表达成:

名+的:对具体事物提示>对抽象事物的提示

这是最一般的描写,还可以进一步细化。例如:当 X 表示领属时,我们更容易把 Y 联想成可转让的事物,而难以想成不可转让的事物。因为可转让的事物能体现"领属"的真正含义——行使支配权(所有者或把物归己所有,或变卖、赠送他人);而不可转让的事物却难以体现。(因为 X 与 Y 之间的关系是固定的)例如:"我的",我们更容易把 Y 想成"书包""苹果"之类,而联想成"眼睛""鼻子"等难度很大。因为"书包""苹果"之类事物,能体现"领属"的真正含义——"我"可以把物归己所有,也可以变卖、赠送他人;而"眼睛""鼻子"之类,难以体现。因此,我们可以说:

X 表领属的"名+的":对可转让之物的提示>对不可转让之物的提示。

当 X 为谓词时,对配价成分的联想,难度小;对非配价成分的联想,难度大。因为谓词的配价成分是动核结构所必需的语义成分。① 配价成分与谓词的关系密切,容易被联想到,联想难度小;非配价成分与谓词的关系疏远,难以被联想到,联想难度大。例如:"研究《红楼梦》的",我们更容易把 Y 联想成"人"等配价成分(施事),难以想成时间、处所、方式、工具等非配价成分。因此,我们可以得出:

谓词+的:对配价成分的提示>对非配价成分的提示。

内部提示力度的强弱对短语平面上的"的"字短语的生成法

---

① 范晓:《动词的"价"》,见《三个平面的语法观》,193 页,北京,北京语言文化大学出版社,1996 年。

第六章 "的"字短语

则有很大的影响。在短语平面,由于对隐性中心语的提示只有内部提示,因此,某一"的"字短语要能在短语平面上成立,其内部提示力度要有一定的强度;其内部提示力度很弱,弱到一定程度时,此"的"字短语在静态的短语平面上不能成立。这一规律能较好地解释下列语言现象。

(1) 我的意见→ *我的　祥子的希望→ *祥子的
　　 虎妞的声音→ *虎妞的
(2) 他的性子→ *他的　祥子的眼睛→ *祥子的
　　 房子的东面→ *房子的
(3) 唱的声音→ *唱的　开车的技术→ *开车的
　　 到站的时间→ *到站的

例(1)中,"的"字短语之所以不能成立,是因为在"名+的"中,对抽象事物的内部提示力度太弱;例(2)中,"的"字短语不能成立,是因为在"名+的"中,对不可转让之物的内部提示力度太弱;例(3)中,"的"字短语不能成立,是因为在"谓+的"中,对非配价成分的内部提示力度太弱。

内部提示力度的强弱对句子平面上的"的"字短语的使用也有影响。内部提示力度越强,Y越明确,在实际运用中,对语境的依赖性越小;反之,对语境的依赖性越大。

刘公望(1990)把"的"字短语分为临时的(如"他的""红的""珍贵的")和固定的(如"男的""掌柜的""讨饭的")两类。他指出,前者指称对象不确定,离开了具体语境,它代表的意义无法确定,对语境的依赖性强;后者意义自足,对语境的依赖性小。[①] 这反映了"的"字短语内部提示力度强弱的差异对其实际运用的影

[①] 刘公望:《名助词"的"与"的"字短语》,载《北京师范学院学报:社科版》,1990(4)。

响。前者的内部提示力度弱,后者强。

三、外部提示

根据提示成分和隐性中心语的关系,外部提示可分逻辑提示、语法提示和语义提示。

(一)逻辑提示

逻辑提示是指提示成分与隐性中心语具有逻辑上的外延关系的提示方式。可分为同一提示和上下提示两类。

1. 同一提示

同一提示,提示成分与隐性中心语具有逻辑上的同一关系,即提示成分提示 Y 为提示成分本身。例如:

例(1)那时候的花一定比现在的香!(老舍《二马》)

(2)我们的文明比你们的,先生,老得多呀!(老舍《二马》)

例(1)中,单看"现在的",其 Y 可以为"人""事""车"等,但在此处只能是"花",因为受到了主语中心语"花"的提示。提示成分是"花",其提示的 Y 也是"花",是同一词语,具有逻辑上的同一关系,即提示成分提示 Y 为提示成分本身。例(2)也是一样,"你们的"的 Y,因受主语中心语"文明"的提示,确定为"文明",提示成分与 Y 具有同一关系,是同一提示。

从句法位置上看,同一提示成分主要作为主语或主语中心和宾语或宾语中心(包括介词短语的宾语)。例如:

(3)这张票和我们的不是同一航班,同日下一班。(王朔《橡皮人》)

(4)空中浮着些灰沙,风似乎是在上面急走,星星看不甚真,只有那几个大的,在空中微颤。(老舍《骆驼祥子》)

(5)给你钱,先去买扫帚,要竹子的,好扫雪。(老舍《骆驼祥子》)

第六章 "的"字短语

(6)马威摸了摸她的脸蛋,果然很热。

"我摸摸你的!"玛力眼睛分外的光亮,脸上红得像朝阳下的海棠花。(老舍《二马》)

(7)她的眼睛闭着,头儿仰着,把身体紧紧靠着他的。(老舍《二马》)

上述例中,画横线的词语都是同一提示成分。例(3)(4)中的"票""星星"分别是主语中心和主语;例(5)(6)中的"扫帚""脸蛋"分别是宾语和宾语中心;例(7)中的"身体"是介词"把"的宾语。

有时,同一提示成分也作为定语。例如:

(8)终于的,她被北京某县重点中学录用了。户口问题随迎刃而解。遗憾的是,不是北京的,而是——乡镇的。(梁晓声《秀发》)

同一提示成分"户口"是主语的定语。

2. 上下提示

上下提示,提示成分和隐性中心语间具有逻辑上的种属关系,提示成分是表示下位概念(也称种概念)的词语,Y 是表示上位概念(也称属概念)的词语,提示成分提示 Y 为提示成分的上位词语。例如:

(9)如果不出意外,她一定是我的。(《小说月报》2004 年第 3 期)

(10)祥子明白了,车上的是刘四爷。(老舍《骆驼祥子》)

例(9)中,单看"我的",其 Y 可以为"书""车"等,但在此只能是"人""女人"等,因为受到了主语"她"的提示。提示成分"她",与 Y "人""女人"等具有逻辑上的种属关系,前者是下位词语,后者是上位词语,即提示成分提示 Y 为提示成分的上位词语。例(10)也是一样,"车上的"的 Y,因受宾语"刘四爷"的提示,可确

定为"人""男人"等,提示成分与Y具有种属关系,是上下提示。

从句法位置上看,上下提示成分主要作为主语和宾语。例如:

(11)关山平也是个没有本事的,你一个女人就更没办法了。(王朔《给我顶住》)

(12)李缅宁按亮打火机,门口站着的果然是肖科平。(王朔《无人喝彩》)

上述例中,带点的词语都是上下提示成分。它们分别是主语和宾语。

有些句子中的"的"字短语的Y,既可看成是同一提示,也可看成是上下提示。例如:

(13)我喜欢的是红苹果。

"的"字短语"我喜欢的"的Y,既可以为"苹果",也可以为"水果"。如把Y确定为"苹果",则是把提示成分视为宾语中心语"苹果",属于同一提示;如把Y确定为"水果",则是把提示成分视为宾语"红苹果",属于上下提示。两种不同提示方式表示了两个不同的意义。意义一:我喜欢的(苹果)是红苹果,而不是青苹果等其他颜色的苹果;意义二:我喜欢的(水果)是红苹果,而不是青苹果、葡萄、西瓜等其他水果。

(二)语法提示

语法提示是指提示成分与隐性中心语间具有语法上谓词与配价成分关系的提示方式。它提示隐性中心语为提示成分的配价成分。例如:

(14)我尝尝,我就爱吃甜的,没准对我的口味。(王朔《我是"狼"》)

(15)低头跑了几步,为首的恍然大悟:喊了一声:"进错门了。"(王朔《无人喝彩》)

254

第六章 "的"字短语

　　例(14),"的"字短语"甜的"的 Y,可以确定为"东西""食物"等,这既有内部提示成分"甜"的提示,也有外部提示成分"吃"的提示。为什么这样说呢？下面的分析可以证明。如果把"甜的"从句子中抽出来放在静态的短语平面上分析,它的 Y 可以确定为"东西""食物"等,这是内部提示成分"甜"的提示作用的结果。如果把"甜"改成"X",说成"X 的",则其 Y 不能确定,因为内部提示成分 X 没有明确。若是再在短语前加上"吃",说成"吃 X 的",则"X 的"的 Y 又可确定为"东西""食物"之类,这是谓词"吃"的提示作用的结果。提示成分"吃"提示"甜的"的 Y 为"东西""食物"等之类,提示成分"吃"与 Y"东西""食物"之间具有谓词与配价成分(受事)的关系,即提示成分提示 Y 为提示成分的配价成分,这种提示就是语法提示。

　　例(15),仅从内部提示角度看,"的"字短语"为首的"的 Y,可确定为"人""羊""大雁"等类,但在此句中仅指"人"类,排除了"羊""大雁"等类,是因为受到了谓语谓词"恍然大悟"的提示。只有"人"才有"恍然大悟"的心理反应,提示成分"恍然大悟"与 Y"人"等具有谓词与配价成分(施事)的关系,即提示成分提示 Y 为提示成分的配价成分。

　　从句法位置上看,语法提示成分常作为谓语中心。例如：

　　(16)你答应过,今天全听<u>我的</u>。(王朔《永失我爱》)

　　(17)我挺好,你只管忙<u>你的</u>,不必惦记我。(王朔《无人喝彩》)

　　(18)窗外<u>卖苹果的</u>吆喝了一声,搁下笔,掀开窗帘看了看。(老舍《二马》)

　　上述例中,带点的词语都是语法提示成分,都是谓语中心。

　　有时,语法提示成分也出现在状语和补语的位置上。例如：

　　(19)她们三五成群,乱糟糟地跑前跑后,<u>有的</u>捏着鼻子娇声

召唤自备的男舞伴儿,有的羞答答地去拉老师的手,像是小孩子在玩找朋友的游戏。(《小说月报》2004年第3期)

(20)他们轮流听那个电话,当妈的激动得哭起来,当爸的挂断电话后还傻笑了好久。(刘心武《京漂女》)

例(19),状语"羞答答"对"有的"的Y有提示作用,提示Y为"人""女学生"等,提示成分"羞答答"与Y具有谓词与配价成分(施事)的关系,是语法提示。例(20),补语"哭起来"对"当妈的"的Y有一定的提示作用,提示Y为"人",提示成分"哭起来"与Y具有谓词与配价成分(施事)的关系,是语法提示。

值得注意的是,在状语、补语位置上的语法提示必须满足一个条件:提示成分能与"的"字短语构成主谓结构。如:

(19)→<u>有的</u>羞答答

(20)→<u>当妈的</u>哭起来

如果不能与"的"字短语构成主谓结构,则对Y没有提示作用。例如:"有的很高兴",状语"很"与"有的"不能构成主谓结构,对Y没有提示作用。

另外,"的"字短语前的定语对"的"字短语的Y也有提示作用。例如:

(21)然后我再去,好歹地给他几句<u>好听的</u>,说不定咱们就能都搬回去。(老舍《骆驼祥子》)

(22)"等人?"一个小<u>女</u>跑堂的歪着头,大咧咧地问。(老舍《二马》)

例(21),"好听的"仅从内部提示看,其Y可以是"话",也可以是"故事"。在这里仅指"话",是因为受到了其定语的提示和制约。例(22),定语"女"对Y为"人"有提示作用。

这种定语的提示,与前面讲的典型的语法提示有区别,我们把它看成语法提示的非典型形式,理由如下:(A)提示成分能与Y

第六章　"的"字短语

构成偏正结构,多数能构成主谓结构,如例(21)→几句话→话几句。这是种语法关系,而不是逻辑关系。(B)提示成分具有谓词性。据我们观察,这种提示成分主要是数量结构和区别词。区别词有的人把它归类于非谓形容词,是谓词;数量结构也有谓词性,朱德熙(2001)、马庆株(1980)先后论证过。① 如果以定语为视点,在定中结构中,作为中心语的词语是作为定语的词语意义完整的必需成分。比如:当我们说出或看到作定语的词语"一句"或"女"时,总感到其意义不完整,总是倾向于理解成"一句什么"或"女什么",从而使之意义完整。从这个意义上看,作为定语的词语和作为中心语的词语间的关系,与谓词和配价成分间的关系类似。因此,作为中心语的词语可视为作为定语词语的类似配价成分。

(三)语义提示

还有一种提示方式。先看例子:

(23)善恶不明,该惩不惩,<u>害人</u>的得不到刻骨铭心的教训,受害的老觉得谁欠了他什么的。(王朔《我是"狼"》)

宾语中心语"教训"对"害人的"的 Y 有提示作用,提示 Y 为"人"等,因为只有"人"才可获得"教训"。提示成分"教训"与 Y "人"等既没有逻辑上的同一或者种属关系,也没有语法上的配价关系,只有语义上的联想关系,我们称之为语义提示。试比较下列句子:

(24)<u>大</u>的在吃饭。

(25)<u>大</u>的在吃草。

---

① 朱德熙:《现代汉语语法研究》,72 页,北京,商务印书馆,2001 年。马庆株:《顺序义对体词语法功能的影响》,见《汉语语义语法范畴问题》,60—66 页,北京,商务印书馆,1980 年。

"人"更适合充当(24)中的 Y,"羊""牛"更适合(25)中的 Y,而不能相反。原因在于"人"与"饭"、"牛""羊"与"草"在语义上更容易联想,关系更为亲近,而不是相反。因此语义提示是提示 Y 为提示成分的亲近词语。

从以上分析可以看出,逻辑提示是体词对 Y 的提示,语法提示是谓词对 Y 的提示,语义提示是体词对 Y 的提示。

综上所述,外部提示可以概括成如下表格:

提示方式	逻辑提示		语法提示	语义提示
	同一提示	上下提示		
提示成分性质	体词	体词	谓词	体词
Y 的范围	同一词语	上位词语	配价成分	亲近词语
提示成分位置	主、宾、定	主、宾	谓、状、补、定	宾

(四)外部提示力度

外部提示力度是指外部提示成分对"的"字短语隐性中心语的提示的强弱程度。它与 Y 的明确性成正比:提示力度越强,Y 越明确;提示力度越弱,Y 越不明确。Y 的明确性,取决于两个方面:一是 Y 的范围,Y 所指的范围越小,Y 越明确;二是 Y 的主观性,确定 Y 时,主观性越强,Y 越不明确。下面我们以此为标准,来考察各种外部提示的提示力度。

同一提示的提示力度最强。同一提示,提示 Y 为提示成分本身,Y 在提示成分中可以直接而明确地找到。范围为一个词语,即提示成分的同形词语。而上下提示、语法提示和语义提示,它们提示的 Y 在提示成分中都不能直接而明确地找到,都需要不同程度的主观理解。而且 Y 的范围也不止一个,而是一类或多类。因此,采用同一提示的 Y,最为明确,同一提示的提示力度最强。

第六章 "的"字短语

语义提示的提示力度最弱。采用逻辑提示的 Y，要受到逻辑的限制；采用语法提示的 Y，要受到语法的约束；而语义提示既没有逻辑的限制，也没有语法的约束，全靠个人主观判断来确定语义间的亲近关系。因此，采用语义提示的 Y，最不明确，语义提示的提示力度最弱。

上下提示，提示 Y 为提示成分的上位词语，Y 的范围可看成是一个集合，即某一提示成分为基点的上位词语的集合。例如：提示成分为"祥子"，则 Y 的范围是"人""男人"等的集合。

语法提示，提示 Y 为提示成分的配价成分，Y 的范围可区分为多个集合。例如："游泳的"，Y 的范围是"游泳"的配价成分（施事），可以区分为"人"的集合："张三""男人""女人""人"等；"牛"的集合："小牛、老牛、牛"等；还可是"蛙"的集合等。因此，上下提示的范围比语法提示的范围小，上下提示的力度比语法提示的力度大。

综上所述，外部提示力度的强弱等级序列可描写成：

同一提示 > 上下提示 > 语法提示 > 语义提示

越靠左，提示成分对 Y 的提示力度越强；越往右，提示力度越弱。

"的"字短语在实际运用中，其隐性中心语常要受到多种提示方式的提示，有内部提示也有外部提示。内部提示弱的"的"字短语，须有外部提示力度强的提示方式与之配合，其 Y 才能明确。这规律可以很好地解释内部提示力度弱到在静态短语平面不能成立的"的"字短语，为什么在动态句子平面上却能成立的语言现象。现在回过头来看文章开头提出的问题：

(1) 可是，希望多半落空，<u>祥子的</u>也非例外。（老舍《骆驼祥子》）

(2) "别装傻！"孙侦探的眼盯住<u>祥子的</u>："大概你也有点积

蓄,拿出来买条命!……"(老舍《骆驼祥子》)

(3)亚力山大说话的声音比乔治唱的还高还足,乔治赌气不唱了,那个胖妇人也赌气不弹了,都听着亚历山大说。(老舍《二马》)

按吕叔湘、范继淹的观点,"祥子的"不能称代"祥子的希望","祥子的眼","乔治唱的"不能称代"乔治唱的歌"。这都是静态短语平面上的分析,原因在于隐性中心语只受到内部提示,且内部提示力度很弱。这些内部提示很弱在静态平面上不能成立的"的"字短语,在例句(1)(2)(3)中却能够成立,原因在于这些"的"字短语的隐性中心语在句子平面上除了受到内部提示,还受到了提示力度强的外部提示方式的提示,Y 仍然明确。例如(1)受到了另一分句主语"希望"的同一提示;(2)受到了本句主语中心语"眼"的同一提示;(3)受到了本分句主语中心语"声音"的同一提示。

综上所述,我们立足于理解角度,即如何把"X + 的"结构理解成"X + 的 + Y"的结构。这与以往的研究不同,以往的研究立足于表达角度,即如何把"X + 的 + Y"结构表达成"X + 的"的结构。通过隐性中心语这个媒介,把"的"字短语的内部构造和外部语境结合起来,通过提示力度这个术语,把静态研究和动态研究统一起来,克服了以往把"的"字短语研究局限于短语平面的局限,合理解释了以往静态研究没有很好解释的语言现象——在短语平面不能成立而在句子平面却能成立的"的"字短语。

第七章　郴州俗语[1]

第一节　俗语及郴州俗语概说

一、"俗语"的概念

在上古汉语中,"俗语"一词并未出现,但是这种语言现象是存在的。从古至今,俗语的称谓很多,有"里语""谚""鄙语""野语"等称谓。例如:

(1)《毛诗草木虫鱼疏》卷上:遥视似马,故谓之驳马,故里语曰:"斫檀不谛,得系迷;系迷尚可,得驳马。"[2]

(2)《左传·僖公五年》谚所谓"辅车相依,唇亡齿寒"者,其虞、虢之谓也。[3]

(3)《史记·白起王翦列传》载:鄙语云,"尺有所短,寸有所长"。[4]

---

[1] 本章作者简介:邓红华,女,湘南学院副教授,主要研究方向为汉语词汇学。
[2] 曹聪孙:《中国俗语选释·附录·俗语概说》,226页,成都,四川教育出版社,1985年。
[3] 曹聪孙:《中国俗语选释·附录·俗语概说》,226页,成都,四川教育出版社,1985年。
[4] 曹聪孙:《中国俗语选释·附录·俗语概说》,226页,成都,四川教育出版社,1985年。

(4)《庄子·刻意》野语有之曰:"众人重利,廉士重名,贤士重志,圣人贵精。"故素也者,谓其无所与杂也;纯也者,谓其不亏其神也。①

俗语作为词汇单位的称谓最早见于西汉刘向的《说苑·贵德》:"狱吏专为深刻,残贼而无极,媮为一切,不顾国患,此世之大贼也。故俗语云:'画地作狱,议不可入;刻木为吏,期不可对。'此皆疾吏之风,悲痛之辞也。"②这里"俗语"用来指称民间流行的定型语句。③

此后,俗语作为词汇单位的术语被广泛使用。据统计,历来俗语的称谓多达二十多种:迩言、里语、俚语、俗语、谚、俗言、善语、鄙谚、传言、俗谈、街谈巷语、常言、常谈、恒言、常语、通俗常言等。在这些称谓中,常用的有三个:谚、谚语和俗语。④

"俗语"是使用频率很高的一个术语,几乎人人都经常在口头和书面语中运用到俗语,但俗语是什么?俗语的内涵与外延如何界定?这些问题一直困扰着人们,历代的语言工作者们对这些问题看法不一、争议不断,目前学术界还未达成共识。

温端政先生在《中国俗语大辞典·前言》中认为,俗语具有群众性、鲜明的口语性和通俗性以及相对的定型性三个特点,因此俗语可以归纳为:"俗语是群众所创造的,并在群众口语中流传,结构相对定型的通俗而简练的语句。俗语应该包括谚语、歇后语(引注语)、惯用语和口头上常用的成语。"⑤本文赞同这种观点。

---

① 温端政、周荐:《二十世纪的汉语俗语研究·绪论》,1 页,太原,书海出版社,2000 年。
② (汉)刘向撰,卢元骏注释:《说苑今注今译》,141 页,1988 年。
③ 温端政、周荐:《二十世纪的汉语俗语研究·绪论》,3 页,太原,书海出版社,2000 年。
④ 曹聪孙:《中国俗语选释·附录·俗语概说》,228 页,成都,四川教育出版社,1985 年。
⑤ 温端政:《中国俗语大辞典·前言》,1 页,上海,上海辞书出版社,1989 年。

第七章　郴州俗语

二、郴州和郴州俗语

1. 郴州概况

郴州市位于湖南省东南部,地处南岭山脉与罗霄山脉交错、长江水系与珠江水系分流的地带,是湖南的"南大门"。地理坐标:北纬24°57′—26°51′,东经112°11′—114°07′。它东界江西省赣州市,南邻广东省韶关市、清远市,西接湖南省永州市,北连湖南省衡阳市和株洲市。

郴州历史悠久。桂阳县境内发现的旧石器时代晚期的刻纹骨椎表明,早在一万年前,郴州一带就已经有原始人在这块土地上繁衍生息了。"神农作耒郴州""项羽徙义帝于郴""赵子龙大战桂阳郡""洪秀全屯兵郴州"等史志上皆有记载。郴州是个地杰人灵的地方,在这片土地上产生过韩愈、秦观、周敦颐等文人骚客的千古绝唱,也留下过毛泽东、朱德、陈毅等老一辈无产阶级革命家的深深足迹。"郴"字独属郴州,最早见于秦朝,为篆体"郴",由"林、邑"二字合成,意谓"林中之邑也"。它拥有着优美独特的自然景观,也拥有着深厚的文化底蕴。

郴州现辖2区1市8县。2区分别是北湖区(原县级郴州市)和苏仙区(原郴县),1市是资兴市,8县分别是嘉禾、临武、宜章、桂阳、汝城、桂东、永兴、安仁。在这11个县市区里,"既有类似西南官话的普通通行的'官话',又有各个县市各不相同的'土话'"①。湖南师范大学鲍厚星教授认为郴州境内的方言可分属于四种类型:(1)西南官话;(2)赣语;(3)客家话;(4)土话(系属目前尚未确定)。②

---

① 单泽周:《郴州汉语方言概述》,载《郴州师专学报:综合版》,1997(3)。
② 鲍厚星:《湘南土话系属问题》,载《方言》,2004(4)。

2. 郴州俗语的收集整理

郴州历史悠久,俗语数量多,以谚语为主。新中国成立前,州志、县志均有谚语记载,但数量很少,且只限于农谚。新中国成立后,50年代初,《郴州群众报》内部编印过一本谚语小手册,数量不多,内容也只限于农谚。郴州在1988年进行了一次全方位收集、整理各民族的民间文学资料的活动,各县(市)开始收集上来的谚语达40 000余条,收入资料送审的也有9 400余条。各县市相继编辑出版了民歌、民谚、民间故事三"集成"(内部资料),如《永兴民间歌谣与谚语》收录谚语2 300条,《嘉禾民间故事与谚语》收录谚语2 000条,《郴州市(现北湖区)民间故事集成》收录谚语394条。郴州市在各县(市、区)资料本的基础上编辑出《郴州民间谚语集成》,共收录谚语4 000条,涵盖了时政、事理、修养、社交、生活、自然、行业七类。另外,各个县市区的地方志零星收入了一些谚语、歇后语和惯用语。一些社会热心人士也陆续收集了一些郴州俗语,如郴州市委党校何琦教授在其著作《郴州文化溯源》中收录了400余条(主要是惯用语),年逾八旬的老同志梁一航收集整理了300条。

郴州俗语收集整理有一定成果,但都只是进行了简单的语料收集,基本上未进行较为详细的语义解释,更少从语音、语法、语用等角度进行理论上的分析。因此可以说,有关郴州俗语的理论研究还是比较欠缺的。

目前将上述资料中重复部分剔除后,共收集整理郴州俗语6 187条,发现郴州俗语收集整理的"大路货"较少,大部分都带有一定的地域特色。再将6 187条郴州俗语同《中国俗语大辞典》(下面简称《大辞典》)里的15 000条俗语进行比较,发现不相同的语例有3 000余条,约占郴州俗语的1/2。而且有的俗语即使表达的意思、阐述的道理相同,但表现形式也并不一样。例如《大

第七章 郴州俗语

辞典》里有"女大十八变,越变越好看",郴州则是"变来变去观音面";《大辞典》有"大缸里打翻了油,沿路儿拾芝麻",郴州有"大罐子倒油,鸡肠上刮膏";《大辞典》有"三十亩地一头牛,老婆孩子热炕头",而郴州因地属于南方,用不着"热炕头",故在顺应地理环境和实际情况的前提下将之改成了"三亩土地一头牛,老婆孩子抱一头"。

在调查中还发现,民间尚有大量郴州俗语未被收集整理。例如:"苍蝇拄根棍也站不稳"(讥笑人过于讲究打扮,油头粉面)、"狗交配行官礼,吃萝卜菜调姜米"(喻指多此一举)、"一箩斧头冇把"(喻指一屋儿孙都不争气)等。还有不少是随着时代变化出现的、反映新生活、新事物的俗语。例如:过去是"斗笠当锅盖,煤炭墙上晒",现在是"团鱼麻蜖不是稀奇菜,城乡齐把瓷砖墙上盖";过去是"旧时连州挑盐路,累死好多挑盐古",现在是"村村寨寨通公路,跨出家门坐出租"。由此可见,随着时代、社会的发展变化,有的俗语如同旧词旧语一样会逐渐消失,而有的俗语则会顺应时代和社会的发展而产生,因此郴州俗语的收集整理还有大量工作要做。

3. 郴州俗语的研究意义

郴州俗语同汉民族其他方言区的俗语一样,是广大人民群众在生产劳动和社会实践中创造出来的。它的产生,有其社会生活的根源;它的发展,打上了时代背景的烙印。它的语言浅显易懂,但沉淀其中的丰富的人生智慧足以令后人受益匪浅;它具有鲜活的生命力,也具有流动性,随着历史的变迁、社会的发展,有些俗语被继承了下来,有些俗语则被渐渐淘汰。

郴州独特的地理环境,加上复杂的人口来源,造就了郴州复杂多样的汉语方言,引起了方言工作者的极大关注。但美中不足的是以往的方言调查研究多侧重语音,特点是描写语音,一是将

它拿来跟古代音系比较,主要是分析古汉音系在方言中的遗留;二是将地方方言拿来跟普通话比较,以寻求方言和普通话的对应规律,主要是为推广普通话服务。近年来有关词汇、语法的研究也取得了一些成果,但有关俗语的调查研究却还是十分欠缺。我们认为,从方言运用的实际情况来看,这不得不说是一个较大的缺憾。

郴州俗语的搜集、整理以及初步的研究,具有三方面的重大意义:一方面尽快记录、整理郴州俗语,为后人留下一份宝贵的文化遗产;一方面加强郴州俗语的理论研究,为语言学、民俗学和社会学的工作者提供一定的帮助;另一方面促进人们追溯郴州历史、了解郴州文化、探讨郴州方言,从而有效推动地域语言和地域文化的融合发展。

本书以温端政先生的理论为指导,选取典型语例,力求对郴州俗语进行比较详尽的整理和分析(选取的语例,在郴州各地基本通行,但发音有所不同),囿于篇幅,主要探究郴州俗语的来源及文化特征两个方面。

本书中涉及的俗语是指郴州地区内比较通行的俗语,在举例阐述时以谚语为主,同时也列举了少量的歇后语和惯用语。但如"酒囊饭袋""没头没脑""胡思乱想"等俗成语在郴州虽也常用但数量很少,且在收集过程中尚未发现独具郴州特色的俗成语,故本文未做相关列举。

第二节 郴州俗语的来源调查

语言是现实社会的一面镜子,它反映社会,反映生活。斯大林在《马克思主义和语言学问题》一文中说道:"要了解语言及其发展规律,就必须把语言同社会发展的历史,同创造这种语言的

第七章　郴州俗语

人民的历史密切联系起来研究。"在对郴州俗语进行大量搜集与认真探究后,我们认识到,郴州俗语的产生、发展与社会的发展是密不可分的,与郴州人民的生产、生活是紧密相连的。郴州人民在日常生活、生产实践中,认真观察、勤于思考、善于总结。他们把对自然界和社会生活的真切感受、透彻理解用浅显但富有内涵、朴素又不失精炼的口语表达出来,郴州俗语是郴州人民集体智慧的结晶。它取材广泛、来源不一,有的来源于别的方言区,这是由于语言的交流、普通话的推广而造成的;有的则是取材于本地自然环境或风俗人情,具有十分鲜明的地方特色。

一、来源于生产劳动

旧志载郴州有"火耕水耨,民食鱼稻,事农务本"的传统习惯(《郴州市志》),群众事农为本,少习工艺,亦少商贾,在以农为本的生产劳动中产生了大量的俗语。

1. 与农业有关的

郴州与作物耕种有关的俗语非常多,农业以种植水稻、红薯为主,小麦、高粱、豆类次之。

(1) 农事与时令的关系。农事按常规耕作,种收按时节进行。人们常说"过了惊蛰节,农民有气歇""清明前,好种棉清明后,好种豆""到了立夏节,下午就割麦""芒种芒种,忙忙种""处暑荞麦白露菜""七金八银九铜十铁(冬耕习赶早)。"新中国成立之后,郴州人民推广双季稻,于是又出现一些新俗语,如:"春争日,夏争时,农事宜早不宜迟""插完早稻过'五一',插完晚稻过'八一'""春抓早,夏抓好,秋抓多,冬抓巧"等。20世纪80年代以来,郴州大力推广烤烟种植,取得了不错的经济效益,于是又有"一季烤烟一季稻,钱粮双收农家笑"。

(2) 种植与秧苗的关系。水稻的种植与稻种、秧苗的好坏有

267

着很大的关系。农民们知道"秧好半年禾",所以常说"娶女看娘,种禾看秧""一粒好种,千粒好粮""种好出苗好,种杂收成少"。

(3) 收成与土地的关系。群众从实践中懂得,"土里一块板,作物不得长""泥巴烂如粥,天干也割禾""人要结实,土要疏松""挖土挖得深,土里出黄金""禾踩三道结成谷,棉锄七次白如银"等常识。

(4) 与种菜有关的。"桐梓坪的萝卜,曹家坪的白菜,白鹿洞的芋头",桐梓坪、曹家坪、白鹿洞是郴州郊区的三个村,旧时因种菜出名,在清朝民国时期是有名的三大菜园。"七月葱,八月蒜""晴要栽辣,雨不栽茄"是说栽种蔬菜需讲究时间与气候。"种菜先晒土,蔬菜长得猛",讲的是种菜的技巧。

2. 与畜牧业有关的

农民一般喜养猪和牛,因为"猪牛满栏,肥料成山","牛是农家宝""春上无牛喊皇天"。知道"要想富,六畜助","要赚畜牲钱,须跟畜牲眠"。牛栏讲究冬暖夏凉,"热天一口塘,冷天一铺床"。农民选牛时很精心:认为"前印搭后印,耕田不用棍""前胸开一寸,无虫又无病""后肢要弓,前肢要绷"。农户知道"猪多地肥,五谷丰登",总结出"养猪有巧,栏杆潲饱""栏不通风,猪要发瘟""猪草切得细,吃了当得米""大猪要囚,细猪要游"(大猪要关养,小猪要放养)等养殖经验。除了养家畜,农户还喜养家禽,因为"农家不养鸡,缺东又缺西","鸭鸭喂得全,家中有油盐"。

3. 与林业有关的

植树造林,美化环境,是郴州人民的优良传统。郴州是"林中之城",有种油桐树、棕树、果树的习惯。所谓"后山青,家业兴;后山败,家业败""家有百棵树,不愁吃穿住""家有千棕万桐,永世不穷""路边树栽满,走路不打伞""屋前屋后栽果树,春桃秋梨吃四季""搭个棚子栽葡萄,串串黄金架上摇""蜜橘种千棵,票子用

第七章 郴州俗语

车拖"。

4. 与手工业有关的

例如:"穷不读书,富不学艺""徒弟徒弟,三年奴婢""长木匠,短铁匠,不长不短是石匠""木匠心要灵,裁缝手要巧""三年斧头四年凿,长刨经得一世学"(木匠)"食青龙,穿青龙,青龙背上有九重"(篾匠。青龙,指竹子,可以剖出九层篾)"漆匠墨墨黑,皇帝老子不认得"(漆匠)"好模出好坯,好窑烧好砖"(窑匠)。

二、来源于日常生活

郴州俗语与郴州人们日常生活中的万事万物都有着密切的联系。

1. 涉及动物的

动物是人类生活中不可缺少的一部分。动物除了能用来维持生计外,也能用来传递人们的情绪与思想。例如关于"狗,猫,鸡"等常见动物的俗语有很多。如"瘦毛狗充麒麟","麒麟"是古代传说中的一种像鹿的动物,古人拿它象征祥瑞,而瘦毛狗只是司空见惯的畜生,这句俗语是用来比喻普通的人冒充不了杰出的人。"狗肚子里容不得三粒胡椒"是比喻一个人脾气暴躁。"打狗不晓得打,谈狗谈得出油"喻指会说不会做的人。"狗咬乌龟——找不到头"喻指做事无头绪。还有"鸡来穷,狗来富,猫来坐金库",因民间有招养猫狗的习惯,认为别人家的猫狗来自家,会给自家带来财运。"烧鸡公"本是郴州人们喜爱的一道菜肴,后来常用来比喻行为不太检点的男性。"小鸡重大客"指旧时贵客临门,好客主人多杀鸡招待。"鸡肠上刮膏——小气鬼"刻画了小气鬼的形象。还有关于其他动物的一些俗语如"苍蝇叮粒饭,也要追过三栋屋","苍蝇"是一种体形很小的昆虫,它叮那么一丁点东西,都要被追过三栋屋,可见小气之至。"乌龟爬到石板上——硬

碰硬"喻指不屈服,对着干。"蚂蟥咬到篙田棍——有血出"喻指一毛不拔之人。"烂土箕装泥鳅,边装边溜"比喻人都悄悄地溜走了。"老虎借猪,有去无回"比喻强者剥削弱者。

2. 涉及饮食的

俗话说"民以食为天",郴州人们非常重视饮食。新中国成立前,郴州居民有早饮酒、夜喝茶的习惯,于是有"早酒一盅,一天威风",现在有的老人还依袭旧习。"郴州血鸭衡阳鸡""仔姜卤血鸭,呷了还想呷",是因郴州桂阳、嘉禾的血鸭很有名气。血鸭的作法是用仔姜炒仔鸭,加上鸭血和卤芋荷,其味道鲜美无比,吃后唇齿留香。"郴州豆腐宜章酒","豆腐"与"酒"也是郴州人们喜欢的东西,萧克将军在他的《萧克诗选·乡情》一诗中写道:"郴州豆腐宜章酒,六十年前闻名久。熊掌茅台信是真,何如土产亲如友。"郴州因地处山区,湿度较大,所以郴州人嗜辣,故有"无辣不成菜""没有辣椒不吃饭""嘉禾人真怪,没有辣椒不成菜"之说。

3. 涉及行旅的

"一人不上路,二人不看井",是提醒人们出行要注意安全,一个人不要出远门,因为势单力薄,"双手难敌四拳";两个人同行不去看井,因为"害人之心不可有,防人之心不可无"。"七不出,八不归"指人们在求学、探亲、远行讲究选择吉日,忌讳七和八。"老不入川,少不游广"是说年老人不要去四川,因为去四川道路崎岖,行走不便;年轻人不要去两广,因为旧说广东常有患麻风病的年轻女子勾引外地少年男子,这样女子病愈,而男子患病丢命。

4. 涉及"屎、尿、屁"的

民间的俗语往往是现实生活原生态的反映。"屎、尿、屁"等一些不雅之物,常为文人所不齿。他们认为说这些太庸俗,有辱斯文。但俗语中却常将它们入语,郴州俗语也不例外。"吃喝拉撒"是人的正常需求,"屎、尿、屁"与人们的生活联系紧密,这实际上正好体现了俗语具有的平民特色。例如:"屙屎的不臭,过路的臭""坐了一屁股屎,不晓得臭""身上有屎狗跟到""撒了尿还想睡干床""鸡婆唔屙尿,连屎一起出""烟不抵饭,屁不肥田""一日打屁三日松"等。

三、来源于人际交往

人是社会的一分子,必须和他人进行交往,交往时会涉及交往技巧、对他人的评价等,因此这些也就进入了俗语之中。

1. 有关人情关系的

例如:"吃肉不论,砍肉争称""人情送匹马,买卖争毫厘""待客杯杯满,打酒争一分",说明买卖与待客是有区别的。"人情来得快,锅头沙罐都要卖"说的是太讲人情的负面性。"油多不坏菜,礼多人不怪""仁义好,水也甜"(待客之道),强调人情的重要。"橡皮不好连累瓦""远亲不如近邻,近邻不如对门""搁得邻居好,当得捡到宝",强调应妥善处理邻里关系的重要性。"有盐同咸,无盐同淡""有朋有友好商量,无朋无友太孤单",则涉及与朋友的交往。"财明义不疏",讲的是与朋友相交,要分清各自钱财。"交友交心,浇树浇根"指的是真心待友。"宁交双脚跳,不交眯眯笑",是指交朋友的标准。"交个秀才同读书,交个强盗去偷猪",也就是我们常说的"近朱者赤,近墨者黑"。

2. 有关亲情的

主要是涉及父母与子女之间的。例如:"娘有爷有,不如自己有"(爷,土语里指父亲)"好崽不争父兄业,好女不贪嫁时衣",指凡事不能依靠父母,应该靠自己。"一箩斧头冇把"喻指儿孙不争气。"千里拜观音,不如回家敬母亲""死后坟上烧灵屋,不如生前四两肉"指要孝敬父母。"不是干柴不着火,不是亲娘不痛心",天

下父母谁不疼爱自己的孩子?但世俗观念认为后娘除外,这其实带有一定程度的偏见。"豆腐掉到灰堆里,吹又吹不得,打又打不得"是批评过分溺爱孩子。也有关于手足之间的俗语,如"打架不算亲兄弟,骂交不算亲妯娌"(骂交:土语,吵架)"金钱难买亲骨血""兄弟不和外人欺",讲的是兄弟妯娌之间要和气、团结,正所谓"家和万事兴"。

3. 涉及某些有不同特点的人的

例如,关于"驼背"的俗语有:"苋象苋种象种,驼子养崽背耸耸""驼子翻跟头,两头不着地""驼子扁担配烂箩""驼子掉到碓垸里——刚好合缝""驼子背上加个包"(雪上加霜)。再如关于"懒人"的俗语有:"懒人屎尿多,冇屎冇尿捉虱婆""蛇钻进了屁眼里,懒扯""喊,在应;不喊,在睏"(睏,土语,指睡觉)。还有关于"糊涂之人"的:"懵懵懂懂,一世的饭桶""酒醉聪明人,饭胀懵懂鬼"等。

四、来源于风俗习惯

例如关于节日风俗的:"冬至酒,舀断手""吃了狗肉当棉被"是郴州桂阳冬至节的习惯,此日民间多酿糯米酒,"舀断手"意为出酒多;认为此日"吃狗肉"滋阴壮阳。永兴人在冬至这一天,不吃狗肉而喜吃羊肉,认为"冬至吃羊,百病消藏"。农历六月初六,民间过"尝新节",用刚收获的新米与老米一起蒸着吃,意谓"新搭老,吃不了"。每年农历二月初一,是传统的"鸟节",人们用糯米做成小坨坨给鸟吃,说"鸟子公,鸟子婆,今天吃了饺巴坨,以后莫吃我的禾","鸟仔鸟仔吃粑粑,吃了粑粑糊嘴巴",希望小鸟以后不要啄食谷粒,当日不允许捉鸟。农历二月初二说"娇娇女,嫁财主,嫁到江里呷饱水",因为这天是桂阳的"老鼠嫁女"节,大家希望在这天赶走老鼠,免遭鼠害。"初一崽,初二郎,初三初四走满

第七章 郴州俗语

堂",说的是春节拜年的规矩。

再如有关喜庆风俗的:"离家不穿娘家衣,上轿不踏娘家地"说的是女子出嫁的规矩。出嫁当日,新娘身着男方所置衣物,由长辈(侍娘婆)或兄弟背入轿中,现在是背入车中,中途脚不能挨地。新娘舍不得娘家,是"一步分做十步走,十步当作百步行"。"七十不受礼"是永兴、安仁等县的老人庆生日的礼节,意为人过七十,已属古稀,不应该再奢谈寿事,不应接受客人的赠礼。"打油巴掌"也叫"捂花脸",是嘉禾闹洞房的一种欢娱性活动,人们用牛皮纸沾点水,再到锅底下抹几下,然后去捂新娘的脸,抹的越黑就表示新娘的福气越大。

还有关于丧葬的:"七上八下,脚踩莲花登仙界",死者鞋子的做法十分讲究:剪十五块黑色的圆布,七块贴鞋面,八块贴鞋底,意谓死者能升天成仙。"走上路"是人将咽气时,守护一旁的子女必须说的,意为死者走上路会登天成仙,走下路则会变猪变狗。

五、来源于神话传说

郴州的神话传说往往是以古迹、风物为基础,加以想象创造而成的。

例如:"苏仙升了天,化鹤又还乡",因郴州有个非常有名的名胜古迹——苏仙岭,位于郴州市城区东北隅,原名牛脾山。唐代杜光庭著的《洞天福地说》称苏仙岭为"天下第十八福地"。关于苏仙岭,有个美丽的传说:传说西汉年间,在郴州城东的牛脾山下,一位姓潘的姑娘因误食了水上漂来的红丝线而怀孕生子。小孩取名苏耽,为百姓做了很多善事,十三岁时得道成仙,跨鹤升天。为纪念苏耽,"牛脾山"就改名"苏仙岭"了。数百年后,一只白鹤降落郴城不愿离去,一群小孩用弓弹弹之,白鹤离开前,用爪划地,写下《苏耽歌》一首:"乡原一别,重来是非,甲子不记,陵谷

迁移,白骨蔽野,青山旧时。翘足高屋,下见群儿,我是苏仙,弹我何为?翻身云外,却返吾屋。"(此诗被清人沈德潜收入《古诗源》)苏耽成仙后尚且不忘记生他养他的故土,何况我们这些凡夫俗子呢?所以"苏仙升了天,化鹤又还乡"这句俗语便流传开来,人们常用它来表达自己的思乡之情。

再如:"打摆子"有两重意思:一是指患疟疾,二是比喻无所事事。它取自于"人到郴州打摆子"一语。据说是根据寿佛与猪佛的传说创造的:猪佛与寿佛同时从天上降落人间,猪佛数次与寿佛斗法都未取胜,便趁寿佛上天之际,把蚊子、狗蚤、臭虫、瘟疫散到郴州四周,等寿佛赶到,已为时晚矣。于是郴州人受害了,年年"打摆子",因此就有了"人到郴州打摆子"之说,后来人们结合当地环境,将之扩充为"船到郴州止,马到郴州死,人到郴州打摆子",极言郴州自然条件之恶劣。

另外还有"观音岩的狮子——明现",比喻事实真相清楚。观音岩是永兴便江河畔的一处岩洞,风景秀美。据说观音与一头神狮都想独占这块风水宝地,他们相互争执,后来神狮被观音打入河中成为石狮,无论涨多大的水,它的头始终露出水面。因为它的头朝向耒阳方向,而屁股朝着永兴,于是又有"吃耒阳,养永兴"之说。

"嘉禾嘉禾,天降嘉禾"是说郴州嘉禾县的名字记录着一段遥远而美丽的传说:上古时代,炎帝为解决人类填饱肚皮的大问题而日思夜想,四处寻找一种能结出又多又能吃的果实的草。一天他在南方一山清水秀之地得一梦,梦见一绝色仙姑从头上拔下一株花草,扔给他,炎帝惊醒后果真找到了这株花草,取名"禾苗",从此人类结束了茹毛饮血的时代。为纪念炎帝拾嘉谷之事,后人便把他睡觉的山洞取名"丙穴",把丙穴所在的村庄取名"禾仓堡",明朝时改名"嘉禾县"。《嘉禾县学记》中记载:"嘉禾,故禾

第七章 郴州俗语

仓也。炎帝之世,天降嘉种,神农拾之以教耕作,于其地为米仓。后以置县,绚其实曰嘉禾县"①。

"国宁寺下的钟,初一敲了十五还在嗡"(嗡,拟钟声),传说岳麓山的"飞来钟"就是从永兴鲤鱼塘国宁寺飞去的,钟很大,因此敲了之后,其响声要延续较长的时间,后以此比喻一个人说话有分量。"盐坛和尚好大吃"是源于永兴的传说故事,据说有个石洞能冒盐出来,一个贪心的和尚想凿大出盐的石洞,结果一粒盐也得不到了,以此讥笑那些贪得无厌、追求一本万利的人。"谷雨种姜,夏至离娘",来源于孙悟空从天宫偷来姜在谷雨节种下、后迫于玉皇之命于夏至节将姜送回天宫的传说。还有"牛耕田马吃谷""狗公公"等,都来源于神话传说。

六、来源于民间故事

例如:"田螺不晓得屁股鬆"或说"田螺不晓得屁股皱""田螺不晓得屁股扭""田螺不晓得屁股丑",源于一个有趣的民间故事:河里田螺与田里田螺交上了朋友,他俩常在一块儿玩。一天,河里田螺走在田里田螺的后面,看到了田里田螺的屁股,就说:"你的屁股怎么这么丑?"田里田螺很生气:"你不要说我,你的屁股更丑,我都不好意思说。"于是,两只田螺争执不休,请来泥鳅做裁判,泥鳅打量一番后说:"你不要说它,它也不要说你,都是田螺,生成的屁股丑。"后来被用来讥笑没有自知之明的人。

再如:"文理有得,狗屁一担",是说从前有兄弟二人,大的叫文理,小的叫狗屁。一天,二人上山砍柴,哥哥文理偷懒,未砍一根柴;弟弟狗屁累得汗流满面,砍了一担。回家后面对父亲,文理不吱声,狗屁好胜地说:"我才砍了一担。"后来以"文理有得,狗屁

---

① 李峰:《天下禾仓》,44 页,香港,香港天马图书有限公司,2004 年。

一担"来讽刺那些没有知识而好发议论的人。

还有"瞎子吃田螺——这是什么天气?"是说两个瞎子坐在一块儿吃田螺,一个瞎子不小心掉了一个田螺,觉得可惜,便用手去地上摸,摸到一坨鸡屎,放到鼻子边一闻,叫到:"哎哟,都臭了。"另一个瞎子凑过去一闻:"哎哟,这是什么天气?"人们便把"瞎子吃田螺——这是什么天气?"讽喻那些不明事情真相却好发议论的人。"泉水当酒卖,还嫌酒无糟",讽喻贪心不足的人;"板梁湾里的狗屎——闻不得",讽喻人的德行太差。这些俗语都是人们从风趣的故事传说中概括出来的。

七、来源于传统戏剧

郴州从清代开始盛行昆剧、祁剧、湘剧、花鼓戏,后来又有京剧、越剧不断传入。郴州的昆剧极具特色,"郴州艺人将昆剧与祁剧、湘剧以及地方的语言、音乐、风俗民情相糅合,使昆剧具有浓厚的湘南乡土气息,形成富有地方特色的湖南昆剧(简称湘昆)"[1]。"湘昆既高雅又简朴,既细腻又粗犷,既高亢又婉转,得到国内外艺术界的赞誉。当代戏曲家阿甲题词:'芝兰之香,唯有湘味'。"[2]湘昆作为湖南省的地方大戏种之一,有不少优秀剧目,这些优秀剧目屡演不衰,深为人们喜闻乐见。由于长期的耳濡目染,许多剧目的人物和情节已经是家喻户晓,群众自然而然地对它进行概括或评价,将它演变为具有特定意义的俗语。例如:"崔氏戴凤冠,梦想做夫人"源自昆剧《烂柯山》,内容是:朱买臣的妻子崔氏,嫌贫爱富,改嫁他人,后来朱买臣做了官,她又梦想着做

---

[1] 郴州地区地方志编纂委员会:《郴州地区志》,1577页,北京,中国社会出版社,1996年。

[2] 郴州地区地方志编纂委员会:《郴州地区志》,1577页,北京,中国社会出版社,1996年。

第七章 郴州俗语

夫人。人们用这句俗语来讥讽那些朝三暮四、贪得无厌的人。"凑成的十五贯"出自昆剧《十五贯》,指事情凑巧。"口口咬紧皇甫吟"出自昆剧《钗钏记》,指遭冤受害,被人一口咬住不放。"救得娘娘,救不得太子"出自昆剧《长坂坡》,指长坂坡赵子龙救阿斗,比喻做事不可能面面俱到。

还有的俗语是通过剧目名称或剧中人物来反映演员的辛苦,从而反映各行各业的辛苦。如"唱死昭君,做死王龙,翻死马童"出自昆剧《昭君出塞》,这出戏里,昭君的唱、王龙的做、马童的翻,功夫都很重。"男怕《夜奔》,女怕《思凡》",因《夜奔》、《思凡》里都是一个角色从开始演到结束,叫"一场干",唱做都是最难的。"男怕《锦缠道》,女怕《十二红》",因这两首昆曲很长,是生、旦最难唱的曲子。

第三节 郴州俗语的文化特征

语言与文化有着十分密切的关系。美国人类学家A·怀特说:"人类的全部文化(文明)依赖于符号。正是由于符号能力的产生和运用才使得文化得以产生和存在,正是由于符号的使用,才使得文化有可能永存不朽。没有符号,就没有文化,人就仅仅是动物而不是人类了。"[①]从语言作为符号系统的角度来看,语言是文化的载体,文化是语言的内蕴,任何民族语言都负荷着该民族深厚的文化内涵。王希杰先生在《修辞学通论》中说:"语言是信息的载体,语言本身就是信息,这信息就是民族文化积淀。"郴州俗语作为郴州文化的载体,充分体现了郴州的文化内涵。

---

① 转引自常敬宇:《汉语词汇与文化》,1页,北京,北京大学出版社,1993年。

一、"天降嘉谷"——浓烈的农耕文化特征

郴州农业资源丰富,自然环境优越,境内山、丘、岗、平地相间,降水充沛,阳光充足,适合农业的发展。《桂阳州志》引《衡湘稽古》的话说:"《管子》曰:神农种谷于淇田之阳。"又云:"天降嘉谷,神农拾之,教耕于骑田岭之北,其地曰禾仓,后以置县。"历史典籍记载和故事传说都充分证明,郴州的嘉禾县是炎帝神农氏发现"嘉谷"、教民耕种的神奇地方,是中华民族农耕文化的发祥地之一。秦汉以后,郴州的农业生产得到长足发展,逐渐形成了有特色的农耕文化。"嘉禾嘉禾,天降嘉禾""勤耕得嘉谷""牛耕田,马吃谷",郴州俗语作为郴州人们在长期生产生活中积淀下来的文化载体,自然透露出浓烈的农耕文化特征。

"民以食为天""人哄地皮,地哄肚皮",土地是农民的命根子,郴州人民重视农耕的思想自古有之。他们认为"人不认真地认真,锄头口上出黄金""东赚钱,西赚钱,不如灌水就犁田"。要想"田土出黄金",就要下功夫,因为"田是掏金板,只要人不懒","人勤地也勤"。勤劳的人首先会挑选好的种子,大家知道"龙生龙,凤生凤,好禾还得靠好种""好种出好苗,好树结好桃","一粒好种,千粒好粮",所以郴州人"年年选种,年年丰收"。勤劳的人其次会注意犁田,因为"冬天不犁田,春天喊皇天","犁三遍、耙三遍,不怕老天晒半年"。选好种,犁好田,还得注意施好肥,郴州人知道"没有大粪臭,哪有五谷香"?因为"作田冇巧,只怕肥少",所以"灯盏油足光线好,田地肥多产量高"。产量高并不意味着收成就一定会好,因为该收时不收,就会"天一半,地一半,麻雀老鼠各一半",明白"一粒粮食一粒金,颗粒归仓才放心"的道理。

在长期的农业生产中,郴州人们总结出许多与农业生产有关的俗语。例如,农业生产与天气变化有着非常密切的联系,而时

第七章　郴州俗语

令节气的不同又将预示着农业收成的不同,因此人们就十分关注不同时令节气时天老爷的脸色,提醒大伙农耕时需依据天气的变化来行事。例如:

"立春晴一日,农夫不费力"。立春,为春的开始,也是一年的开始。郴州在秦之前,地属楚国荆州,受楚文化的影响多信鬼神,在立春那一天,要举行迎春礼仪期盼一年风调雨顺。如果立春之日是晴天,大家便会欢欣鼓舞,认为这是一个好兆头,能预示农业生产的大丰收。

"雨打残灯椀,早稻一把杆"。上元,就是正月十五。这一天农民口中常有"雨打残灯椀,早稻一把杆"之说,意指元宵节下雨就预示当年庄稼收成不好,其实这种说法缺乏一定的科学根据。但在正月十五那天,人们还是会舞龙耍狮,祭祀灶神门神,以祈祷神佑,希望天气晴朗收成颇丰。

"正月雷鸣二月雪,三月禾秧老上节"。此语意指惊蛰节气,《月令七十二候集解》:"二月节……万物出乎震,震为雷,故曰惊蛰,是蛰虫惊而出走矣。"惊蛰是春雷始鸣、草木复苏、蛰伏动物开始活动之际。这个节气的气候特点是雨水增多,气温忽高忽低。郴州人们一方面害怕雷声会惊醒各种害虫,另一方面也害怕春雷会引起春雪,从而影响到农田的正常耕种。

"春社无雨莫耕田,秋社无雨莫种园""惊蛰早,清明迟,春分播种正当时"。春社,是最为古老的汉族传统民俗节日之一,在商、西周时期,是男女幽会的狂欢节日,而后来则主要用于祭祀土地神。春社的时间一般为立春之后的第五个戊日,约在春分前后。这两则俗语道出一般农家下谷种的大致时间,为春分之时。而且就农作物的生长特性而言,农户们认为谷种下地,无雨则不丰。

"清明要晴,谷雨要淋"。清明,清明节在郴州人心中是个仅

次于春节的日子,这时有两大事情:一是踏青扫墓,祭祀祖先,二是农家进入春耕的大忙季节,自然希望艳阳高照。谷雨,谷雨是二十四节气的第六个节气,源自古人"雨生百谷"之说,也是播种移苗的最佳时节。谷雨节气的到来预示着气温的回升和雨水的充沛,对谷类农作物的生长非常有利。

"立夏雨滴,蓑笠上壁;立夏天晴,蓑笠满畇"。郴州属于亚热带季风湿润气候,夏季高温湿热,暴雨集中,洪旱交错。也就是说到了夏季,不是干旱就是水涝,而这两种情况都不利于农耕生产:雨水过多,农民干不了农活,只好回家待着;雨水过少,庄稼缺水,农民只好全员出动。但郴州市桂东县与郴州其他县市不一样,桂东是湖南省平均海拔最高的县,这里到处是梯田,所以它流传的是"立夏不下(雨),高山且罢"。

"小满不(下)满,芒种不管"。小满,一般是农历四月,这也正是农民插田的时节,水稻必须赶在夏至前插完。插田之际需要水,所以农民希望能来一场大雨,灌满田垅,以保证农作物的需要。

"端阳有雨是丰年"。端午,又叫端阳。端午节,为每年农历五月初五。据《荆楚岁时记》记载,因仲夏登高,顺阳在上,五月是仲夏,它的第一个午日正是登高顺阳好天气之日,故五月初五亦称为"端阳节"。在端午这天,郴州人们家家户户将艾叶、菖蒲悬挂门上,包粽子,喝雄黄酒,洗药澡。永兴、资兴等沿河地方有赛龙舟之俗。适当的雨量有利于农作物的生长需求。

"夏至雷鸣六月旱"。夏至,正值梅雨季节,农家以夏至日的气候变化来估计米价,有"夏至五月头,边食又边愁;夏至五月终,耽搁粜米翁"之说。还有根据六月六这天的阴晴定丰歉的说法,"六月六日阴,稻草贵如金;六月六日晴,大猪不吃粥"。

"六月秋,要到秋;七月秋,不到秋",是指农历六月立秋,早稻早熟;七月立秋,早稻晚熟(过去的早稻通常在立秋后成熟,与今日早稻或双季稻不同)。

另外,在中秋,人们以月亮的明暗来预测第二年上元的阴晴,因为"云掩中秋月,雨打上元灯"。在重阳,认为"重阳无雨到立冬,立冬无雨晴一冬"。在冬至,"冬至暗一日,农夫不费力",冬至天气阴暗,一般人就认为冬日严寒,来年会有好收成。在小寒大寒,会说"小寒大寒,冷水成团",而郴州人们冬季喜雪,认为"一雪蝗自空,二雪年大丰"。

在上述郴州俗语的取材和内容中也已涉及了众多的关于农耕生产的俗语,足以证明郴州人们对农业的重视。与农谚数量众多形成鲜明对比的是关于商业、手工业等经济方面的俗语则屈指可数,而且人们的言语中含有蔑视之意味。例如:"穷不读书,富不学艺",只因旧时艺事被人们看不起,富家子弟无人学艺,而穷人家的孩子迫于生计,不得不为之。"徒弟徒弟,三年奴婢",道出了学徒地位的卑微。"打死狗仔来讲价"、"撑要猪仔照娘价",说出了商人的奸诈,以及人们对商人的厌恶。"三年出个状元,难出个会做生意的",说明郴州自古以来做生意的人不多,而有经济头脑、会做生意的人则更少。

从农业与商业方面的俗语在数量上与言语感情色彩的比较看出,郴州的农耕文化有个显著的特征就是——重农轻商。这种传统的自给自足的小农经济模式,造就了郴州人"自足"的性格,也带来了较为封闭、保守、安于现状、不思进取的缺点。因此,"远走不如近巴(近巴,土话,贴近之义)","别人的金窝银窝,不如我自己的草窝。"

二、"乐山乐水"——浓郁的山水文化特征

俗话说山水相连,高山自会有好水。郴州的山,不可胜数,在

约1.94万平方公里的广袤土地上,80%左右为山地和丘岗。境内有耒水、米水、春陵水、武水、集龙河五条主要河流,以及423条支流。山以水为分野,水以山为背景;山因水而雄奇,水因山而秀美。韩愈在《送廖道士序》中说:"衡之南八九百里,地益高,山益峻,水清而益驶,其最高而横绝南北岭,郴之为州,在岭之上……又当中州清淑之气。"高峻的郴山,清淑的郴水孕育了郴州的山水文化。

郴州"八山半水分半田"的地理环境造就了郴州人的"乐山乐水"。郴州人"靠山吃山,靠水吃水",认为充满灵秀的郴州山水不但会给自己提供丰富的物质财富,还会给自己带来子孙满堂,带来连连好运,于是说"山旺人丁水旺财"。郴州被誉为"四面青山绿翠屏,山川之秀甲湖南",这儿是"山上有花山下香,桥下有水桥面凉",青山、鲜花、小桥、绿水构筑了一个令人神往的世外桃源。这里的人们依山傍水,命运与山水紧密相连,人们对山水有着深厚的感情,"住山吃山,管好山""过一山,住一山;住一山,爱一山""后山青,家业兴;后山坏,家业败""一年烧山十年穷""绿上荒山头,山下清水流。"郴州人与山水朝夕相伴,从山水中明白了许多人生哲理,如"高山岭上有黄金,就怕懒人不用心""志在高山,可摘月亮;志在丘壑,抓个泥巴坨""山高不为高,人心更是高""河里鱼多水不清,山里石多路不平""水深不响,水响不深""水不流变臭,人不学变呆""井水舀不干,知识学不完""上山要防花脚蚊,下水要防水蚂蟥"等,与山水有关的俗语非常之多。

在郴州俗语中大量出现的与"山""水"有关的地名,也体现出浓郁的山水文化特征。例如:"苏仙升了天,化鹤又还乡"(苏仙岭,郴州山名)及"五盖山(郴州山名)脱帽,雨天快到""要它晴,狮子口(郴州山名)上一朵云;要它雨,狮子口上脱云脚""五指峰(汝城县山名)戴帽,不是屎就是尿""不翻骑头岭(郴州山

第七章 郴州俗语

名），不知挑盐难""走了千里路，舍不得栖凤渡（郴州古渡名）""重阳无雨看十三，十三无雨枯东江（今郴州东江湖）"等，足见郴州人民与山、水结下的不解之缘。

浓郁的山水情结，造就了郴州人的刚强与淳朴。据《郴州市志》记载："古时，郴地偏僻，民性剽悍，民风淳朴"，郴州人性格刚强，注重忠信，富有正义，敢于斗争。郴州人认为"本分为人天不亏""大路不平有人铲"，与人相交要"心换心，一条心""宁可失钱，不可失信""要的只能是本分，让的只能是人情。"郴州人有着雪亮的眼睛，看清了"癫子戴帽还是癫子，麻婆涂粉还是麻婆""豺狼变不成家狗，敌人变不成朋友"。郴州人性格倔强，争强好胜，"吃肉不论，砍肉争秤""人情送匹马，买卖争毫厘""官司场上无父子，买卖场上无爹娘""待客杯杯满，打酒争一分""挑起牛肉街上卖，卖完牛肉再认亲""四舍五一，一分钱争出屎"。他们不轻易服输，即使"没有脑壳，肩膀也要顶几下""头上插了野鸡毛，也要把它折下来"（野鸡毛是借指山寨强人），就算"跌倒在地上，也要啃口泥"，知道"蜈蚣再毒有公鸡，耗子再鬼有猫咪"，明白"水牛打架角对角，公鸡打架啄脑壳"。

三、"方言复杂"——浓厚的移民文化特征

郴州独特的地理环境和适宜的气候，有利于招徕移民。据《郴县志》记载："公元前221至前206年，秦始皇徙囚徒50余万，修筑郴粤驰道……"这是现有文献记载中郴州历史上的第一次人口大迁徙。汉代连年征战到晋代永嘉之乱，致使北方移民浪潮波及江南各省，影响到郴州。他们将各地语言文化带入郴州，西南官话因其自身特点加上使用人数较多，成为郴州方言中最有影响的语言。后来，唐代天宝和至德年间的安史之乱，又一次迫使汉族人民大规模南迁，这种状况一直延续到明清，其中"江西向湘南

地区进行了大量移民,使湘南的湘语染上了客赣方言的色彩"。①移民的大量迁入给郴州方言带来了大的影响,造成方言的多样复杂性,也给郴州俗语注入了新鲜血液,提供了厚实多元的基础,使郴州形成了西南官话为主,有湘语、赣语、客家话和其他各种土语交相融合的格局,造就了具有特色的移民文化。

从郴州俗语中的词汇来看,这种移民文化特征表现得十分突出。

1. 西南官话影响显著

郴州本地人一般能同时使用两种方言,对内使用土话,对外使用官话,形成土话和官话并用的双方言现象。而官话作为湘南地区各县的通用语,对土话的影响尤其显著。郴州人们常会受到西南官话读音的影响,或直接使用西南官话中的词语来表情达意。尤其是一些书面色彩浓的词语和新词语,土话往往照搬官话,从官话中直接借入。例如"蚂蟥听到水响——跟着来"中的"蚂蟥","白糖拌苦瓜——又苦又甜"里的"苦瓜","瘦死的骆驼比马大"里的"骆驼"等。

2. 湘语色彩浓厚

例如:"老子老娘疼满崽,公公婆婆疼长孙"中的"满"来自湘语,表示"最小的"。② 再如湘语中的"婆"、"崽"在郴州话里大量存在。"穷单身,富寡婆""冬瓜奈不何,奈何芋头婆"里的"婆","从来源来看虽不是湘语词,但作为构词语素在湘语中能产性强,构成一大批带'婆'的词语,形成了湘语的一个特色"。③ "养崽不要多,一个抵十个"中的"崽"字,在湘南土话和湘语中都普遍指称

---

① 曾献飞:《湘南土话与南部吴语》,40 页,长沙,湖南师范大学出版社,2004 年。
② 罗昕如:《湘南土语词汇研究》,40 页,北京,中国社会科学出版社,2004 年。
③ 罗昕如:《湘南土语词汇研究》,北京,中国社会科学出版社,2004 年。

第七章　郴州俗语

儿子,是湘南土话和湘语共有的一个特征词。①

3. 客赣语影响较大

"衫"主要见于客家话、粤语、闽语,②郴州俗语有"三月三,脱烂衫"之说。客家话对湘南土话的影响最直接,"不翻舜头岭,不知挑盐难"中的"岭"指山,在郴州俗语中非常常见,其直接来源于客家话。③"死后坟上烧灵屋,不如生前四两肉"中的"坟"字则属赣语。④

4. 古语词运用较多

例如:(1)郴州俗语中"大江上捞油,鸡肠里刮膏"中的"膏"字,属古汉语词,《广韵》平声豪韵古劳切:"脂也",指脂肪。(2)"送崽读书,不如带崽赶墟"中的"墟"字,据周振鹤、游汝杰在《方言与中国文化》中考证,是唐宋时代少数民族语言,属古越语词,古汉语中本作"故城、废址"解,现指"集市"。(3)"卵、面、淋、茅茨"等属古通语词(指见于古籍记载却又没注明使用范围的词),普遍用于郴州俗语。例如:"扯卵谈""马屎面上光,肚里一包糠""清明要晴,谷雨要淋""茅茨里的石头,又臭又硬"等。

由此可见,郴州俗语是多种方言交融的结果,体现出明显的移民文化特征。

从郴州俗语表达的精神特质来看,这种移民文化特征也非常明显。

周兴旺在《湖南人凭什么》中说:"移民不管来自哪里,其最根本的特点是有吃苦耐劳的心理准备和拼搏的精神。"⑤这一特征在

---

① 罗昕如:《湘南土语词汇研究》,262 页,北京,中国社会科学出版社,2004 年。
② 北大中文系语言学教研室编:《汉语方言词汇》,北京,语文出版社,1995 年。
③ 罗昕如:《湘南土语词汇研究》,66 页,北京,中国社会科学出版社,2004 年。
④ 刘纶鑫:《客赣方言比较研究》,转引自罗昕如:《湘南土语词汇研究》,66 页,北京,中国社会科学出版社,2004 年。
⑤ 周兴旺:《湖南人凭什么》,29 页,北京,新华出版社,2002 年。

郴州俗语中得到充分体现,如大人们教育小孩子要"呷得苦中苦,才做得人上人""呷苦在先,才有后福""先苦后甜,杀猪过年;先甜后苦,打烂屁股";他们信奉"撒网要撒迎头网,开船要开顶风船""不挑千斤担,练不出硬功夫",他们"敢开剃头铺,不怕连孔胡(络腮胡)""变了鳅鱼,不怕糊泥",他们相信"前面淹死人,后面还有过河的""你呷得三碗饭,我也呷得半斤米",因此他们"没有芭蕉扇,敢过火焰山""有鱼有鱼,车干水再说"。

四、礼仪文化特征

礼仪文化是中华民族传统文化的一个重要组成部分。汉民族一直以儒家思想作为自己行为的基本价值原则,儒家思想是以"仁"为核心观念的,而且特别强调"礼",把"礼"看作社会道德的标准。郴州人有着讲"礼"的优良传统,据《郴州市志》记载:"(郴州人)尊儒学,尚礼仪;论排行,重乡情。"

俗语作为汉民族代代相传的语言形式,它们用质朴的语言全方位、多角度地记录着传统礼文化。可随着人们生活方式和思想观念的改变,"大量民俗及民族传统文化的载体正在加速地退出人们的日常生活,日益成为文化标本,失去了本身具有的文化意义"①,年轻一代对负载着传统文化的语言不再感兴趣。因此,我们认为重新认识地方俗语中的礼仪文化,既有助于保护、开发语言资源,为社会学和民俗学等提供一些借鉴;又有助于推动语言学和文化学的进一步研究;更有助于推动当今社会的和谐发展,营造"礼仪之邦"的新风貌。

《左传·昭公二十五年》中明确指出:"礼,上下之纪,天地之

---

① 杜剑华:《儒家礼文化对东北农村家庭教育影响的研究》,载《科技信息》,2009(33)。

第七章　郴州俗语

经纬也,民之所以生也。""中国文化的特质是'礼'。西方语言中没有'礼'的同义词;它是整个中国人世界里一切习俗行为的准则,标志着中国的特殊性。"①自古以来,汉民族就"重礼","礼"是社会习俗行为的准则,是社会道德风气的标准。正如俗语所说:"人将礼乐为先,树将花果为圆",为人处世将礼仪摆放在第一位,这样万事就有了一个好的开端。不可否认传统礼文化因产生于阶级社会,是从宗教制度、贵贱等级关系中衍生出来的,不可避免地会带有封建阶级的愚忠迷信的成分,如包含君权至上的贵贱有等、尊卑有别的政治等级观念。但传统礼文化的尊卑观念中也含有礼敬老人和在人格上尊重普通人的积极因素。因此今人不能固守传统尊卑观念的一切,而应当以科学的态度来对待郴州俗语中传递的传统尊卑观念,取其精华而去其糟粕。传统礼文化"尚礼"在郴州俗语中的主要表现为以下四个方面:以礼待人、尊人卑己、尊老爱幼和不偏不倚。

1. 以礼待人

汉民族讲究"人到礼到""礼不可缺"。据《诗经·鄘风·相鼠》所写:"相鼠有皮,人而无仪。人而无仪,不死何为?……相鼠有体,人而无礼。人而无礼,胡不遄死?"一针见血地指出一个人如果不讲"仪"和"礼",就不配在世间活着。不少俗语中体现了普通民众对"礼"的重视。例如:"有礼走遍天下,无礼寸步难行""礼多人不怪"等。讲"礼"要做到谦恭有礼,所以"赵钱孙李虽强,还要拜周吴郑王"。反之,如果待客礼数不周全,则会出现"礼衰则客去"的尴尬局面。众人皆知"礼尚往来"之真谛,因为"人情一把锯,你一来,他一去"。大家是"一礼还一拜",知道"让人三分不吃亏",因为"让礼一寸,得礼一尺""你敬人一尺,人敬你

---

① 彭林:《用传统礼仪重塑中华民族形象》,载《学习月刊》,2008(1)。

一丈"。以礼待人促使人们之间平和相处,从而"和气生百福"。

2. 尊人卑己

《礼记·曲礼上》说:"夫礼者,自卑而尊人。虽负贩者,必有尊也,而况富贵乎?富贵而知礼,则不骄不淫;贫贱而知礼,则志不慑。""人外有人,天外有天",儒家之礼,体现的是人类的普遍之爱,不论贵贱等级。

"尊人卑己"的表现手段有很多,既有言语上的(如谦语和敬语等),也有行为上的(如座次的排列等)。郴州俗语中常说"小鸡重贵客""酒水米饭人客吃",这两句地方俗语从为人处事方面充分体现了湘南人对"尊人卑己"的诠释——"宁愿亏待自己,也要厚待客人"。旧时粮食紧缺,地处丘陵地带的湘南人常以红薯充饥,往往是"红薯半年粮"。可一旦有尊贵的客人来到家中时,贤惠的家庭主妇会热情地挽留对方在家吃饭,"宁可节省自己,不可怠慢客人"。她们往往倾其家中所有:"酒水米饭"任客吃,"杀了小鸡"待贵客,用过年时的丰盛真诚地款待贵客。与之贵客饮食形成鲜明对照的另一个就餐场面则是:主家的孩子手拿红薯,站在饭桌旁,眼巴巴地看着桌上美食掉口水。

3. 尊老爱幼

"尊老敬老"是中国的优良传统,也是传统礼文化的重要组成部分。《礼记》记载:"居乡以齿,而老穷不遗,强不犯弱,众不暴寡。"随着老龄化社会的到来,如何正确看待老人成为当今社会一个非常复杂的问题。有的人认为自家父母年老多病,嫌弃他们成为自己的包袱。"人非禽兽,孰能无情",人们世代遵循着"人生百行,孝悌为先""不孝漫烧千束纸,亏心空爇万炉香"。要知道"金钱难买亲骨肉""不是黄泥不拦路,不是亲肉不巴骨"。世间"人情莫亲于父子""他养你小,你养他老"是我们义不容辞的义务。固然,老年人的身体机能随着年纪的增长在逐渐衰减,他们的思想观念、心态情趣与社会主流会有所差异。但"三斤子姜,当不得一斤老姜""量米要老斗,做事靠老手"。相比其他年龄阶段的人,老人们拥有自身特有的优势,人们"若要好,问三老""不听老人言,吃亏在眼前"。因为"树老皮皱多,人老经验多","而青年人所缺少的正是经验,取得经验则需较长的时间"。[1]老人丰富的阅历和经验将会让年轻人少走弯路、多干正事、多出成绩。老人们通过岁月历练出来的丰富的人生阅历和社会经验,使得"家有一老,如同捡到宝""家有一老,黄金活宝"。我们认为:老人们既是一个家庭的"宝",也是一个社会的"宝",老人的健康不仅是一个"小家"的幸福,更是社会"大家"的幸福。

　　汉民族尊老也爱幼,老人是"家"的宝,孩子也是"家"的宝。如今大部分家庭是"四二一"模式,孩子就是全家之宝,一家大人全围着孩子转,对孩子是"含在嘴里怕化了,拿在手上怕融了"。俗话说得好:"温室里育不出劲松,糖水里泡不出志气",重视孩子是可以的,但过度娇宠却是不可取的。对孩子一味地娇生惯养,只能是"百害而无一利",因为"娇崽一时,害崽一世"。"不经历风雨"怎么能见"彩虹"?外面的风雨再大,我们也要"爱在心里,狠在面皮"。抚养孩子是我们应尽的责任,而教育孩子则更是我们不可推卸的重任。老人们常说:"子不教,父之过""爱而不教,禽犊之爱""养子不教如养猪,养女不教如养驴"呀!千百年流传下来的俗语已经明明白白地告诉了我们:"儿孙自有儿孙福,莫替儿孙作牛马"。

　　4. 不偏不倚

　　《论语·八佾》说:"事君尽礼,人以为谄也。"《礼记·仲尼燕

---

[1] 亚里士多德:《尼各马科伦理学》,苗力田译,北京,中国社会科学出版社,1990年。转引自罗国杰主审,李萍主编:《伦理学基础(第二版)》,113页,北京,首都经济贸易大学出版社,2009年。

居》中说:"礼乎礼!夫礼所以制中也。"从古到今,人们一直在追求一种对"礼"进行"度"的把握。"不偏不倚"即"中",它从一个方面体现了儒家思想体系中的一个重要观点——"中庸"。"中庸之道并不是庸俗一流,并不是依违两可,苟且的折中,乃是一种不偏不倚的毅力,力求取法乎上,圆满地实现个性中一切而得和谐。"①"不偏不倚"就是"追求和谐"所要把握的重要尺度之一。

俗话说"枪打出头鸟","十分弓,不拉满了"从正面告诫人们做事说话都不要过于争强好胜,凡事要留有一定的余地。"直木先伐,甘井先竭""酒喝过量醉倒人,饭吃过量撑破肚"则从反面论证了一个道理:一个人不要锋芒太露,风头太劲将会招致不良后果。"三个客,不夹菜;夹了菜,会招怪"表面说的是待客之道,实际上是告诫人们:一个人做事一定要遵循"一碗水端平"的原则。这些谚语告诉人们:在与他人相处之时,一定要把握好言行举止的分寸;只有把握好尺度,才能做到与他人和谐共处。

对"不偏不倚"的把握不光是表现在社会成员的动作行为上,更易从人们的只言片语中流露出来,因为"情知语是钩和线,从头钓出是非来"。"言由心生",语言表达的是一个人内心的思想情感。说话要慎重,也就是"慎言"。正因"说者无意,听者有心""舌是是非本,口是祸害门",所以开口说话之前先要动动脑子,想想什么该说,什么不该说。"慎言"的表现之一:注意说话内容,有时"一百句话合不到人,一句话能得罪人",真是"一句话可以成事,一句话也可以坏事"。"慎言"的表现之二:注意交际对象。"见人说人话,见鬼说鬼话""看人说话,看菩萨打卦"在有些语境是可以的。"慎言"的表现之三:注意交际方式。"树直逗倒,口直

---

① 邵文东:《论儒家礼文化的特点和内涵》,载《青海师范大学学报:哲学社会科学版》,2010(2)。

第七章 郴州俗语

逗恼""心直口快"有时并不利于交际的顺利进行。"当面锣,对面鼓""好言一句三冬暖,恶语伤人六月寒""一碗冷饭易吃,一句冷话难听"告诉人们有的时候言语要遵循"礼貌原则",交际双方才能顺畅交流。"鼓不打不亮,话不讲不明""有话说到明处,有药敷到痛处"告诉人们有的时候言语则要遵循"合作原则","打开窗子说亮话":言语有时不能够过于隐晦曲折,必须直接明白方能准确无误。"慎言"的表现之四:注重言语表达效果。"豆腐多了一包水,空话多了不值钱""大话讲过头,冇个米过喉""好话不用多,关键在效果"。上述俗语告诉我们:要与他人和谐共处,言语很关键,只有遵守上述言语原则的"慎言",才能使交际双方有效消除交际中存在的障碍,从而顺利地进行交流,保持住和谐的交流状态。

俗话云:"前人不说古,后人冇得谱",传统礼文化在中国绵延数千年,作为汉民族的道德准则和行为规范,扎根于每一个中国人的心中。地方俗语作为礼仪文化载体之一,为礼仪文化的保留和传承做出了自己的贡献。它用自己短小凝练、富有生活气息的形式传承着具有民族特色、体现民族追求的传统礼文化。正如"青出于蓝,而胜于蓝";"长江后浪推前浪"一样,传统礼仪文化虽存在一些不合理的因素,但其合理内核仍能净化心灵、提升修养、和谐社会;历史长河中的谚语虽有糟粕,但其精华历经岁月洗刷仍是"时代的镜子"。我们应"择其善者而从之",以健康的心态去发扬和传承传统的文化以及传统文化的载体,使其"隔山不隔水,隔水不隔心",最大限度地增强全球华人的凝聚力,增强中华民族的文化自豪感,从而实现文化的复兴、民族的复兴。

第八章　校园流行语[①]

第一节　校园流行语概说

语言的发展变化是当代社会发展、精神文化变迁的一面镜子。改革开放以来,我国的社会、政治、经济及文化生活都发生了巨大变化。流行语是时代的晴雨表,在这个变革的过程中,许多流行语不断产生。青少年学生作为思想最活跃的一个群体,生活在学校这个独特的环境中,最容易接受也乐于传播那些具有校园特色、反映青少年学生精神文化风貌的流行语(从青少年学生心理特点的角度和这些流行语尚不定型的特点,有的将"流行语"叫"时髦语")。流行语作为一个重要的社会现象和了解学生的一个重要渠道,自然应受到社会各界特别是教师的关注。

一、校园流行语定义及相关概念

(一)校园流行语定义

目前学术界关于流行语的界定标准是不一致的。不同的人有不同的看法。胡明扬和张莹认为:"流行语指的是在某些人中间,主要是在青少年中间,在某个时期广泛流行,过一段时间又为

[①] 本章作者简介:王喜伶,女,湘南学院副教授,主要研究方向为应用语言学。

第八章 校园流行语

新流行的词语所替代而悄然消失的词语。"[1]陈建民认为:"流行语是指某个时期在青少年中间广泛流行而生命周期较短的特殊词语。"[2]孙曼均指出:流行语是语汇中特殊而敏感、变化极快的词语层面,是在某一时期社会上广泛流行的城市人主要是城市青年中的惯常用语,或某一阶层、行业的习惯用语。"[3]李娜认为:流行语是指某个民族、某个地区语言中在一个阶段里使用频率极高的词语,是一种时髦的言语。杨文全认为:在一定时期、一定群体内被人们普遍使用的话语形式。一般为口语,带有一定的方言性,是一定时期内社会政治、经济、文化、环境及人们心理活动等因素的综合产物,并在传媒的推动下盛行的词、短语、句子或特定的句子模式。《现代汉语词典》(第五版)这样解释:流行语[4]是指某一时期在社会上广泛流行的语汇。[5]

可见,各家对流行语的认识和定性有很大差异,笔者还是认为《现代汉语词典》中对流行语的解释比较简洁又切合概念的本质,即流行语是指那些在一定时期内广为流传的,使用率明显高于平均水平的语言。

校园流行语,顾名思义,就是在青少年学生范围中广为流传的,使用率明显高于校园平均水平的语言。

---

[1] 胡明扬、张莹:《北京青少年流行语》,载《语文建设》,1990(1)。
[2] 陈建民:《改革开放以来中国大陆的词汇变异》,载《语言文字应用》,1996(1)。
[3] 孙曼均:《北京的流行词语与当代北京城市文化》,载《语言文字应用》,1998(3)。
[4] 名
[5] 中国社会科学院语言研究所词典编辑室:《现代汉语词典》,北京,商务印书馆,2002年。

(二)与流行语相关的几个概念

1. 流行语与新词语

改革开放四十年来,我国政治、经济、文化、科技等方面发生了巨大变化,出现了许多新事物、新现象、新观念,这一切都在词汇中得到反映,具体表现就是新词新义的不断涌现,在这期间产生了成千上万的新词语。据统计,20世纪80年代平均每年新增700个左右,20世纪90年代每年至少也增加300—400个。① 新词语的涵盖面相当广,其内容涉及时政、经济、科技、社会生活、文化生活诸多方面,如"打假""扶贫""打工""下岗""融资""期货""导购""小金库""白领""第三者""克隆""人机对话""亲子鉴定""净菜""专卖店"等。新词语的来源也是多方面的,如来自地域方言、行话术语、外来语、旧词语等。一些源于方言、行业语、外来语的新词语如果在口语中使用频率较高,就有可能进入流行语。

但不能说凡是新词语都是流行语。与流行语相比,虽然二者都是新兴的,但新词语的范围要远远大于流行语,而且多数新词语的使用率较低,只在书面语中出现,较少见于口语。新词语主要是从词语出现的时间上划定的,它具有全民性的特点,并非只在某一地域流行。现代汉语的新词语一定是进入普通话的新词语即全民认可的新词语,所以它是属于普通话的或书面语的,而流行语则带有浓厚的地域色彩或方言色彩。可以说新词语是流行语的一个主要来源,但新词语并非都是流行的。

2. 流行语与行话、隐语

行话也叫行业语,是各种行业和科学技术上应用的词语,包

---

① 王铁昆:《新词语的判定标准与新词新语词典编纂的原则》,载《语言文字应用》,1992(4)。

第八章 校园流行语

括行业用语和专门术语两大类,是由于社会分工的不同造成的。隐语又称"秘密语",是"某些专门行帮或秘密集团为了保护行业或团体的利益用于内部联络或交谈的一种暗语"①。其中被认为是非正当行业或具有反社会作用的社团所使用的隐语常被贬称为"黑话"。行话具有专业性,隐语具有隐秘性,它们的使用范围是狭窄的。但社会各阶层、行业不是封闭的,由于人际交流、行业渗透等原因,再加上电视、报刊等大众传媒的推动,使人们对各行业有了更广泛的了解,原属某一特定行业的某些表达方式通过某种临时用法用于日常交际中,很快被大众接受,如果使用频率较高,就有可能发展成为流行语。隐语黑话由于具有隐秘性和陌生感,容易引起青少年的好奇心,而且能满足青少年的逆反心理和反传统情绪,所以一部分隐语黑话也易流入流行语。行话和隐语甚至黑话都是流行语的主要来源,一些行话、隐语在使用一段时间后逐渐为外部人所了解,进而流传开来,成为流行语的一个组成部分。北京流行语中有来自戏曲界行话的"下海""大腕儿""叫彩儿",还有股市行话、倒爷的行话,如对人民币的称说"一大毛、一分"(一元)、"一张儿"(十元)、"一棵"(一百元)、"一吨、一本儿"(一千元)、"一粒米、一方"(一万元)等。流行语中一些有关打架斗殴的说法则具有隐语、黑话的性质。

3. 流行语与方言俚语

《现代汉语词典》对俚语的解释为:粗俗的或通行面极窄的方言词。如北京话里的"撒丫子"(放开步子跑)、"开瓢儿"(打破头)。俚语实际上就是土语,其范围要比流行语大得多,如历史上的方言俗语,都可以称为俚语。一部分流行语是起用已经不用的俚语或是俚语的引申或再创造,如北京话的"面"指食物不脆,流

---

① 戴昭铭:《文化语言学导论》,北京,语文出版社,1996年。

— 295 —

行语中引申为表示人软弱窝囊、办事不利索,又产生了"面瓜"(软弱窝囊、办事不利索的人)的说法;由俚语中表示趾高气扬、自以为是的"牛"或"牛×",创造出"牛×哄哄""牛×"的新说法;"零碎儿"本指打杂的,流行语中指脏话;俚语中的"逗"意指惹人发笑的,流行语中用以斥责别人荒唐——"真够逗的!"除此之外,大多数流行语是新兴的而且是迅速变化的,而俚语显然并不具备这一特性。

二、流行语研究现状

　　流行语的研究早已引起学界的关注,我国较早研究流行语的论文是1982年蔡富有的《北京青少年口语中常用的表示赞美的单音词》[①],该文谈的虽是流行语现象,但文中还没有使用流行语这一概念。到1990年,胡明扬、张莹发表《70—80年代北京青少年流行语》[②]一文,才讨论了流行语的定义和特点,该文通过简单的调查统计方法,搜集了部分70—80年代最具特色的北京青少年流行语,考察了其来源和特色。以此为基础,20世纪90年代以来,一些学者相继发表或出版了一定数量的论文或流行语辞书。笔者根据中国论文期刊网收录论文统计发现,有关流行语(或时髦语)研究的专著及论文成果主要集中在近十年时间内,而以21世纪尤多,约占这方面论文的60%强。这是因为近年来随着网络技术的发展,信息技术的突飞猛进,思想观念的更新加快,青少年学生流行语的使用频率越来越高,流行语的数量也与日俱增,众多的学者对青少年学生使用流行语现象的关注程度也越来越高。据不完全统计,1995年至2000年五年时间里,共有相关研究专著

---

①　蔡富有:《北京青少年口语中常用的表示赞美的单音词》,载《语文建设》,1982(3)。

②　胡明扬、张莹:《70—80年代北京青少年流行语》,载《语文建设》,1990(2)。

第八章 校园流行语

2部,相关研究论文45篇,学位论文3篇;2001年至2005年末,共有相关研究专著4部,研究论文125篇,学位论文7篇。比较有代表性的研究文章有:赵佳《社会流行语浅析》(1994)[1]、乔燕敏《流行新词浅议》(1996)[2]、孙曼均《城市流行词语及其社会文化分析》(1998)[3]、夏丽虹《就流行语看语言的创意性与趋同性》(1999)[4]、劲松《流行语新探》(1999)[5]等。近年来还出版了一定数量的流行语辞书,主要有:周一民《北京现代流行语》(1992)[6],它搜集了70—80年代,主要是80年代末期的北京流行语400余条,是北京话也是现代汉语的一部较为重要的流行语辞典;此外,还有熊忠武主编的《当代中国流行语词典》(1992)[7]、阮恒辉、吴继平主编的《上海话流行语辞典》(1994)[8]、郭大松、陈海宏主编的《五十年流行语》(1999)[9]等。

总体说来,在流行语研究领域,存在着三多三不足:第一,观点很多,但对本质探讨不足。众多的专家学者对流行语仁者见仁,智者见智,看法各不同,但到底什么是流行语?对流行语该如何界定?在这些本质问题上显得有些宽严失衡,流行语词典编纂的词条收录标准也各不相同,有的将新词语、俚语、口头禅、谚语也收录进流行语的词典之中,有的将流行语与社会方言或术语重叠,使流行语失去鲜活而独具一格的特点。第二,局部研究多,全局研究不足。大量关于流行语的研究,实际上只涉及了流行语中

---

[1] 赵佳:《社会流行语浅析》,载《修辞学习》,1994(3)。
[2] 乔艳敏:《流行新词浅议》,载《孝感师专学报》,1996(2)。
[3] 孙曼均:《城市流行词语及其社会文化分析》,载《语言文字应用》,1998(3)。
[4] 夏丽虹:《就流行语看语言的创意性与趋同性》,载《语文建设》,1999(2)。
[5] 劲松:《流行语新探》,载《语文建设》,1999(3)。
[6] 周一民:《北京现代流行语》,北京,北京燕山出版社,1992年。
[7] 熊忠武:《当代中国流行语词典》,长春,吉林文史出版社,1992年。
[8] 阮恒辉、吴继平:《上海话流行语辞典》,上海,汉语大词典出版社,1994年。
[9] 郭大松、陈海宏:《五十年流行语》,济南,山东教育出版社,1999年。

的某一类词语,比如网络流行语、方言流行语等,而全局性的关于流行语的研究并不多见。第三,现象陈述多,对深层问题的探讨不足。当前关于流行语的研究,很多都还只是停留在现象的陈述与层面的描写,相对而言,对流行语使用现象的一些比较深层次的问题尚涉猎不足,研究不够。如关于流行语流行的社会心理原因,流行语的使用规律,流行语词的组合规律、结构规律等问题,部分专家学者们有一些研究,但大多不是很全面,也不是很透彻。①

综观近十年相关研究成果,比较多的专家更为关注青少年学生使用流行语的现象,提出自己的看法。第一,有的持比较宽容的态度,如张巨龄先生在《新词酷语的流行和汉语研究的反思》②中指出:汉语的发展已进入了一个史无前例的繁荣时期。新词酷语,连同其组合都在以我们意想不到的速度与方式涌现。面对这样的大势,语言和语文工作者们不必忧虑,不该拒绝,不该总是追在后面大呼"不对,不对",而应冲向前面,努力地学习它、研究它,为丰富先人开创的汉语语法理论宝库,为创造正走向强势的汉语的辉煌未来而奋斗!第二,有的对青少年流行语颇有微词,认为这种现象有损祖国语言文字的纯洁和健康。如陕西师范大学郭芹纳教授称:这样的语言不应提倡,这些在学生内部流行的语言并不符合汉语的规范使用,可能对汉语造成污染。不仅如此,现在经常使用的谐音字、同音字都会对汉语造成不良的影响。比如说,一些年龄较小的孩子,可能从小就对某一词语留下了错误的印象,这对汉语的流传很不利。学校和老师都应该给予正确的引导,避免走入误区。第三,持比较公允的态度,如张子华教授在

---

① 裴文倩:《当代社会流行语研究》,上海,华东师范大学出版社,2005年。
② 张巨龄:《新词酷语的流行和汉语研究的反思》,载《光明日报》2005-09-13。

第八章 校园流行语

《校园新词的理性分析》一文中指出：校园新词语之所以能流行，说明了年轻学子喜欢"标新立异"的心态。语言总是发展的。但是这种发展也须遵循一定的规律，要讲究科学性，要避免低级粗俗。当然亦不用大惊小怪，视某些校园新词语为"异类"，而加以一概排斥。但是，引导和提高是师长们的责任。因为中学生不仅要学好科学文化，并且在语言的使用上也应当是规范健康的。

三、校园流行语现状调查

走进大中小学校园，就好像走进了流行语的天地，流行语的使用与传播，毋庸置疑，在青少年学生中有着很大的市场。许多的社会流行语，其发源地就是校园。青少年学生对流行语的喜爱与在推动流行语的流行中所起的作用，是任何一个群体都不能替代的。笔者长期在大学执教，与青少年学生接触的机会很多，发现流行语在青少年群体中，使用频率之高、流行范围之广、传播速度之快，是令人惊讶的。如前所述，笔者设计了《流行语词调查表》《流行用语问卷调查》《流行语使用场所调查表》《流行语感知度调查表》《流行语使用动机调查表》《流行语认可度调查表》六份问卷调查表，发出 653 份，收回 538 份，回收率 82.3%。

调查显示，青少年学生使用流行语现状有以下几点值得关注：

第一，使用流行语是多数青少年学生日常生活中的普遍现象。流行语与青少年的日常生活密切相关，越来越成为他们生活的一部分。青少年共同的语境与生存空间，是"流行语"现象产生与传播的必要条件。网络、娱乐场所、宿舍、教室的互动性强，气氛轻松，是青少年学习、生活、交往的主要空间，也是青少年使用流行语的主要场所。调查显示，对于"您主要在哪些场合使用"和"您主要在哪些场合能够听或看到"流行语（分别限选 2 项），被调

查者的选择结果是：网络占34.1%和41.4%，娱乐场所占29.8%和38.0%，宿舍29.3%和26.2%，教室21.4%和25.6%，在所有选项中分别排在1—4位。

第二，多数青少年学生对流行语的评价是正面的、积极的。调查显示，对于流行语的总体感觉，超过半数的被调查者认为流行语"轻松有趣"(51.8%)，排在第一位，排在第2—4位的是"简洁明了"(29.3%)、"生动形象"(20.0%)、"没有感觉"(12.1%)；而认为流行语"怪里怪气"(12.1%)、"哗众取宠"(10.5%)、"胡说八道"(5.2%)的人，比例之和也才二成半。这组数据说明，多数青少年学生对流行语的总体评价是正面的、积极的，他们并不认为流行语是一种"垃圾语言"。对于使用流行语的动机(限选2项)，有38.4%的被调查者认为是"为了好玩"，37.3%的人认为是"为了同学、朋友之间更容易沟通"，30.1%的人认为是"什么也不为，只是出于习惯"，也有22.5%的人认为是"为了显示自己时髦"；而认为是"为了挑战社会的正规语言"和"为了不让父母、老师听懂"的被调查者，只占5.2%和3.4%。可见，多数青少年学生在使用流行语时，并没有考虑更多的语言文化层面的因素，只是把流行语作为日常生活中的一种调味品，为了轻松休闲而已。当然，通过流行语密切同伴间的关系，也是一个非常重要的动因。换句话说，青少年中的"流行语"现象更多是为了自身与群体间的需要，而非为了挑战社会，或与长辈们作对。总体看，多数青少年学生对流行语的态度及其评价，是比较正面和积极的。

第三，网络流行语在青少年学生流行语中占有重要地位。网络这一新兴的事物，以迅速的传播速度、广阔的传播范围，适应了现代社会人们快节奏的生活方式。"网络流行语"作为网络交际的重要工具，既体现了网络世界独有的特色，也表达着青少年独特的心态。例如："QQ"——OICQ(Oh, I seek you.)，一种网上聊

第八章 校园流行语

天的系统,现在已越来越多地成为青少年网上交流的主要方式之一。"QQ"之所以受到年轻人的青睐,与网络交际的独特性分不开。网络最大的特点就是虚拟性、隐蔽性。它可以不通过双方任何身体、语音的接触,而直接与对方交流。它同时具有最大的开放性,可以选择各种各样的人进行交流。这种交流方式对双方而言,既充满了新鲜感,又可以畅所欲言,极大地缓解了生活、学习中的压力,是一种非常适合青少年的休闲娱乐方式。"伊妹儿"——英文为 email,即"电子邮箱"。传统的书信由于流程复杂、速度缓慢,现在已经逐渐被电子邮件取代。网络的快速传输功能在此再一次体现。"伊妹儿"已经成为人们交流的重要方式。用"伊妹儿"这个中文音译词来代替 email,也显得更加亲切,使冷冰冰的电脑与不着边际的网络,变得温馨而富有人情味儿。"美眉"——源于闽南语"妹妹",由于发音的声调不同,音译成普通话就变为"美眉"。泛指女子,常被年轻人挂在嘴边,受其影响,以后又出现 GG、DD、水母、恐龙、青蛙、超女等网络流行语,这一类表示称呼的流行语正不断地产生与流行起来。

第四,源于港台的"流行语"优势明显,直接表达与宣泄青少年学生的情绪。"有没有搞错"——源于香港影星周星驰的电影,现用于表达一种不满的情绪。周星驰的影片构思巧妙、语言诙谐,吸引了众多青少年的"眼球",其独特的语言特点自然被迅速接受并传播。"酷毙了""帅呆了"——多用于赞叹某人的着装、言行、神态、气质等引人注目,不同常人。"哇噻"——多用于惊异的感叹。这类"港台味"十足的词语在内地青少年中的流行,一方面可看出港台流行文化的优势及其对内地青少年的广泛影响。青少年对新鲜事物最敏感、最好奇、最容易接受。青少年往往能够快速吸纳各种外来文化,对各种新鲜、刺激、好玩事物做出反应。这些特点反映在青少年的日常语言上,就是大量使用外来词

汇,包括由港台流行文化传入的流行语汇。另一方面,也可以看出现在的青少年更易于直接把内心情绪表达出来,同时追求引人注目的效果。

第五,父母、老师对青少年学生流行语的态度理解与肯定居多。虽然有部分父母、老师对青少年的"流行语"现象并不完全理解,有代沟的存在,但多数人持不反对态度。在现代社会中,父辈们日益认识到子女成长有自己的文化氛围,作为家长只是起监督作用,不该过多地干涉他们的生活,应给孩子宽松的环境,这有益于他们的成长。这从一个侧面也反映出当代的父母、老师的素质在不断提高。当然,这可能与青少年在家中或学校老师面前使用流行语的频率较低有关。可能还有一个因素,就是有一部分父母、老师对孩子的要求仅限于考试分数,对品德、修养、习性等方面没有足够的重视,导致对青少年流行语的态度比较宽容,或无所谓,甚至不清楚。相比而言,对于"流行语",持反对态度的老师要比父母多一些,但人数依然有限。调查数据显示,有61.1%的被调查者"赞成"或"比较赞成""年轻人和老年人说话不一样,是正常的社会现象"的观点;有50.2%的被调查者"赞成"或"比较赞成""时代在发展,语言创新是件好事情,年轻人应该走在语言创新的前列"的观点。当然,不同代人之间的语言差异,客观上会造成一定程度的沟通困难,对此也有42.2%的被调查者表示"赞成"或"比较赞成"。

第二节 校园流行语的类别及表现形式

一、校园流行语的类别

给流行语分类是一件非常困难的事情。根据不同的线索,可

第八章 校园流行语

以划分出不同的流行语。以时间为线索,可以分为改革开放以前的流行语、改革开放以后的流行语等;以地域为线索,可分为"北京方言流行语""粤方言流行语""东北方言流行语"等;按照借助的载体不同,分为"语音流行语""词汇流行语";按照反映的主题可分为"社会词语流行语""文化流行语""教育流行语""时尚消费流行语""IT流行语""经济金融流行语""娱乐流行语"等。[1]从语言学的角度,可以将流行语按"词语""句子"分类,从词的角度又可把流行语分为"形容词性的流行语""名词性的流行语""动词性的流行语""叹词流行语"等。本文从语言学的角度,将校园流行语分为流行语词和流行语句两类,流行语词又可分为形容词性词语、副词性词语、名词性词语、动词性词语、叹词和语气词性词语等。

(一)流行语词

1. 形容词性词语

形容词多为单音词,一般不作为修饰性的定语用,而作为描写性和判断性的谓语用。内容多是关于人的个性、气质、品行或人际关系状况的形容描绘。就说话人的态度看,可分为以下几类:

(1)表示赞许、肯定的,如派:有派头、神气;亦可作为名词,指派头、神气劲儿,"特~""有~""没~";靓:女性亮丽;潮:新潮;酷:打扮或性格冷峻、有个性;火:红火、热烈,亦可作为动词,指走红、成名,"~爆""~了";牛:厉害、特别高明;爽:感觉痛快或为人爽快;铁:关系好、牢固,指极可靠、极密切的朋友。

(2)字面具有褒义色彩,但在其使用的具体语境中,说话者更多含有调侃、幽默、揶揄等意味。例如,猛:勇敢胆大、动作粗鲁、

---

[1] 张琳:《流行语研究》,天津师范大学硕士论文,2003年。

莽撞,"真~""够~的""威~""生~";勇:同"猛";牛:骄傲、趾高气扬、自以为是,"真~""够~的""~气";高:高明,令人佩服,"~,实在是~!";精:言行高明、令人惊异,"真~";稀:稀罕、少有,"真~";正点:长得好看,"这个 MM 很~"。

(3)表示贬斥、蔑视的,如木:不灵活,反应迟钝;死性:死心眼儿、不灵活;衰:差劲、软弱;恶:让人恶心,"巨~";糗:坏的、可笑的;臭:低劣、差劲、愚蠢,"真~""~大粪";水:质量差,亦可作为动词,"火"的反面,冷清、失败;累:活得不潇洒、不快活;逗:多表示委婉否定,谓荒唐,"真够~的";过:过分、过度,"太~了"。

2.副词

巨、狂、怒、暴、猛、恶、好、够、N;"好、够、N"来自香港话,其中"N"形容数量多:"N 天、N 次、N 回",也可表示程度:"N 火"。这些词具有强烈的夸张色彩和形象性,能立即唤起人们的种种联想,表达效果相当生动。比如"巨""狂""怒""暴"来代替"很""特别"和"非常",形容一个人英俊是"巨帅""怒帅""暴帅无边";形容一个人非常有趣,常有令人意想不到的举动,说"巨神";把某人痛打一顿是"暴打""暴揍";还有表示"甩开腮帮子,吃个肚儿圆"的"猛撮""暴撮""豪吃""豪饮""恶吃"。

3.名词性词语

(1)表示称谓的:

例如,MM:妹妹,美眉;GG:哥哥;DD:弟弟;大腕儿;大款;款爷;托儿;的哥;的姐;粉丝:(fans,歌迷或影迷);骨灰级粉丝:(超级 fans);名记:名记者;帅哥;美女;LG(老公);LP(老婆);垃圾;Rubbish(垃圾);旺财(周星驰影片中对狗的称呼);小强(周星驰影片中对蟑螂的称呼);翠花;贱人;天使(天上的鸟屎);鸟人;小样儿;头儿:单位领导或领头人;条子:警察;偶像:让人呕吐的对象;神童:神经病儿童;天才:天生的蠢材。

第八章　校园流行语

(2)与两性有关的词语：

例如,小蜜；辣妹:开放的女子；波霸:胸部丰满的女子；飞机场、太平公主:胸部平坦的女子；豆芽菜、小油条:身材苗条的女子；三八、死三八、438、臭三八、八婆:疯疯癫癫、爱搬弄是非、惹人讨厌的女人；二锅头:第二次结婚的人。

(3)表示事物的：

例如,操性:德行、样子；渣儿:缺点、毛病、不光彩的历史；套儿:圈套、使人上当的计策；彩儿:精彩之处、趣味；正根儿:真正的根源,亦谓正牌的、纯粹的；假活儿、花活儿:假冒的、骗人的人或事物；故事:不可能发生的、瞎编乱造的事；小儿科、小菜儿、小case:轻而易举的事。

4.动词性词语

(1)有关经商活动的：

例如,练:从事某项工作或活动；练摊儿:摆摊儿搞个体经营；宰:要高价坑人钱财,"高～"；炒鱿鱼、走人:解聘、开除；下海:弃职从商,现亦指良家女子到娱乐或色情场所谋生；走穴:参加临时组织的商业性演出；杀熟儿、吃熟儿、吐血:拿出相对自身经济能力来说较多的钱。

(2)有关娱乐休闲、逗乐解闷的：

例如,搓麻；蹦迪；泡吧；飙车；触电:开始涉足影视工作或初次在电视上露面；打水漂儿:本指白白付出、毫无收获,现指在社会上混日子；找乐:开玩笑、寻开心；开涮、逗咳嗽：拿人寻开心；作秀；搞笑；煽情:鼓动情绪、激发感情,亦指男女调情；蹭饭、蹭吃、蹭酒；设饭局、有饭局；撮、撮一顿、猛撮、暴撮；豪吃、豪饮、恶吃；玩儿去、玩儿蛋去；玩活儿；玩稀的、玩悬的；玩虚的、玩荤的；玩潇洒、玩儿智慧、玩语言；玩文化、玩深沉等。

(3)与两性有关的:

例如,吃软饭:丈夫不工作,靠妻子挣钱养家;泡妞儿、撮蜜、嗅蜜;拍婆子、吊马子:追逐、寻觅或调戏女性;傍大款:女子倚靠、陪伴有钱有地位的人;逗骚:卖弄风骚、四处招摇;惹火:招起人的欲火;惹人:招人、吸引人;来电:男女间相互吸引、产生好感;放电:男女间情感迸发;电:用眼神挑逗异性等。

(4)有关打架斗殴、惹是生非和表现伙伴关系的:

例如,废、练、扁、灭、拍、殴、虐、死磕、死磴;花了、放血、挂血;找死;摆平;单挑、单滚;修理;做:做手脚整治人;办:惩治;放鸽子;开国际玩笑;扎堆儿:人往一起凑;蹲点儿、撮堆儿:同"扎堆儿";现:丢人现眼;傻:傻眼、失算;瞎:处于困境、毫无办法;醒:明白、醒悟、发觉;找不着北;认倒霉、认;冒傻气、犯傻;来劲儿;美得冒泡儿;悔得肠子都绿了;添乱:带来麻烦;甲醇:假装纯真。

5.叹词和语气词

例如,哇噻;好嘞;咋地;扯呢;耍呢;贼啦;OK;切;好拽、哎哟。

(二)流行语句

1.以动词为主体的流行语句

例如,吃错药了;忘吃药了吧;打你个满地找牙;打你个生活不能自理;扁你;撑不住了;拜托;有病;刷糨糊等。

2.以名词或代词为主体的流行语句

例如,娘的;妈妈的;奶奶的;毛病;NB("牛×",好厉害的意思);梦哪;没事儿吧你、没毛病吧你;谁怕谁呀;爱谁谁;你当我怕你等。

3.以形容词为主体的流行语句

例如,傻了吧;累不累呀,你;高了吧;高,实在是高等。

4.固定短语形式的流行语句

例如,都是……惹的祸;都是……的错;玩的就是……;过把

第八章　校园流行语

瘾就……;看上去很……;……你没商量;别把……不当……;将……进行到底;与……的第一次亲密接触;我和……有个约会等。

二、校园流行语的表现形式

校园流行语的表现形式,大体可分为依托语言符号表现出来的流行语词和非语言符号表现出来的流行语词两种。

(一)依托语言符号表现的流行语词

语言符号是指口头或者是书面的语言形式,语言和文字是人类进行信息传播的主要工具,人类使用语言符号进行信息传播已有几千年的历史,依托语言符号表现的流行语词可分为"旧词新意""词缀""方言词汇""拆字词""缩略词""合音连读"等情况。

1.旧词新意

"旧词新意"指词语原来就已经存在,但是现在的意思已经发生了改变,且赋予了新的意义。

第一,语义的转移。青少年学生发挥想象,完全改变了词的原来的意思,词语新意与原来的意义没有任何联系。例如:股票市场中"套牢"一词,原指股票买进后股价下跌抛不出去,后来这个词则引申为"被不如意的婚姻羁绊住",或用到"感情陷入爱河",现在又泛指"被长期牵制、束缚住"和"打住"。例如:"我现在被作业套牢了,不能去打球"。"行了,我们都听烦了,套牢!"又如:"猪头"一词,原本指动物"猪的头",现在指的是"很笨的人",在湖南郴州的校园里,青少年学生(男生)经常用这个词汇,且不带有贬义的意思,相反,还多少带有一些亲近的味道,特别是在关系较近的朋友之间,互称"猪头",显得随意而又不失亲热。"这个猪头,不知到哪里去了。"有点像广西桂林一带,将最好的朋友称"狗肉"一样。"飞机坪"一词,本指飞机起降的场所,而在青少年学生的口中却变成了"胸部平坦的女生"之意。"钓鱼"本是一项

— 307 —

休闲活动,现在变成了"上课打瞌睡"。"游泳"原本也是一项体育运动,但在郴州大学校园里,听到有同学说:"我们几个人找个地方游泳去。"其实他们并不是要去游泳池游泳,而是指"搓麻将",因为搓麻将两手洗牌的动作犹如游泳划水的姿势。在郴州,也有不少人将打麻将称为"砌长城"。

第二,词性变化。这类流行语词词性的变化大多是名词或动词变化为形容词。例如:"茶包"(英语单词 trouble 谐音而来),就词性来讲,本是名词,但学生们常说"你真茶包。"将其当作形容词用了。希腊本是名词,但称赞某人很有古典气质的时候,学生们会常常用到"希腊"一词,"她好希腊!"这里也是名词变成了形容词。也有形容词变化为副词的。例如:"巨"在《现代汉语字典》里,它一般被用为形容词,可是,在校园中,它还被用为副词,如"巨能侃""巨恶""巨能跑"。总之,凡是能用"十分、很、非常"的地方,都能用"巨",而且,它反映出比"很、非常"更具修饰作用。

第三,复合结构。将两个或者两个以上的词语结合成为一个全新意义的新词。这类流行词语还常常带有损人的意思在里面。例如"蛋白质",是指"笨蛋+白痴+神经质";"白骨精",是指"企业白领+公司骨干+社会精英";"天使"是指"天上的鸟屎";"偶像"是指"呕吐的对象";"天才"是指"天生的蠢材"。

2. 词缀

校园流行语中,有些词特别受到青少年学生的眷顾,这些词变化或扩充原来的意义,成为广泛被运用的词缀,经常一个字结合其他词汇衍生出许多新词,在学生群体中流行。

例如:超——超炫、超酷、超强

族——哈韩族、追星族、手机族、月光族、恋爱族

吧——网吧、酒吧、氧吧、书吧、吧台、吧女

第八章 校园流行语

3. 方言词汇

许多流行语来源于方言。"无论过去、现在和将来,汉语共同语的词汇都处于吐故纳新的活跃变化状态中。汉语方言中的那些充满活力的方言词语常常深入共同语的领地,经过融合与扬弃,一些表意新颖或表现力强的方言词被共同语接纳,并入普通话词汇。"[①]

第一,源于北京方言。例如:"托"(给卖方打托、诱人上当受骗的人)。"宰人"(向顾客或服务对象索要高价)、"撮一顿"(大吃一顿)、"混"(谋生、过活)、"蹭"(不用花钱而能得到好处,蹭饭、蹭车)等。"火"(热烈、红火,一段时期很流行)。

第二,来源于粤方言。广东作为改革最前沿,引领中国改革的潮头。其语言也逐步渗透进来。粤方言的流行语就像广东出产的新颖先进的产品一样,开始向全国大江南北遍布开来。"靓"(美丽漂亮)、"买单"(买东西结账)、"发烧友"(对某种事业或活动或对某种物品非常迷恋专注甚至痴狂的人,狂热的爱好者)等。

第三,来源于东北等地的方言。东北方言对当代流行语的输入,主要是通过近些年的小品、电视剧等文艺作品方式传播。尤其是小品这种观众喜闻乐见的文艺方式。小品用东北方言、湖南方言、山东方言、天津方言等情况比比皆是,尤其是东北方言中的一些词语带着它的豪爽、幽默很快在全国流行开来。比如:"忽悠"(说话言过其实,吹嘘)、"闹心"(被烦心事搅扰)、"唠嗑"(闲聊)等。

第四,来源于港台语言。香港和台湾由于历史、地理、政经文化等多方面因素的影响,形成了一些与大陆地区不同的用语习惯和表达方式。近年来由于香港回归以及两岸各种联系的进一步

---

① 谭汝为:《词语修辞与文化》,天津,天津古籍出版社,1998年。

加强,许多港台用语也加入了流行语的行列。从港台词语中吸收的流行词语涉及政治、经济、金融、贸易、商业、文化、教育、科技等方面。对港台词语的吸收迅速解决了内地与港台华人的经济、文化、教育等各方面的交往,有助于大陆对港台各方面的认识和了解,也有利于为汉语作为华人社区标准语打下基础。例如:"迷你""镭射""超"(用于形容词前表示程度高)及"特卖场""派对""天王""热线""促销""酷"等。

4. 拆字词

拆字词是将组成一个字词的形拆开,构成一个与原字词同义的新词,自古就有,如米田共:粪的拆解;贝戈戈:贱的拆解。如今,青少年学生将更多的字拆解,如"竹本一太郎"是"笨"字的拆解,即"笨蛋一个";自大了一点儿:"自""大""点儿"是"臭"字的拆解即"臭";马蚤:"骚"字的拆解;刀巴:"色"字的拆解;水昆:混字的拆解;口木子:呆子的拆解。这些词语都是骂人或互相戏谑的词语,拆开后保留原来的意思,感觉上不再那么尖锐和直接。

5. 缩略词

缩略词也叫简称词,在快节奏的现代社会生活中,使用频率极高。尤其是在网络聊天时,为了提高打字速度,提升交际效率,常常用到一些英语缩略词与汉语拼音缩略词。

(1)英语缩略词:

例如:3Q:Thank you;OMG:Oh, My god;BRB:Be right back!(马上回来);AFAIK:As far as I know(就我所知);CU:See You 的缩写带音译,再见;CUL:See you later(再见);JAM:Just a moment(等一下);OIC:Oh, I see(我明白了);IC:I see 的缩写带音译,我知道了;I 服了 U:"我服了你";DIY:Do it yourself 的缩写,自己动手做;SOHO:Small office home officer 的简称,在家办公;BUG:原意是"臭虫",后来把跟电脑有关的故障都称之为"BUG";FT:分

310

第八章 校园流行语

特,Faint 的缩写,昏倒、晕厥之意;LOL:Laugh out loud,大笑;PK:player kill;BTW:By the way,顺便说一句;TTYL:Talk to you later,回头再谈;GF:Girl friend,女友;与之相对的是 BF:Boy friend,男友。

(2)汉语拼音缩略词:

例如:ZT:①"转帖"的缩写;②"猪头"的缩写;PP:多义词,可代表票票(钞票)、漂漂(漂亮)、片片(照片)、屁屁(屁股)、怕怕(害怕)、婆婆,需结合上下文理解,有点挑战智力;GG:哥哥的缩写,指代男性,有时候女生用来指代自己的男友;与之相对的是 MM,妹妹或者美眉的缩写,指代女性,有时候男生用来指代自己的女友;NB:牛×的缩写,北京方言里用来表示叹为观止之意;JJ:①姐姐的缩写,②鸡鸡的缩写;DD:①弟弟的缩写,偶尔有引申义;②东东的缩写,指代东西;PLMM:漂亮美眉的缩写;PPMM:婆婆妈妈;PLMM 的升级版,漂漂美眉;PF:佩服的缩写;SL:色狼的缩写;BS:鄙视的缩写,也可写作 B4;PMP:拍马屁;MPJ(马屁精);BC:"白痴"的缩写,也说是"白菜"的缩写,在网上,如果人家说你很白菜,那么就是形容你 BC;BT:"变态"的缩写;FB:腐败的缩写,现在通常指出去吃喝一顿好的;SJB:神经病,脏话,慎用;SB:脏话,对别人的蔑称,禁用;JS:"奸商"的缩写;BD:笨蛋;JJWW:叽叽歪歪;CJ:纯洁;HC:花痴;JJBB:结结巴巴等。

6.合音连读

合音连读是缩略词的另一种表现形式,中国汉字创造的原则是一个字一个音节,由于各种主客观因素,使得字形、字音、字义发生了很大的变化,一字多音节的情况因此产生,校园流行语中合音连读的新词就有混淆一字一音节的情形。例如:"酱紫"是"这样子"的意思;"表"是"不要"的意思。

— 311 —

(二)依托非语言符号表现的流行语词

非语言符号是指图形、图像、动画、语音等非文字符号。人类社会在信息传达的历史长河中，使用了许多非语言符号的传达方法，非语言符号的流行语能够传播态度和情绪，补充与强化语词，代替词语，依托非语言符号表现的流行语，有数字、图案符号等形式构成的流行语。

1.数字形式的流行语

根据阿拉伯10个数字的汉语发音，组合成一系列简单、易记忆和输入便捷的字词，以表达自己的思想，在网络用语中特别受到欢迎，以致有了"数字一族"。

第一，以"0"开头的。01925：你依旧爱我；02746：你恶心死了；02825：你爱不爱我；03456：你相思无用；0437：你是神经；04535：你是否想我；04551：你是我唯一；045692：你是我的最爱；0487：你是白痴；0748：你去死吧；0837：你别生气。

第二，以"1"开头的。1314：一生一世；1314920：一生一世就爱你；1372：一厢情愿；1392010：一生就爱你一个；147：一世情；1573：一往情深；1920：依旧爱你；1930：依旧想你。

第三，以"2"开头的。200：爱你哦；20184：爱你一辈子；20475：爱你是幸福；20609：爱你到永久；20863：爱你到来生；234：爱相随。

第四，以"3"开头的。300：想你哦；3013：想你一生；3207778：想和你去吹吹风；3344587：生生世世不变心；3399：长长久久；356：上网啦；35910：想我久一点；360：想念你。

第五，以"4"开头的。440295：谢谢你爱过我；447735：时时刻刻想我；4456：速速回来；456：是我啦；460：想念你；48：是吧。

第六，以"5"开头的。507680：我一定要追你；510：我依你；51020：我依然爱你；51396：我要睡觉了；514：无意思；518420：我一辈子爱你；520：我爱你；5201314：我爱你一生一世；5376：我生气

第八章 校园流行语

了;53770:我想亲亲你;54335:无事想想我;555:呜呜呜;55646:我无聊死了;574839:我其实不想走;587:我抱歉。

第七,以"6"开头的。6785753:老地方不见不散;6868:溜吧溜吧;687:对不起;6699:顺顺利利。

第八,以"7"开头的。70345:请你相信我;7087:请你别走;70885:请你帮帮我;729:去喝酒;7319:天长地久;737420:今生今世爱你;740:气死你;7408695:其实你不了解我;74520:其实我爱你;770880:亲亲你抱抱你;7086:七零八落;70345:请你相信我;780:牵挂你;7708801314520:亲亲你抱抱你一生一世我爱你。

第九,以"8"开头的。8006:不理你了;8013:伴你一生;8074:把你气死;837:别生气;8384:不三不四;88:Bye Bye。

第十,以"9"开头的。9089:求你别走;910:就依你;918:加油吧;920:就爱你;9213:钟爱一生;9240:最爱是你;95:救我;987:对不起;9908875:求求你别抛弃我。

2.图案符号形式的流行语

符号代词使用简单的图案符号,代替一个词语或一句话。对于经常使用电脑的学生而言,要打出这些符号代词,必须要了解他的含义和输入法,青少年学生看到别人这样使用,也跟着依样画葫芦自动学习,同学的影响加上自己的好奇心理,这些符号代词在上网聊天的青少年之间,已经成为共同语言。

例如采用":"")""*"等符号来表示五官和其他事物,这些符号组合起来表示人体动作或表情、态势等,使得聊天语言变得更加丰富多彩,这种表示表情、态势或事物形状的符号语言,我们称之为"脸谱",具有较强的生动性和观赏性。"六书"上说:"画成其物,随体诘诎,日月是也。"而这些"脸谱"就组成了象形类流

— 313 —

行语。从某种意义上说,符号词语属于"副语言"的范畴。① 例如:

:-) 笑的样子   :-(不高兴、悲伤;愤怒
:-D 非常高兴地张嘴大笑   O》-》玫瑰花
q"(^_^)"p 淘气娃娃   ^(oo)^ 猪头
!-) 睁一只眼闭一只眼   ^_(@_@ 挤眉弄眼
:-O "哇!"吃惊或恍然大悟。   -P 吐舌头
~~:-(极度愤怒,要爆炸了   ;-) 抛媚眼

第三节 校园流行语的生成途径

青少年学生是最具活力的一个群体,他们有着非常丰富的想象力和创造力,又特别爱开玩笑,这些特征在校园流行语词的生成途径多元化上表现得淋漓尽致。

一、拆字构词

从文字角度来说,在校园流行语中,拆字构词的流行语词数量比较少。所谓拆字构词,就是将一个字的形符,拆成另一个新词,通常用在一些比较不雅的字上,如:将"粪"拆成"米田共","混"字拆成"水昆","笨"拆成"竹本","呆"拆成"口木",这些语词大多用来嘲讽他人,但因为已经将不雅的字拆成一个新词,便可避免直接而尖锐地伤害到对方,以免造成彼此的尴尬和难堪。

二、谐音构词

从语音角度来说,谐音构词就是利用某些词语读音相似的特

---

① 曲彦斌:《计算机网络语言交流中的身势情态语符号探析》,载《语言教学与研究》,2000(4)。

第八章 校园流行语

征,在不改变原词本意的基础上构成的一种流行语。

谐音构词又有以下几种情况:同音构词、近音构词、音译构词。

第一,同音构词。直接借用某个词语的读音,相应地改变字形,使得语义随字形的改变而改变,如"韩流",指韩国传过来的时尚潮流,这个词源于"寒流",构词方式、语音形式相同,字形相异,意义上没有直接关联。

第二,近音构词。指本词和借用的词读音相近按创造出来的流行语词。这样的流行语往往具有更多的幽默、诙谐意味。如"斑竹"意指"版主";"大虾"指"大侠";"偶"代"我";"瘟酒吧",代"WINDOWS98",等等。

第三,音译构词。汉语历来具有极强的包容性,对各种外来文化和外来词语都采取兼容并收的态度,在融合中不断发展的传统由来已久。改革开放之后,中国社会、政治、经济、文化等各个领域都发生了巨大变化,中西文化达到了前所未有的全面融合,大量的音译词语应运而生,成为汉语流行语中极具特色的一部分。其中,有科技的飞速进步所带来的科技新词语:克隆(clone,即动植物无性繁殖)、基因(gene,即遗传因子)、纳米等;文化、教育、艺术及生活新词语:托福(TOEFL,一种英语作为外国语的考试)、萨克斯风(saxphone,一种西洋乐器)、可卡因(cocaine,麻醉剂,有药瘾者则用作兴奋剂);生活娱乐类:丁克(Dink,指夫妻双薪收入而无子女的家庭)、贴士(tips,指小费)。

有些音译词译法巧妙,使得译词既与原词的词义相符,又非常生动、形象。例如:骇客,或黑客(hacker),原意为计算机迷或编制程序专家,我国台湾地区译为"骇客",指对计算机信息系统进行非授权访问的人员。

在音译构词中,有的词义发生变化,如"酷"(cool)即典型的

一例。它保持了原来的语音，但不再仅仅是原来"很好、很棒、了不起"的意思，而是增加了"时尚""前卫"或"冷峻"的内涵，还可以用来形容人的穿着打扮、行为举止。20世纪90年代以来，"酷"已经成为校园流行语中最具有代表性的字眼之一。"Show"也是校园流行语中另一个具有代表性的词，依其语音而译为"秀"，由港台地区传入，原意为剧院、夜总会、广播或电视上的表演或演出。"脱口秀"，即talk show，意为"谈话"，现在，青少年学生将"秀"推而广之，演绎出诸如"时装秀""QQ秀""真人秀""作秀""走秀"等新词语，甚至以"秀"音译用作动词的show，代表"展示、表现"使用。例如："秀出你的风采""敢秀就会赢"等。再如："吧"即bar，原本指西餐馆、西式旅馆中卖酒的地方，或是小酒馆。"吧女"自然也就是在酒吧中工作的女服务人员。但是近年来，校园中将一些服务性的小型商业场所，青少年学生统统冠以"×吧"，如"茶吧""酒吧""氧吧""陶吧""网吧"等。

三、委婉构词

从修辞角度来说，流行语的生成途径还有委婉构词法和形象构词法。委婉构词法有点像许慎《说文解字》中说到的会意构词法，委婉构词法单纯从字面往往不易了解，通常需要心领神会，然后才能知道意思。如"爱国诗人"表示"旱鸭子"的意思，是从屈原自沉汨罗江想起；"子宫外孕"表示"怪胎"的意思；"＝＝"表示"等等"。这些词往往需要脑筋急转弯，才能会意过来，青少年的巧思和创意从这些词汇所代表的含义可见。

四、形象构词

人类最早以符号来代替文字记事记物，今天的青少年学生也喜欢以符号代替文字来进行沟通，笔画复杂的字往往以数字或图

第八章 校园流行语

案符号来表示,除了可以节省时间外,还可以表现其俏皮创意,也是青少年学生的求变心理的表现。许慎《说文解字》对"象形"的解释是"画成其物,随体诘诎,日月是也"。意思是说,造字的人客观地运用一些简单的笔画,随着物体的形状弯弯曲曲地描绘出物体的形象来。可以说象形是描绘实物的形状,指事是描绘事物的形状。

这里所谓的形象构词法,不同于六书中的象形造字,而是着重于外表的描绘。例如"钓鱼"一词,很形象地形容上课打瞌睡的模样;"盖印章"指接吻后留下的"鲜明"印痕,其颜色和形状都有相似之处;用"游泳"形容"打麻将",两手洗牌的样子像在水中划动;"505"代表"SOS";用"885"代替"BBS"也是取其字形的相似来造词;由符号的想象构词其实是着重于外表的描绘,或从事物外在的形状特征来命名,如果没有仔细观察,很难找出事物的特征!青少年学生以图案或事物的特色来创造流行新词,可以看出在缺乏语言规范训练的粗枝大叶的外表下,有一颗观察入微、细腻的心。

第四节 校园流行语的产生原因

一、校园流行语产生的心理原因

校园是一个特殊的小社会,生活在其中的是一群极具青春活力的年轻人,简单的三点一线的生活使他们比校园外那些为生活而奔波的人们少了许多生存的压力和人际交往的复杂。由于年轻人特有的天性,他们多是生活在对未来的幻想之中,但他们也有足够的理性,也在执着地反思,不停地追寻着自己的理想,渴望着在多个层面上展示独特的自我,以求得个性的张扬和解放,青

少年学生创造并使用着属于他们自己的独特的语言——校园流行语，这是一种最具代表性、最能体现学生生活状态和心理特征的语言现象，在这一现象的背后，有着深刻的心理原因，这种原因是多方面的，大致可以分为三种：

第一种是群体聚合心理。今天，市场经济的运作机制渗透到了社会生活的各个方面，社会分工日益细化，社会角色日趋多元化，在这物欲横流而又充满竞争的社会里，人们从来也没有像现在这样在人潮汹涌的社会中感到孤独，感到自身力量的微不足道，这种社会上普遍流行的思潮，不可避免地要侵入校园。例如"郁闷"一词，在当代大学生生活中出现的频率非常高，成了当代大学生的口头禅。由于年轻人特有的敏感心理，他们大多既自恋又自卑，既狂妄又怀疑，既对未来充满信心又觉得前途渺茫，这种矛盾心理和对自己未来角色的无法定位，使得他们既希望保持自己独特的个性，又希望得到他人的认同。但是，由于个人交往能力的局限，使得他们无法得到也不可能得到所有人的认同，于是他们转而寻求在与自己有相似心理特征的人群中所能达到的相对的默契，这便是校园流行语产生的群体聚合心理的深层次原因，这种心理在一定程度上完成和体现了角色认同的任务和功能，其结果是在整个校园流行语的大范围内，产生了许多特定的小范围流行语群体。这些群体有自己独特的流行语，同一群体的交谈，用这些语言流，彼此心领神会，颇感默契，但是对于圈外人士而言，则会感到莫名其妙和不知所云。"轧马路""青春必修课""晒月亮""甜蜜一下"，则统统是恋爱用语，指外出约会；"特困生"，指早上第二节课就打瞌睡的同学；"教（觉）皇"指嗜睡的人；"金刚钻"比喻每次考试都名列前茅的同学；"软着陆"形容某同学考试成绩稳定了或安然过了补考关。调查发现，45.4%热恋中的学生会说"和你在一起的感觉真好"，49.0%失恋的学生会说

第八章 校园流行语

"希望我们还是朋友",此外,"5201314"(我爱你一生一世)等网络聊天语言也是恋人间常用的表达方法。在抱怨、无奈、气愤时,学生们爱用"有没有搞错""这叫什么鬼事""崩溃""你以为你是谁"等发泄情绪;又如"灌水"(加入无关紧要或不相关的内容来凑数)、"挖坑"(在BBS上发表的文章)、"挖洞"(设陷阱)、"见光死"(网恋者一见面,恋爱就结束)等这些专用于网络的流行语,如果你从未接触过网络,不是一个正牌网民的话,那么就算你挖空心思、绞尽脑汁地想,也不一定能弄懂他们到底表达什么意思。

第二种是"求新好奇心理"。群体聚合心理是一种大众心理,它使得流行语具有趋同性,这是社会的需要,而求新好奇心理则是个性的体现。对于充满现代意识、追求另类的青少年学生而言,能在语言的天地里充分发挥自己独特的创造天才,尽显个人独特的魅力,是他们在这个狭小的生活圈里追求对自身存在价值肯定的一种必然。例如:不说逃课而说"跷课",不说反应慢而说"286"(原指速度较慢的一种电脑型号)、"大脑缺氧""大脑短路",不说东山再起而说"咸鱼翻身",在网上,不说是批评他人的文章而说是"拍砖",不说聊天而说"潜水",不说跌眼镜而说"大跌隐形眼镜"等。还有一类校园流行语则纯粹是出于对刻板语言的叛逆心理,故意转义或采用与原词相反的意思,仅仅做个语言游戏,并不具有攻击性。例如"大喜(洗)之日"、"奋(粉)发图强(涂墙)"、"偶像"(让人作呕的对象)、"天才"(天生的蠢材)、"神童"(神经病儿童)、"可爱"(可怜没人爱)、"陈水"(欠扁、欠揍)、"武大郎"(武汉大学的男生)等,从这些流行语中我们可以感觉到青少年学生独特的创新意识。正是这种创新性,使得校园流行语给人一种耳目一新之感。

第三种是模拟仿效心理。尽管大多数学生都追求独特,追求个性,追求与众不同,但在铺天盖地的流行风面前,他们还是会不

自觉地产生一种模拟仿效心理,这便是流行同化的强大作用。这一点尤其反映在对港台及欧美影视明星与流行时尚的盲目崇拜上。现在校园里那么多"哈日族""哈韩族""追星族",正是这一心理的生动反映。在这一模拟仿效过程中,电影、电视、网络、报纸等起到了推波助澜的作用。许多港台、日韩青春偶像剧的连续播出,使得校园里到处都是"花痴",到处都充斥着"哇塞""帅呆了""酷毙了""老大""有没有搞错""像我这样的人已经不多"等戏剧性话语,就是国内的影视作品和电视台的知名栏目有时也会产生不少相关的流行话语,如"一个都不能少""有话好好说""不见不散""实话实说""无知者无畏""讨个说法"等一时间也成了校园里使用频率较高的"焦点话语"。

二、校园流行语的文化背景

罗宾斯在他的《普通语言学概论》中提到:语言就是文化的一部分,而且实际上是最重要的一部分,是唯一的凭其符号作用而跟整个文化相关联的一部分。词汇作为语言中最为活跃、经常变化的要素,不断要适应政治经济、文化各方面的变化,词汇和文化有着不可分割的关系。流行语更是紧跟时代的脚步和文化的变迁。从这些年流行语的发展与变化中,我们可以很清晰地看到流行语与社会文化发展有着不可分割、胶着的关系。

首先,休闲、娱乐、通俗的大众文化潮流影响着青少年学生的流行语的使用。改革开放后,伴随文化转型,大众文化潮流也趋向市场化、休闲、实用以及通俗。青少年学生审美取向在改变,传统高大全式、讲究崇高理想、理性思维的审美趋向逐渐向实用、舒适、世俗方向转变,文化潮流也向主要以反映普通大众生活情感、满足人的感官刺激与追求方向发展。从流行语中我们可以看到,越来越多的流行语,充满了金钱味和商业味,许多原来只在商业

第八章 校园流行语

领域中使用和表示商业行为的词语，意义也已泛化。例如，"老板"一词，过去只用于生意人之间，现在使用领域则很广，涉及范围远远超过商业界，包括企事业单位，群众团体等中的一把手，或是做主的那个人，校长、班主任都可被称为"老板"。"腐败"变成了一起吃饭的意思，如"今天晚上去腐败吗"。类似流行语还有"市场""成交""包装""推销"等。有些词语还形成系列组合流行语，如"投资"，原意只是在经济领域投入金钱，现在则不仅仅是指投入金钱了，还可以"感情投资""智力投资"。又如"文化"，组合成了"食文化""茶文化""企业文化""快餐文化""厕所文化""酒文化""社区文化""假日文化"等，反映"文化"这一高层次、大范围的词汇和人们平时的吃喝拉撒等具体琐碎的现象联系在一起，将文化商业化、简单化和具体化了，顺应了人们的审美要求与趋向。还有与"感"结合在一起形成的系列流行语：如"使命感""安全感""陌生感""孤独感""失落感""成就感""时代感""动感"等，可看到人们更加注重人的心理感受。流行语还迎合大众欣赏口味，具有了调侃、夸张、幽默的特点，20世纪90年代初流行的"炒鱿鱼""侃大山""玩深沉"在大众中很是流行。关于娱乐休闲的流行语也越来越多，如"快餐""旅游""影碟""家庭影院""卡拉OK""酒吧""桑拿浴""DVD""VCD""茶馆""蹦迪""按摩""早茶""午茶""黄金周""休闲服""休闲鞋""休闲食品"等。

其次，西方文化的进入，使得外来语词成为校园流行语中一个新鲜的板块。随着改革开放的深入，先进的西方发达科学技术与生产力的成果进入中国，同时不可避免地代表西方文明的西方文化也给我们的文化带来一定影响，流行语中也有相当部分，反映了对外开放的印记。英语作为西方文化最通用的语言，是最方便的载体，引起人们广泛的关注与兴趣，随着对英语的重视，外语水平的逐步提高，为外来词的进入和广泛的流行奠定了基础。外

来流行语的通行，不仅投射当代西方文化思潮和文化动态，也象征中国不断吸收和消化海外文化的程度。当中国进入改革开放时期，外来的新奇独特的流行新事物纷纷落脚、扎根，如"隐私权""性骚扰""美女作家""跳槽""赞助""听证会""白领""蓝领""软着陆""年薪""按揭""金融危机""资产重组""市场经济""知识经济"等词语的流行，就带有西方文化的痕迹。

第三，带有浓郁港台文化作品和港台词汇的涌入，对校园流行语影响不小。携带港台味道的文艺作品，生活方式渗透进青少年学生的方方面面，夹带港台文化特点的流行语盛行一时："早茶""午茶""追星族""热卖""娱乐圈""收视率""功夫片""电影人""超前""沟通""代沟""环保""前卫"等。由于这种中西合璧的文化方式，比西方文化更让大陆人民易于接受，所以源自港台的流行语数量最多，涉及范围也很广。

最后，网络的发展与普及，使人与人之间的距离拉进了，人与世界的联系更紧密了，网络文化影响下的流行语更具个性更异彩纷呈。网络在中国普及不过是近来的事，但是发展势头强劲。根据中国互联网络资讯发布的报告显示，我国现有的网民绝大多数是青年人。其中，18岁以下的人占15.1%，18到24岁的人占36.8%，25岁到30岁的占16.1%，可见35岁以下青年人占到79.8%，其中大专以上学历，收入中高的人数占到多半。网络文化以它的鲜活、跳跃、新奇、多变性深受青少年学生喜爱，青少年学生是网络文化的享用者，也是传播和创造者，他们愿意在这个虚拟与现实交互的世界里追逐新奇，尤其是在社会世俗化进程加速的今天，更愿意通过网络展示个性。网络流行语不断丰富着网络文化，同时也受网络文化鲜明独特魅力所影响。网络流行语成为青少年学生在网络上彼此沟通交流的最基本和常用用语，是表现个性的一个标志。

第八章 校园流行语

第五节 校园流行语的特点及发展趋势

一、校园流行语的特点

流行语是一种时尚语言,最能敏锐地反映出时代和社会心理的变迁,是中国社会的发展轨迹和重要参照系之一,它从特定的角度,表达着人们的价值观念和文化心态,校园流行语是流行语的部分,是在社会语言大环境中蓬勃发展起来的,是青少年学生生活的全景展现,体现了独特的校园文化内涵和青年学生的精神风貌。总体来说,校园流行语有以下特点:

(1)内容上真切地反映了青少年学生的生活和思想感情。校园流行语的主要内容是反映学生在繁重学习之外的业余生活,而不是他们的全部生活。以大学生为例,从他们流行的语言中我们可以看到大学生课余生活里的许多内容:充满着调侃的交谈、各种上网活动、深夜里的卧谈会、恋爱与约会等,也可以看到他们如何逃课、套题、作弊等在学习上的不良倾向,体现了他们的各种观念。如"考托""考G""托派"等词反映了学生推崇、热衷出国的思想和对事业的追求。如"郁闷",是校园里每时每刻都能听到对于心情的感慨,南北通吃,男女通用。"郁闷情结"是校园群体心理亚健康的曲线反映。如"晕",这个词在大学BBS上和生活中都非常有名,几乎可以表达一切反应情绪,虽然单调却十分实用。又如"PK",本来只是一个电子游戏用语,被2005年声势浩大的"超级女声"引用之后,就作为流行语被广泛应用了。"PK"把青少年学生学习生活中每时每刻都要面对的挑战提炼成了一个简单的词,更简明真实地反映了他们的学习生活。

校园流行语在内容上有很强的感情色彩,很多流行语都是青

少年学生发泄自己情绪的说法,如"happy""high""好爽""巨衰""狂吐""搞笑""崩溃""抽你丫的""心里拔凉拔凉的""狂晕"等,青少年学生的各种极端化的情感,几乎都能找到流行语来表达说明。

(2)校园流行语与社会流行语相比较而言,除了具有一般流行语具有的流行性、时间性、通俗性、生动性等特点外,更具有一种知识性和谐趣性。知识性是指校园流行语大多数具有特定的文化知识内涵,与一般社会流行语比较起来要相对高雅一些,这与使用者接受过较高的文化教育有密切的关系。大多数校园流行语,产生的目的就是为了调剂枯燥的校园生活,给人与人的交往加入一些润滑剂,使生活产生更多的乐趣。如:"表酱紫",是"不要这样子"的连音合读,就在于它读着顺口又有趣;再如:把"蟑螂"叫作"小强","班主任"叫作"老斑""主管","好看"叫作"养眼",用"苦瓜"形容受批评的学生,都令人忍俊不禁。年轻人是最不安分的一个群体,他们"三点一线"式的单调生活,在无聊的时候,会千方百计地找乐子,在和朋友、同学高谈阔论的时候,他们会蹦出许多奇思妙语,以博众人一笑,这便是许多校园流行语幽默诙谐的魅力所在。

(3)校园流行语的来源非常广泛。因为学校是一个专门学习知识的地方,这就决定了它具有一种海纳百川的胸怀和兼收并蓄的包容性,这也就为流行语的产生与传播提供了肥厚的土壤与广阔的空间。

一是网络用语风行。随着互联网的普及和学生网上交流的增多,网络词汇大量涌入青少年学生的口语及书面语中,并向社会各个层面迅速渗透,使用的领域渐趋广泛,成为许多人生活的一部分。例如,"黑客"(网络入侵者)、"大虾""大侠"(电脑高手或上网时间长的人)、"菜鸟"(电脑水平很次的人或新手)、"斑竹"（版主）、"肉鸡"（网络安全性不强被人完全控制的电脑）、"东东"（东西）、"楼主"（第一个发帖的人）、"沙发"（第一个跟帖的人）、"顶"（支持）、"潜水"（隐身）等。

二是来源于外来词语。例如"秀"是英语 show 的音译，意思为演出、表演。而现在由它产生出一大批流行语在青少年学生中流行，如"作秀""脱口秀""走秀"等。再如"p-book"（纸质书）、"e-book"（电子书）、"麦"（microphone）、"IC"（I See：我知道了）等。

三是源于校园生活。例如："早恋"（早晨锻炼）、"砌长城"、"研究国粹"（搓麻将）、"学习文件"（打扑克）、"钓鱼"（打瞌睡）、"菌男"（俊男）、"霉女"（美女）、"特困生"（特爱困的学生）、"研究生"（烟酒不离身的学生）、"时髦"（十分小气，一毛不拔）、"情圣"（情场上剩下来的）、"大喜之日"（洗很多衣服的日子）等。

四是来源于电影、电视、广播、报纸、广告和文学作品等大众传媒。例如"痛并快乐着""闪亮登场""玩的就是心跳""我是XX我怕谁""I 服了 U""做人要厚道""素质啊，注意素质""谁动了我的奶酪""那是相当的……"，等等。

二、校园流行语的发展趋势

（一）表达上追求简洁明快的风格

许多流行语从语体方面看，具有立意新奇、形象生动、易于表达情感的特点。与相应的原词语相比，虽意义相同，但流行语更为简练，且言简意赅，很有表现力，有很大的实用价值。例如：流行语中的副词"倍儿、闷儿、巨、狂、贼、够、N"等，这些都是单音节词。除单音词外，流行语中还有大量缩略词语，这些词语读来节奏感强，朗朗上口，常被用来传达说话人的赞叹、惊讶、气愤或蔑视等各种不同的情感和态度。此外，一些一言难尽、一言难明的

事情事理，也用生动、贴切、鲜活而又简洁的词语来表达，如由"下海"又创造出"捞人"和"上山"的说法，前者指下海之人有闪失受罚或被拘审，亲友出面担保，后者指当今人们认识到知识的重要，勤奋苦读、勇攀书山；男女之间相互吸引，产生好感是"来电"；称赞别人打扮或言行有个性、出众是"酷毙了"；青春生活不受拘束，追求至情至性的状态是"过把瘾就死"。单音词和缩略词语的大量增多，说明现代城市生活节奏加快，时代赋予的速度感和快节奏感使人们的用语更趋向于简约直白，人们更倾向用简洁的语言来传达信息、表达感情。

（二）外地方言词语与外来词语呈现增多的趋势

近年来，港台词语和外来词不断涌入。而推崇西方生活方式的青少年学生在不断涌入的港台词语和外来词语面前则表现出前所未有的宽容与开放。港台经济发达，作为强势方言，港台词语以锐不可当之势大举北上，有的词语甚至进入普通话，并衍生出新的词语。例如，"哇噻""我靠""衰""糗""好好""够""N"（程度副词），以及"省省吧""拜托""飙车""搞定""三八""八婆""同志""大哥""一哥""玻璃""秀逗""吃软饭""电""惹火""作秀""搞笑""炒鱿鱼""埋单儿""臭屁""有没有搞错？"等。这些词语主要是通过媒体传播渗入，随着大量娱乐节目、影视剧作（尤其是周星驰、曾志伟等人的喜剧）在内地的播出而迅速流行。除以上来自港台的词语以外，还有一部分来自东北方言，如"造""啥""贼""贼啦""咋地""耍呢""扯呢""耍大刀""～了吧唧"。

社会的商业化引起社会结构的改变，新的职业、阶层和群体相继出现。近年来，"新新人类"和白领阶层的兴起给城市生活带来巨大变化。"新新人类"这个名称是沿用日本的流行说法，特指日本等地出生于七八十年代，成长于八九十年代，比六七十年代的"新人类"更新的年轻人。"新新人类"与城市白领以其特殊的

第八章 校园流行语

社会地位和在社会经济活动中发挥的作用受到人们的瞩目。他们崇尚洋货,追求西方生活方式,以此引导着当代都市青年消费文化的流向。在他们的生活圈子里,表现物质生活享受,显示高科技成果的一些词语十分流行,如"泡吧""蹦迪""看碟""飙车""听主打""玩儿数码""发伊妹儿""逛 BBS"等。此外,还逐渐出现了一些"洋味儿"流行语(多来自于英语),如"酷""easy""蜜""小 case""old farmer""party""shopping""kiss""pass""over 了""faint 了""sorry""show 一下""play computer""I 服了 you""OK"等。青少年学生常常把英语词直接用作构句成分放入汉语句子,如"那事 easy,小 case 一个,已经 Ok 了";"这身酷毙了,上街 show 一下,立马 faint 一片";"开个 party,一起 happy 一下。"这类词语的流行是人们从优、崇洋心理的结果,使用这类流行语与文化程度和语言环境有关,这些借自外语的流行语要比一般俚俗性较强的流行语文化层次高。因为教育的普及和无处不在的文化氛围,在一定程度上熏陶了当代青少年学生用词趋雅、亲切和谐的心理。这类"洋味儿"流行语的出现也是对传统流行语俚俗性的挑战。

(三)网络语言将在校园流行语中占有更大的比重

时下,网络正以惊人的速度走进人们的生活,利用网络聊天已逐渐成为很多人尤其是青少年学生的一种休闲交友方式,网络语言也应运而生。由于网络语言的使用者大多是一些创造力和模仿力都很强的年轻人,他们在网上畅所欲言,不断创造出许多新的说法。在他们的推动下,网络语言不断推陈出新,变化令人眼花缭乱。这种产生于自由网络空间的语言有着强大的生命力,逐渐从网络世界向现实世界渗透,有很多网络词语正在青少年学生口语中广为流行。

校园流行语是折射社会生活的一面镜子。随着对外经济文

化交流的与日俱增,市场经济不断发展,现代科技成果大量被引进,日常生活发生了许多变化,出现了许多新事物、新概念,同时也就产生了许多新词汇,校园流行语也得到了丰富和发展。新时期产生的校园流行语,已形成了一种颇为引人注意的语言现象和文化景观,反映出青少年学生一种独特的存在方式。校园流行语之所以流行,除与社会条件有关之外,还与青少年学生本身的主观条件及心理因素密切相关。它们在一定程度上反映了当代青少年学生在面临社会变化和自我选择时的种种心态。青少年学生作为社会变革的"晴雨表",他们的思想行为、价值观念的演变,从一个侧面反映了整个社会现代化进程的步伐。

校园流行语有异于过去的那种方言式的地方流行语,有着一般意义上流行文化的共性和普遍意义,是与时代发展密切相连的青年文化现象。通过校园流行语的研究,一方面可以以此作为社会生活的一面镜子,从中了解整个社会生活的现状与变迁;另一方面也能够从中透视当前青少年学生特有的存在方式及价值心态。而处于先锋地位的校园流行语,则在展现充满希望的一代种种风貌的同时,让我们更多地感受到的却是时代瞬息万变的发展脉搏。

第九章　电视媒体语言规范问题[①]

第一节　电视媒体语言规范问题研究概述

按媒体划分,媒体语言可分为报刊语言、广播语言、电视语言和网络语言。以视觉为主,视听结合的传播方式,是电视传播的优势。电视以先进的传播技术为基础和依托,不受空间距离的限制,没有文化程度的局限,传播速度快、感染力强,以其他媒体无法比拟的优势,拥有了世界上最广泛的受众群体。许嘉璐指出:"媒体语言(包括文字),尤其是广播电视语言,太重要了——它对社会语言和民族文化的走向有着任何其他载体不能比拟的影响力;现代化需要规范的语言文字生活和丰富多彩、积极向上的文化,因而广播电视语言应该规范而多样,高雅而活泼。"[②]正因如此,对电视媒体语言规范问题的研究就显得尤为重要和迫切。本章所论及的电视媒体语言主要是指播音员、主持人的语言。

电视媒体语言规范问题的研究起步较晚。较早涉及媒体语言规范的著作是施旗的《广播电视语言》(中国广播电视出版社,1988年版)和牛印文等的《广播电视语言应用》(四川辞书出版

[①]　本章作者简介:滕丽,女,湘南学院副教授,主要研究方向为应用语言学。
[②]　姚喜双、郭龙生:《媒体与语言——来自专家与明星的声音》,21页,北京,经济科学出版社,2002年。

社,1990年版),这两部著作主要对广播电视稿的编写进行了分析,在语言的规范方面有一定的作用。2002年,教育部批准语言文字应用研究所成立了广播电视语言研究中心,这标志着电视媒体语言的研究上了一个新的台阶。中心成立伊始,相继出版了《媒体与语言——来自专家与明星的声音》(科学经济出版社,2002年版)和《媒体语言大家谈》(科学经济出版社,2004年版)。两书收录了广播电视和语言文字工作等方面的领导、专家学者的文章或访谈录。他们有的从国家、政治的高度论及了媒体语言规范的重要性,如许嘉璐在为《媒体与语言》所作的"序"中指出:"语言文字是规范还是混乱、水平是高还是低,就是民族文化发达与落后的生动反映。"有的从理论角度论及了媒体语言研究的视野和方法;有的则从实践出发,列举了媒体语言运用中的一些不规范现象。

媒体语言不规范现象研究集大成者是姚喜双等人的《播音员主持人语言不规范现象研究概要》(《播音主持艺术》第2辑,北京广播学院出版社,2000年版)。文章对不规范现象从两方面进行了归纳总结,一是"不符合语言规范的现象",分别从语音、词汇、语法等方面总结了播音员、主持人的错误类型;二是"不符合语言传播规律的现象",作者将其分为"不符合语言交际规范的现象""不符合有声语言写作规范的现象""不符合有声语言表达规范的现象"等三方面。但文章对播音员、主持人语言不规范现象产生的原因和宜采取的对策论及较少。

媒体语言规范研究的扛鼎之作是俞香顺的《传媒·语言·社会》,此书是国家哲学社会科学2003年度基金项目"新闻传媒语言规范化研究"的阶段性成果。作者认为在大众传播时代,在传媒、语言、社会的共构关系中,传媒起着"轴心"的作用。全书共分为八章,在前三章中,作者分别从"传媒:语言变革的急先锋""传

第九章 电视媒体语言规范问题

媒:语言变化的风向标""传媒:语言规范的前沿地"三方面论述了传媒对语言的能动作用。第四章"当代传媒语言概览"则从语体的角度描述了当代传媒语言的特色。最后四章"传媒语言与道德文明""传媒语言与法制建设""传媒语言与语言传统""传媒语言与全球化",是将传媒语言置于不同的语境中进行考察,从而揭示传媒语言与社会发展之间的关系。

陈茜在其《播音员主持人部分语言不规范现象调查和分析》(姚喜双、郭龙生主编《媒体语言大家谈》,经济科学出版社,2004年版)一文中,不仅调查分析了播音员、主持人语言中三种常见的不规范现象,即位度形容词的使用、嫁接不当及错位、重复啰唆等问题,而且还把语言内部和外部的原因结合起来寻求其出现的规律。作者认为造成这些不规范现象的外部原因是播音员、主持人工作的特殊环境对他们的语言表达能力有特殊要求——分心,即说话要有提前量,现场即兴发挥,在直播中应对突变情况等,这就要求播音员、主持人要有很强的一心二用或一心多用的能力,但"三心二意"很难,一不小心就容易出错;造成不规范现象的另一原因则是语言内部原因,即汉语本身的研究还不够。作者指出,因为有这些外部和内部的原因影响,即使播音员、主持人注意到自身的问题也很容易出错,如果再不加强规范意识和注意提高自身的文化素质,问题就难以解决。

这方面的文章还有:蔡新中《贴近现实与传播规范——小议传媒的语言规范》(《汉字文化》2004年第4期)、许光烈《净化民族语言刻不容缓》(《探索与争鸣》2005年第6期)、杜晓莉《小议媒体语言的"洋泾浜"新现象》(《新闻界》2005年第5期)、彭宗平《广播电视语言请慎用简缩形式》(《语文建设》2000年第1期)等。这些文章主要探讨了以下几方面的问题:

(1)抨击媒体语言的不规范现象。例如,方言、外来词和缩略

语的滥用以及格调有误、导向偏差等问题。

（2）分析媒体语言不规范现象形成的原因。例如民众的趋同、求异的心理等。

（3）指出媒体语言不规范现象带来的问题。例如产生歧义，造成逻辑混乱，形成语言污染等。

（4）指明媒体语言规范的方向。即在规范与创新中寻求平衡与发展。

语言文字规范化的研究一直是专家学者们倾力关注的事情，在这方面的研究成果颇多，但具体到电视媒体语言规范问题的研究，目前还比较薄弱。在电视媒体日益发达、电视语言影响日趋广泛的今天，关注并研究电视媒体语言的规范问题有着极其重要的意义。

本章从语音、词汇、语法三方面考察电视媒体语言存在的不规范现象，从行业外部和行业内部对不规范现象产生原因进行讨论，探求克服电视媒体语言不规范现象的对策，探讨电视媒体语言规范与发展的辩证关系。

第二节 电视媒体语言的不规范现象

电视作为一种强势的大众媒体，对社会生活影响很大。在具有高度文明的现代社会里，播音员、主持人所使用的语言被认为是一个国家标准语言的具体体现。他们的语言规范与否，直接影响传播效果。教育部语言文字应用研究所研究员、博士生导师陈章太先生指出："语言不够规范，示范作用就差一些，甚至有负面

第九章 电视媒体语言规范问题

影响。"①可遗憾的是电视媒体语言不规范的现象却是屡禁不止。电视媒体语言主要在以下三方面存在不规范的现象。

一、违背语音规范的现象

电视媒体语言中读错音的现象是一个带有普遍性的问题。孙修章先生曾对电视播音进行过一段时间的监听,结果是:收看中央电视台《新闻联播》22 次,记录误读 18 个 / 29 次,平均每 30 分钟 1.2 次;收看北京电视台《北京新闻》18 次,记录误读 24 个 / 33 次,平均每 20 分钟 1.8 次。② 就是说,每次新闻节目平均有 1 次以上的误读。如果考虑到这两家电视台的这两个节目是全国电视播音中普通话水平最高的,那么其他电视台、其他节目每天所读错的字数是个很可观的数目。播音员、主持人的误读,主要表现在以下几个方面:

(一)形声字按声符误读

现行汉字中的形声字占 81%,其中同音形声字占 41%,同符同音字占 14%。总体说来,现行形声字虽保留了表音性质,但声符的标音作用不是很强。③ 因此,"秀才识字识半边"往往会造成误读。如将"按捺不住"的"捺(nà)"读作"奈(nài)",将"友谊"的"谊(yì)"读作"宜(yí)",将"蹿红"的"蹿(cuān)"读作"窜(cuàn)"。

(二)多音字的误读

汉语中存在大量的多音字,因表示的意义或词性的不同,也

---

① 姚喜双、郭龙生:《媒体与语言——来自专家与明星的声音》,北京,经济科学出版社,2002 年。
② 孙修章:《电视新闻播音中的不规范读音》,载《语文建设》,1993(3)。
③ 刘兴策:《语言规范精要》,武汉,华中师范大学出版社,1999 年。

就有了不同的读音。例如,"结"有两个读音:在"开花结果"中表示"植物长出果实或种子"时应读阴平 jiē,在"事情的结果"中表示"在一定阶段事物发展变化的最后状态"时应读阳平 jié。2006年6月29日央视1套《媒体广场》中,主持人把"结婚"的"结"误读为阴平;6月30日央视4套《情艺在线》节目主持人把"预测的结果"同样误读为阴平。

(三)习惯性误读

普通话以北京语音为标准音,这是指整个北京语音音系而言的,并不包括北京的土音和土语。北京土音中,常见的问题是把去声读作上声。例如:"(比)较 jiào"读成"jiǎo";"亚 yà(洲)"读成"yǎ";"复 fù(杂)"读成"fǔ";"质 zhì(量)"读成"zhǐ";"附 fù(近)"读成"fǔ";"(教)室 shì"读成"shǐ"等。这种误读现象在电视媒体语言运用中屡见不鲜。

(四)变调的误读

在语流中,音素之间或音节之间会产生相互的影响,这种音变现象在中外语言中普遍存在,普通话也不例外。电视媒体中,主持人将"一会儿 yíhuìr"误读为"yìhuǐr"的现象时有发生。2006年6月20日央视5套主持人在解说世界杯足球赛德国与厄瓜多尔的比赛中,将"勉强 miǎn qiǎng"("勉"在上声前的调值应变为35)误读为"miǎn qiáng"("勉"的调值误读为211);2006年央视3套"全国综艺节目主持人选拔活动"16进10的比赛中,参赛选手把卓文君"雪夜私奔"中的"雪 xuě"(调值应变为211)误读为"xuè"(调值误读为51)。

二、违背词汇规范的现象

运用词语要符合规范,这是语言规范的首要原则。语言是人

第九章 电视媒体语言规范问题

类最重要的交际工具,只有符合规范的语言才容易被人理解,只有使用符合规范的语言才能达到交际的目的。电视媒体语言中违背词汇规范的现象主要表现在以下几个方面:

(一)用词不当

1998年中央电视台《焦点访谈·为他们铺上红地毯》中,主持人说道:"咱们国家有一帮这么默默奉献的科学家。"此处用量词"一帮"来指科学家,词语的感情色彩明显不对。

模糊、笼统的程度副词的滥用一直是媒体语言的"顽症"。老作家施蛰存先生对此类现象就非常看不惯。四川道孚县发生了强烈的地震,新华社报道说:"县城房屋基本倒塌。"施老很生气地质问:"'基本倒塌'是什么程度的倒塌?"[①]

语言的奢侈化是电视媒体滥用程度副词的又一表现。当前,某些播音员、主持人的言语呈"泛'非常'化"倾向,诸如,"他演唱得非常好""我真是非常非常的开心""你说得非常非常非常到位"等,不一而足。这样使用程度副词貌似高度评价,其实言不副实,使本来意义较重的词语丧失了固有的意义色彩,造成了语言的"贬值"。

(二)生造词语

生造词是指语言运用中由于任意拼凑或割裂汉语中已有的词语而形成的表意不明确、不为人们所理解的"词"。鲁迅先生曾经特别指出要反对"生造除自己之外,谁也不懂的形容词之类。"《中国语文》1997年第2期《四川话≠川语系》一文指出,央视3套《戏苑百家》栏目1996年11月1日播出的中央电视台与四川电视台合办的《九州戏苑》节目中,使用的"川语系"一词是生造

[①] 俞香顺:《传媒·语言·社会》,北京,新华出版社,2005年。

词语。生造词导致受众难以理解，从而直接影响了电视传播的效果。

（三）错用成语

因不理解而误用成语的现象在电视媒体语言中并不少见，有的甚至到了习非成是、积重难返的地步。"差强人意"在1989年商务印书馆出版的《汉语成语考释词典》第138页至139页中是这样解释的："原指很能够振奋人的意志。差：甚；强：起，振奋。后世多用[差强人意]，指大体上还能使人满意。"1997年1月12日北京有线电视台举办的"'华一杯'首都球迷辩论赛"第三场复赛中，主持人说"罗德蔓在最近的比赛中徒有虚名……篮板球和防守都差强人意"。很显然，主持人是错误地把"差强人意"理解为"不太令人满意"的意思了。

再如"七月流火"被误用来形容天气炎热，至今仍不绝于各种媒体。2000年7月22日，央视《东方时空·生活空间》讲述了一位交警辛苦工作的故事，节目居然就以"七月流火"为题。主持人在节目即将结束之际，还有一句意在特别强调的旁白："七月流火，昨天北京40度。"殊不知，语出《诗经》的"七月流火"指的是天气转凉的意思。

（四）滥用缩略语、方言词和外来语

由于现代生活节奏加快，人们越来越讲求效率，缩略语顺应了人们想用简易手段来表达复杂概念的愿望，恰当的简缩体现了语言运用的重要原则——经济原则，如将"北京大学"简称"北大"，将"海外归来"简称"海归"等。但缩略语运用不当，则会引起歧义甚至闹出笑话，如把"上海吊车厂"简称为"上吊"；"自贡杀虫剂厂"简称为"自杀厂"等。

普通话词汇从来都不是一成不变的，它从未停止过从方言

第九章　电视媒体语言规范问题

词、外来语等其他语言中汲取营养来不断丰富和发展自己,以适应社会发展和人际交往的需要。但方言词、外来语的滥用却给语言运用造成了混乱,给语言的发展带来了消极影响。

2006年9月5日央视3套《梦想剧场》中,主持人多次使用"得瑟"一词,笔者作为中文教师也无法理解词义,只得在请教了一位东北籍老师后才知该词在东北方言里有"得意"的意思。2006年7月20日央视2套《全球资讯榜》中主持人说道:"吴先生这亏吃了大发了。"2004年版《现代汉语规范词典》对"大发"的解释是:①猛然发生;(财产)迅猛增多;②尽情发泄或表达出。显然这里的解释与"吃亏"是毫无联系的。那么,此处的"大发"是哪里的方言词?究竟为何意?看来观众又得费一番工夫去探究其意义了。

随着世界全球化和中国与国际接轨步伐的加快,近年来社会用语中出现了一种语言杂用,尤其是滥用英语,夹用洋文的现象,这在电视媒体语言中也频频出现。2006年9月16日湖南经视《越策越开心》节目中,当嘉宾——川江号子演唱者上场后,主持人介绍说:"船工号子是最需要 power 的工作。"对英语尚未普及的中国观众来说,难免令人一头雾水。德国联邦总统约翰内斯·劳曾说:"在广告和新闻媒体中毫无节制地使用外来词是愚蠢可笑和无知的。"德国联邦议会议长蒂尔泽也号召全社会与"破坏德语的现象"进行斗争,他说:"滥用外来语的现象越来越令人难以忍受",希望首先在议会和各政府部门事业机构里中止德语的"美国化"和"英国化"。①

---

① 姚喜双、郭龙生:《媒体语言大家谈》,131页,231页,北京,经济科学出版社,2004年。

三、违背语法规范的现象

语法是语言的结构规则。人类要运用语言作为交际工具,就必须遵守这种共同规则。违背语法规范的现象在电视媒体语言中并不少见。

(一)搭配不当

汉语句子有六种基本成分,即主语、谓语、宾语、补语、定语和状语,在组合句子时,应遵守一定的结构规律,所谓"搭配不当"就是违反了基本的结构规律。

2006年8月15日央视5套直播澳大利亚与中国队的篮球比赛,主持人说中国队的"失误在不断缩小"。"失误"可以与"不断减少"搭配,却不可以说成"不断缩小"。

2006年9月7日央视3套《综艺快报》中说"反盗版行动取得了很多的成效"。"成效"可用"很大"来修饰,用"很多"实属不当。

(二)滥用方言语法句式

台湾方言中的"有"可以加上一个谓词性的成分,构成"有+VP"结构。如"我们问他问题的时候,他都有回答得很顺畅啊。""他们有看过相关报道。"这种"有"字用法不符合普通话的语法规范,但奇怪的是,我们的主持人却趋之若鹜。于是,"我有说过""我有看过""我有听过"等用法便在电视媒体语言中泛滥起来。

(三)句式杂糅

句式杂糅,即将两种不同的句式纠缠在同一个句子结构中,让人难以准确理解句子的含义。2006年7月15日央视2套《鉴宝》节目,主持人在节目即将结束之际,说到鉴宝的意义时,有这样一句话:"(这)对我们的收获是一个比较大的帮助。"正确的说

第九章　电视媒体语言规范问题

法应该是:"(这)对我们的帮助很大,让我们很有收获。"

《国家通用语言文字法》第十二条明确规定:广播电台、电视台以普通话为基本的播音用语。媒体不仅传播语言,而且传播语言规范。电视作为一种强势的大众媒体,其影响是全方位的,其语言示范作用是毋庸置疑的。电视媒体语言中违背语言规范的现象,不仅有损党和政府舆论工具的宣传形象,甚至可能以讹传讹,贻害深远。

第三节　电视媒体语言不规范现象形成的原因

一、出现电视媒体语言不规范现象的行业外部原因

（一）语言规范的不确定与不普及的影响

语言是人类最重要的交际工具、思维工具和信息载体。为了更好地进行交流、更准确地传递和理解语言信息,尽可能地减少信息传递过程中的误差,就必须要有明确、统一的语言标准。我国政府历来重视语言规范化工作,从普通话的普及、推广,到汉字的简化、整理,都制定出了许多相关的政策法规。但倘若语言标准不确定、不普及,那将会直接影响到语言应用的规范程度。

1. 语言规范不确定的影响

语言具有极强的约定俗成性。1985 年 12 月 27 日,由国家语言文字工作委员会、国家教育委员会、广播电视部联合发布《普通话异读词审音表》,对普通话中异读词的读音进行了明确的规范。如"卓 zhuō(zhuó)越"、"脂 zhǐ(zhī)肪"、"憎 zèng(zēng)恨"、"虚伪 wèi(wěi)"、"痉 jīng(jìng)挛"、"汲 jī(jí)取"、"粗犷 kuàng(guǎng)""惩 chěng(chéng)罚"等,括号里的注音在《普通话异读词审音表》中均标注为"统读",即表示此字不论用于任何词语

中只读一音（轻声变读不受此限）。但有的人仍然习惯参照这之前出版的《现代汉语词典》的读音，还有的人受以往学校老师所教读音的影响，导致语音的不规范。笔者印象很深的是，小学时，老师按当时规范的读音，反复给学生正音，"呆板"的"呆"一定要读"ái"，"呆头呆脑"的"呆"才读"dāi"，可后来这个字统读为"dāi"，让人觉得自己在学生时代学到的语言文字知识，怎么没过多久就成了错误的，颇让人感到困惑。这样的例子还有很多，如"从容"的"从"由"cōng"统读为"cóng"，"确凿"的"凿"由"zuó"统读"záo"，"成绩"的"绩"由"jī"统读"jì"。笔者作为国家级普通话水平测试员，先后参加了本市中小学教师、公务员、服务行业的从业人员的普通话培训与测试工作，发现年纪在40岁以上的人大多不知道异读词经过审音改为统读后的读音。实践表明，当一个字音在语言学习阶段被认识并使用多年，形成习惯之后，很难再更改，或者要经过很长时间才能改正已有的发音习惯，这是造成语音混乱的一个原因。

另外，被读者视为"国标"的某些字典、词典的不一致也使人们无所适从，客观上造成媒体语言的混乱。人们借助字典、词典来学习，其权威地位是不容置疑的。但倘若字典、词典不一致，就会导致"民无所措手足"。2000年1月18日的《光明日报》撰文说，《现代汉语词典》（修订本）用"精彩"，《新华字典》也用"精彩"，可是《辞源》作"精采"，《汉语大词典》作"精采"，又说"亦作精彩"，前两种与后两种词典不一致，那么到底是该用"精彩"还是"精采"呢？

2. 语言规范不普及的影响

早在1985年，"国家推广全国通用的普通话"就写入了我国宪法。2001年我国又颁布实施了《中华人民共和国国家通用语言文字法》，以法律的形式确定了普通话和规范汉字作为国家通用

第九章　电视媒体语言规范问题

语言文字的地位,规定了国家通用语言文字的使用范围,标志着我国的国家通用语言文字的使用全面走上了法制化的轨道。但对这些政策、法规如果知之者甚少,那又怎能发挥其作用呢?任何政策、规定的实施都必须加大宣传的力度,给予必要的解释说明,使之深入人心,逐渐成为人们的自觉意识,否则,只能是一纸空文,发挥不了其应有的作用。

（二）趋同、求异的社会心理的影响

趋同与求新是语言运用中的对立面。人们在使用语言的过程中,既有趋同的心理,同时又受到求异的社会心理的影响。

趋同是人们从众心理的体现,如同人们惯常的一些时尚趋同心理一样,现实生活中,人们的一些言语形式的选择往往也受到所处的社会语言环境的氛围的某种影响。近年来,随着港台地区"非常男女"这类电视节目逐渐走入百姓家庭,受其影响,内地的一些媒体对之竞相仿效和克隆,于是社会上迅速刮起了一股引人注目的"非常"旋风:"非常儿童""非常资讯""非常时代"及"非常选择""非常心跳"等"非常"组合铺天盖地,让人眼花缭乱。趋同性还表现在人们热衷于使用社会附加值较高的词语,一些不规范的用语一旦经社会附加值较高的人,比如影视明星、主持人等名人的使用,就会立即引来众人的效仿,并使之流行开来。比如像"那么""然后"这类在主持人的语言中出现频率极高,甚至成了口头禅的毫无意义的词语在大众中的流行。

求新是趋同下人们求异心理的需求。在开放的现代社会里,伴随着社会生活和思想观念的巨大变化,人们在语言文字的使用中追新求异、张扬个性等方面的要求越来越强烈。人们对现代化社会生活的追求使得人们希望在语言上也表现出现代的气息,对于青年人来说,追求"新、奇、洋"成为时尚。把"激光"说成"镭射",弃"饼干"不用,而用"克力架",这样的例子信手拈来,俯拾

— 341 —

即是。语言使用者追新求异的心态是语言发展的动力,它使语言保持着鲜活的生命力,不断地创新。但也正是这种"求异"心理的驱使,使得人们对新词新语更多的是"拿来主义",缺少理性的分析和鉴别。

(三)监督机制不健全的影响

1994年5月4日,法国议会通过了一项有关保护和净化法语的法案,明确规定在新闻、教育、出版行业中不得使用一些外来词语(主要针对一些英语来源的词语),违者将被处罚甚至判刑。相比之下,我国的语言文字政策则缺少类似"刚性"的规定,因而其贯彻执行就显得松弛有余和监管不力。2001年1月1日起施行的《语言文字法》第二十一条第一款规定:"国家通用语言文字工作由国务院语言文字工作部门负责规划指导、管理监督。"但紧接着第二款又规定:"国务院有关部门管理本系统的国家通用语言文字的使用。"第二十六条关于处罚的界定,其中处罚主体分别是"公民"、"有关单位"和"有关行政部门",并且没有什么明确有力的处罚措施。《语言文字法》在监管权限和处罚措施的界定上过于含糊,制约了政府对电视媒体语言文字工作的运用进行有效和有力的监管。

从2001年开始的城市语言文字评估是新世纪我国语言文字工作的新举措,旨在以评估推动城市贯彻实施国家通用语言文字法,实施新世纪语言文字工作目标。城市语言文字工作评估以党政机关为龙头,以学校为基础,以媒体为榜样,以公共服务行业为窗口,评估工作涉及面广,产生的正面影响大。这种以城市为中心,带动周边地区的城市语言文字评估方法确实有效地宣传了国家通用语言文字法,有效地推动了城市市民说普通话,写规范字。但令人遗憾的是,因为缺少有效的监管和处罚措施,语言文字工作的开展并非一帆风顺。有的公务员消极对待甚至拒绝参加普

第九章 电视媒体语言规范问题

通话测试,因为这并不会对其工作比如职称评定、职位升迁等产生任何影响;有的部门的错别字、繁体字总要等到语委三番五次的限期整改通知后才不得不勉强采取行动,还有的部门甚至对整改通知置若罔闻。

二、出现电视媒体语言不规范现象的行业内部原因

（一）播音员、主持人的规范意识不够强

由于受到社会环境的影响,一些播音员、主持人感染了浮躁急切的时代毛病,急功近利,工作责任心和社会责任感不强,语言规范化意识日渐淡薄。有的播音员、主持人甚至是有意而为之,在普通话测试时语音、词汇、语法都很规范,但一进演播室就咬起舌、撅着嘴、操起蹩脚的腔调;还有的节目,主持人拒绝讲普通话,偏要媚俗地模仿"港台腔";有的播音员、主持人的普通话水平与规定的标准尚有一定的差距,却不思进取;再加之某些媒体唯收视率马首是瞻,片面从提高收视率角度考虑而去迎合一些受众,其结果必然使电视媒体语言不规范现象日渐加剧。

（二）播音员、主持人的文化素质不够高

改革开放以来,大众传媒的多元化和不同层次的大众传媒的大量出现导致了对能够适应该项工作的人员需求的矛盾,各级传媒都在为一些新的节目匆匆忙忙地招聘工作人员。据调查,一些地方电视台的播音员、主持人中只有少数受过专门或系统训练。一些人认为主持人是既风光又轻松的事业,于是乎俊男靓女们趋之若鹜,似乎只要一张漂亮的脸、一张伶牙俐齿的嘴就可以当主持人。而在高校学科设置中,播音、主持专业是属于"艺术类",艺术类的招生在文化分上要远远低于同层次的其他专业。可以毫不避讳地说,这类学生在文化素养上的先天不足已是不争的事

实,这也造成了播音员、主持人文化素质良莠不齐的现状。于是我们在屏幕上看到某些主持人在与嘉宾访谈时,由于自身文化素养不够而捉襟见肘,漏洞百出:要么提问不在点子上,要么无法领会嘉宾的意思不能成为嘉宾的谈话对手。这样的节目着实让观众替主持人捏了一把汗,令人不忍卒看。

(三)播音员、主持人的语言功力不够深

语言是播音员、主持人传递信息、沟通感情最主要的手段,作为与语言打交道的一种职业,播音员、主持人的语言功力不仅是其自身素质的一种体现,也直接影响到节目质量和播出效果。语言功力是语言的功底和能力。在播音员、主持人语言功力范畴中,写作能力、有声语言的表达能力和即兴口语能力三者缺一不可,而有声语言的表达能力则处于首要地位,因为受众对传播信息是否理解、接受,有赖于播音员、主持人清晰明确的语言传播。然而,现在一些主持人的语言功力却实在让人不敢恭维:语音不规范、吐字不清晰、用声不自然,语言粗糙、词汇贫乏、内容空洞、语病迭出、词不达意等,这与主持人语言功力的欠缺不无关系。

第四节 克服电视媒体语言不规范现象的对策

针对电视媒体语言中存在的不规范现象和形成原因,借鉴我国语言规范的理论和实践经验,为克服电视媒体语言中不规范现象,宜采取如下策略:

一、加强播音员、主持人队伍的建设和管理

(一)实行播音员、主持人持证上岗制度

播音员、主持人的语言对全社会来讲,具有重要的标志作用、

第九章　电视媒体语言规范问题

示范作用、导向作用、规范作用和传播作用，因此，对他们语言规范的要求决不能放松。1994年10月，国家语委、国家教委、广电部联合发出《关于开展普通话水平测试工作的决定》。《决定》要求"县级以上（含县级）广播电台和电视台的播音员、节目主持人应达到一级水平（此要求列入广播电影电视部部颁岗位规范，逐步实行持普通话等级合格证书上岗）"。1997年12月广播电影电视部人事司颁布的《关于进一步做好播音员主持人持证上岗工作的几点意见》第四条规定："今后新进的播音员、主持人，普通话必须经测试达标。三年内经测试仍不能达标的原播音员、主持人将离岗。"2001年颁布实施的《中华人民共和国国家通用语言文字法》第十九条规定："以普通话作为工作语言的播音员、节目主持人的普通话水平，应当分别达到国家规定的等级标准；对尚未达到国家规定的普通话等级标准的，分别情况进行培训。"2001年12月31日国家广播电影电视总局发布第10号令《播音员主持人持证上岗规定》，第二章第六条规定了播音员主持人的基本条件，其中包括"普通话水平达到国家《普通话水平测试实施办法》规定的标准"。由此可见，国家和相关部门对播音员、主持人规范使用语言有着严格的要求，关键是要把这些要求落实到位。一些地方台在新进人员时，不能仅以外形条件符合要求而舍弃或降低对播音员、主持人语言的基本要求；对一些深受观众喜爱但普通话却不太标准的播音员、主持人，对他们要进行培训，在规定时间内必须达到相应的合格等级，否则给予离岗的处理。

（二）建立有效的监督机制和奖惩机制

为保证媒体语言的规范应用，必须要建立有效的监督机制和奖惩机制。对那些普通话测试通过了，但在镜头前偏爱操着"港台腔"跟观众交流的播音员、主持人应采取相应的措施责令其改正；对媒体语言中常见的语言错误可建立纠错预警，将之消灭在

萌芽状态;对上岗后的播音员、主持人要加强考核和管理,建立专家定期评议、社会舆论和受众监督、内部有序竞争的机制,把观众的反映、专家的意见、各种效益的好坏都作为考核的综合因素;把语言文字的规范使用作为电视评奖的一个重要条件,甚至作为一票否决的标准,绝不允许有语言文字硬伤者获奖。

二、增强播音员、主持人的责任意识和规范意识

播音员、主持人首先应加强社会责任意识。媒体不仅在政治、思想、文化、意识形态方面负有社会责任,在语言文字的使用方面,也同样负有重要的社会责任。社会上很多新词新语、流行语都是通过广播电视和其他媒体推广开的,电视有声语言在很大程度上引领着社会语言的时尚。电视媒体语言在语言的运用上对青少年产生明显的影响,而且对他们的价值观、人生观也会产生冲击。不规范的电视媒体语言不仅直接影响到信息传播的质量,而且对社会用语造成不良的影响。播音员、主持人要明确自己所担负的神圣使命,主动承担起自己的社会责任,成为说标准普通话、写规范汉字的表率。

播音员、主持人应牢固树立语言规范意识。语言文字的规范关系到国家民族的统一,关系到社会经济的发展,关系到科学技术的进步,关系到民众语言素质的水准。作为大众传媒的公众形象,树立规范意识是一种责任,也是一种义务。播音员、节目主持人都是"出头露面"的人物,他们是党和政府的喉舌,人民群众的知音。同时,他们也是语言教师,在广袤的课堂上,为老少妇孺传播信息、知识,并做着语言示范,人们自觉不自觉地学习、有意无意地感受,日复一日,耳濡目染,在潜移默化中得到了语言的熏陶。因此,播音员、主持人只要在话筒前、镜头前工作,就必须坚持规范化的语言表达,展现规范化的语言风采。

第九章 电视媒体语言规范问题

三、提高播音员、主持人的语言文化素养

培根说:"语言取决于学问和知识。"随着社会进步和经济的发展,各种媒介的竞争将会日趋激烈,电视受众对节目的质量、品位要求会越来越高,而电视质量同人才质量是成正比的,高质量的人才是制作高质量节目的基本条件。付程在《广播电视语言传播专业教育与人才培养研究》[1]中指出,21世纪,知识经济对播音与主持艺术专业人才在知识、能力和素质方面提出的要求是:

(1)广博、坚实的社会人文科学知识的基础;
(2)扎实的专业知识和技能,并且一专多能;
(3)良好的新闻工作者素质、较强的社会交际能力;
(4)具有时代特征的思想观念、较强的创新能力;
(5)高尚的道德情操、正确的伦理观念;
(6)良好的心理素质,健全的人格;
(7)独立思考与解决问题的能力;
(8)勤学苦练、求真务实、积极进取的学风;
(9)较强的集体观念与合作能力;
(10)良好的艺术修养和较强的艺术表现能力;
(11)信息传播高科技的应用能力;
(12)使用外语进行表达和交流的能力。

早期《综艺大观》编导郎昆先生曾告诫节目组成员:"一期接一期的节目非把你的才智和体力榨得干干的不可,你必须不断地补充养分。"[2]所以许多主持人做了几年就有被"掏空"的感觉,主持人只要稍露一点文化底蕴捉襟见肘的破绽,可能立即招致观众

---

[1] 张颂:《广播电视语言艺术》,195页,北京,北京广播学院出版社,2001年。
[2] 应天常:《节目主持艺术论》,242页,北京,北京广播学院出版社,2001年。

的批评,文化的"透支"使主持人感到前所未有的危机。对《文化视点》,很多批评提到一个问题是"倪萍没有文化"。倪萍坦言自己做了一个不自量力的节目。相比之下,杨澜就很聪明地选择了急流勇退、出国深造来提升自己。

著名演员李保田说过:"拼到最后就是拼文化!"现在很多电视节目都采用了直播形式,对播音员、主持人则要求真正的博学多才。播音员、主持人倘若没有深厚的文化功力,是很难适应当今媒体的发展需要。

第五节 电视媒体语言的规范与发展

电视媒体语言规范的目的不是为规范而规范,而是为了更好地促进电视媒体语言的健康发展。缺乏明确规范的媒体语言是难以充分发挥其传递信息、交流思想、承载文化的功能的。但如果过分强调媒体语言的规范,这既不符合实际,显然也违背了语言本身的发展规律。媒体语言的规范既不能脱离电视媒体语言应用的实际,也不能脱离电视媒体语言发展的实际。

一、在发展中求规范

媒体语言一方面要遵守既成规范,另一方面也要不断发展,不断创造新形式。电视媒体语言规范的基本前提是不能束缚电视媒体语言的发展。实际上,语言的变异不断冲击着现有的语言规范,在它的冲击之下大部分原有的规范总是保存着,否则人们就无法彼此交流沟通,可是一部分旧的规范被突破了,更多新的规范出现了,语言也就在这规范的动态变化中向前发展了。

"海选"原为政治用语,最初源于中国北方农村的一种选举方式,《现代汉语词典》(第五版)解释为:"一种不提名候选人的直

第九章　电视媒体语言规范问题

接选举,由投票人投票选举,得票多者当选。"2005年随着湖南电视台《超级女声》节目的风靡全国,"海选"一词"忽如一夜春风来,千树万树梨花开"。通过百度搜索,可找到相关结果约12,100,000个,但在这之前,有关"海选"的记录寥寥无几。"海选"的使用范围也迅速扩大到许多领域,不再局限于电视娱乐节目。"海选"的方式体现了一种公开、公平、公正的原则,体现了当今全民娱乐时代的精神。"海"有"大"的意思,与其同义词"初选、预选"相比,"海选"更强调、突出了全民参与的意识;与"淘汰"相比,"海选"淡化了"淘汰"二字中的消极因素。可以预见,"海选"一词大有方兴未艾之势,其汉语词汇家族成员的地位将更加稳固。

语言的规范与不规范并非简单的二元对立,非此即彼,在规范与不规范之间,还有大量的亚规范现象、过渡现象、中介现象存在,它们并没有阻碍交际,有时体现为一个学习的过程,有时体现为语言表达自身选择的过程。对此,我们不要急于否定、排斥,不要匆忙下结论,应该用宽容的态度,重视其动态发展,给予其发展的空间,让其接受语言实践的考验。"一般说来,语言修养越高的人,越倾向于维护旧规范,因此对突破旧规范的语言变化也就越敏感、越看不惯,指责起来越能'言之成理',但是他们的意见却往往不被语言实践所重视。为避免这种被动局面,我们认为对于言语错误的判定宜持郑重态度。面对一种语言变化形式,不应仅因其不合原来规范便断定其为错误,而应当经过分析和评价,如果尚有合理因素,基本上符合准确经济的要求,就不宜断为言语错误;如果确无合理性因素,从任何方面看都不合准确经济的要求,再断为言语错误也不迟。"①

---

① 戴昭铭:《规范语言学探索》,25页,上海,上海三联书店,2003年。

二、在规范指导下求发展

语言是人类社会最重要的、全民共同使用的交际工具,为了更好地进行交流、更准确地传递和理解语言信息,尽可能地减少信息传递过程中的误差,就必须要有明确、统一的语言标准。语言规范是客观存在的,有语言,就有规范。没有一定规范度的语言,其交际功能会大打折扣,其交际效率会大大降低。语言永远在发展,但在一定的历史时期里,语言尤其是媒体语言,必须保持相对的稳定,必须在最大限度上保持其规范,这样才能充分保证传播的畅通。

新时期以来,随着政治、经济、文化各方面的迅速发展,尤其是信息技术的飞速发展和普及,语言生活中的新词新语新用法不断如潮水般涌来,如"网红、颜值、吐槽、拍砖、灌水、坑爹、扶贫、峰会、驴友、双十一、洪荒之力"等,举不胜举。而电视媒体的传播,更大大加快了新词新语的流行。电视媒体应该积极吸收、推广那些能够反映新观念、新事物、新思维的新词新语,使我们的语言更丰富、更生动,更能准确反映和体现社会的变化和观念的更新,更能满足人们交际的需求。但是,吸收不等于良莠不分,全盘吸收。播音员、主持人需要鉴别,需要剔除不好的东西,必须遵循规范化的原则。

播音员、主持人的语言,往往代表一个地区、一个民族、一个国家的语言形象,他们肩负着传播信息和语言示范的双重作用。在新时期下,作为国家语言形象的代表,播音员、主持人更应该严格要求自己,不断提高自身的语言文化素养,努力促进媒体语言的规范与发展,以发挥媒体语言积极的示范和引导作用。

后　记

本书是湘南学院文学与新闻传播学院九位汉语教师共同完成的。全书九章，每章一个专题，全是老师们多年科研成果的结晶。书中各章的作者是：

第一章　字谜修辞　　　　　　　曹石珠
第二章　限定范围副词　　　　　邓慧爱
第三章　词语的拆用　　　　　　丁健纯
第四章　逻辑与释义　　　　　　沈桂丽
第五章　人名与文化　　　　　　刘晓红
第六章　"的"字短语　　　　　　张时阳
第七章　郴州俗语　　　　　　　邓红华
第八章　校园流行语　　　　　　王喜伶
第九章　电视媒体语言规范问题　　滕　丽

初稿完成后，曹石珠教授就书稿内容、章节排序等提出了宝贵的意见。邓红华副教授、邓慧爱博士对部分章节进行了修改校对。张时阳副教授审阅全书，进行了统一修改，规范格式，增删例证，修正图表，锤炼语言，数易其稿，然后定稿。

本书内容，涉及面广。从研究对象上看，既有文字、词语，也有短语、句子。从研究角度上看，既有语法修辞，也有语义逻辑，还有来源文化等。作者水平有限，书中难免存在不足，甚至错误，

恳请专家和读者指正。

  本书由湘南学院重点学科"汉语言文字学"的经费资助出版。书稿的形成,离不开曹石珠教授的积极参与和大力支持。出版过程中,责任编辑宋怡霏付出了辛勤的劳动。在此,一并致谢。

湘南学院 张时阳

2017 年 6 月 26 日